“十四五”
国家重点出版物
出版规划项目
—
中国国家治理
现代化研究丛书

中国国家治理的历史传承与时代主题

马平安 著

中国工人出版社

前言

如何有效推进国家治理能力和体系现代化是当代中国的一个时代主题。

人类社会的发展具有继承性，它是现实、理想和历史文化三者因素共同作用的结果。中国是一个传统政治文化极为发达的国度，从历史上看，历代帝王圣贤皆重视治国理政、安民惠民，这是中国传统文化核心特征的一大重要因素。

不知历史者无以图未来。

中外古今大量历史经验表明，一个国家或民族的存在与发展，最根本的依赖是文化，以及由文化而衍生出来的本民族的文化精神。民族的文化精神是一个国家和民族赖以生存和发展的支柱，是一个国家和民族的脊梁，代表着国家和民族的精气神。离开了文化特质和文化精神支撑，该国家或民族的存在便无以为继。从黄帝开始，五千多年来，中华民族涌现出了许多杰出的政治人物，他们所设计的治国理念、缔造的政治制度、所展现的治理智慧，无疑都成为中国文化精髓中的极其重要的组成部分，对中华民族的传承与发展有着不可替代的支撑作用。

中国古人懂得总结历史经验教训的重要性，大概是伴随着夏禹国家的诞生就开始了，但有明确文字记载的，则要从周人说起。

周人对历史经验的回顾与总结，从文王时代就已经有了明确的记载。《诗经·大雅·荡》篇引文王所说的“殷鉴不远，在夏后之世”，就是周文王针对殷纣王不借鉴也不重视夏后氏被商汤灭亡的教训所发出的叹惜。朱熹在其《诗集传》中说：“殷鉴在夏，盖为文王叹纣之辞。然周鉴之在殷，亦可知矣。”文王一方面为殷纣王而叹惜，另一方面也以历史的经验教训作为周人的鉴戒。

殷商灭亡后，周武王、周公以及其他一些有为的周王和辅政大臣更是常常总结夏殷两代统治者执政的经验教训。这可以分成两个方面，一方面是对夏殷两代成功统治经验的总结以供学习、效法；另一方面是对夏殷两代统治者的罪过、错误和失败教训的总结以供戒惕。这种对先人的成功与失败进行总结以为现实政治服务的政治模式，可以说是开了中国人史鉴意识的先河。

周人思维的特征之一就是习惯以古观今、古为今用，拿历史来借鉴、说明、指导现实以照亮未来前进的方向。周初统治者即是这种思维与治理国家相结合的代表人物。周公治理国家，不仅总结了夏殷两代执政失败的历史教训，而且还总结了夏殷先王成功治理的历史经验，并对这些经验予以高度的赞扬和汲取，从而开创了中国历史上的封建政治制度并建立起了家国一体的文化意识。从《尚书》《诗经》《周礼》《礼记》《周易》《论语》等若干先秦文献中都可以看到周人具有的这种浓郁的史鉴意识。这种古为今用的文化意识，深深地影响了中国人对历史文化的重视与探究。

唐太宗有句名言：“以铜为镜，可以正衣冠；以古为镜，可以知兴替；以人为镜，可以明得失。”[①]“以古为镜，可以知兴替”也就是以史为鉴，注意从过去历代王朝治乱兴亡中总结与吸取历史经验教训，为现实政治服务。唐太宗治理国家的一项重要内容，就是注重以史为鉴。贞观年间统治者的史书编纂，以史辅治，以汉文为

① 《旧唐书·魏徵传》。

师，以秦隋为诫，辨两晋之得失，考前朝之兴亡，无不是将国家治理建立在对历史经验教训的总结与在实践中运用上面。

唐太宗是中国历史上十分重视以史为治的传统帝王之一。他喜欢议史、读史，并从中总结古为今用的历史经验。贞观之治的目标在致治，致治的途径是多方面的，其中很重要的一条就是对历史经验的总结，这涉及“治”与“史”的关系。“治”，立足于现实；“史”，着眼于过去，以史辅治，也就是以古鉴今。这是唐太宗“所以披镜前踪，博采史籍”①的主要动因。

纵观中国古代治理史，夏商周三代，周公对国家的治理最具有代表性，他封邦建国，创建宗法制度，开发礼乐文化，提倡以德治国，注重史鉴与政治的关系，对中国传统政治文化价值体系的形成和发展，有着独特的贡献。春秋时期，“素王”孔子对国家治理的思考与探索亦堪称典型。他把政治的实施过程看作一个道德化的过程，十分强调执政者自己在政治实践中以身作则的表率作用，主张“礼治”“德治”与“中庸”，十分强调统治者在治国理政中富民、使民、教民的重要性。战国时期，商鞅在秦国改革的尺度之大史无前例。商鞅最重视国家的“公信力”，他主张用法治手段将国民全部集中于“农战”的轨道，“法”“权”“信”构成了他的治国三宝。在商鞅富国强兵政策的基础上，秦王嬴政实现了国家的统一。秦始皇所开创的中华帝制、郡县制，官僚制度、以法治国，所拓展的疆域，等等，进一步奠定了中华民族发展的基础。楚汉战争后，刘邦建汉。作为一个务实且高瞻远瞩的政治家，他更是具有史鉴意识，果断采用“拿来主义”，调和与扬弃周秦政治。他的伟大之处在于实行“秦果汉收”，兼采周公与秦皇治国理政的长处，从而较好地解决了先秦中国政治的继承和发展问题。汉武帝是继周公、孔子、

① 《全唐文》卷十，《帝范后序》。

秦皇、汉高帝之后又一雄才大略的不世之才。他在治国理政的实践中兼用王霸之道，在意识形态上采取文化专制主义，尊崇儒术，重视中央集权以及皇权的建设。三国两晋南北朝时期，因为分裂与战乱，这一时期鲜有在国家治理方面出现高水平的大政治家，其间尽管有曹操的挟天子以令诸侯以图实现统一，在北方开辟屯田，开创建安文学新时代；诸葛亮治理西蜀与西南地区等举措，但皆无法与统一强大王朝时代的治理体系相媲美。唐宋时代，唐太宗、宋太祖对国家的治理堪称后世典范。唐太宗的三省制衡机制，宋太祖对文官制度的重视与建设都很有特色。北宋后期有王安石变法，但这种努力以失败而告终，非但没有能够挽救北宋王朝，相反加剧了北宋的动荡与灭亡。明朝初年，明太祖朱元璋废丞相制度，以六部长官直接对皇帝负责，进一步加强了皇权。明代中后期，统治者一直在寻找振兴之路，这其中以张居正新政最具代表性。张居正治国所推行的考成法与一条鞭法，为后来治国者的治吏与增加财政收入提供了经验教训。清朝前期，康熙皇帝用理学治国，践行各民族团结政策。今天中国 56 个民族、幅员辽阔的疆域领土、大国的自信等，都是那个时候奠定的，康乾盛世是中国古代五大盛世中成就最高的盛世。

随着历史的车轮驶入 21 世纪，中国在经济上的崛起，文化自信的回归，人们越来越意识到，真正的改革发展并非凭空而来，而是在继承中发展，在改革中扬弃。五千多年中华文明史、百年来革命与建设史都有一个连贯的历史逻辑，中国政治与文化是在不断变革中孕育着新生。同样，中国治理现代化能力与体系的探索与发展，也应是这个历史逻辑的发展和延续。

从历史大视野看，中国传统中蕴含的思想和实践精华完全可以在新形势下得到汲取和提升。比如："修齐治平"的人格成就途径，德才兼备、以德为先的用人标准，以人为本的民本政治观，忠君爱国的民族意识，与邻为善、睦邻友好的外交观，等等，无一不值得珍视与借鉴。其中富有时代意义的文化精髓，更值得我们发掘和阐发，进行创造性转化，使之具有当代价值，从而丰富我们的治理智慧。

中国的发展具有中国自身特色，实现中国国家治理现代化，离不开中国历史传承和文化传统，离不开中国经济社会发展水平，离不开中国人民自己的选择。中国特色社会主义的理论、制度和道路决定了中国的国家治理现代化在需要向外学习和借鉴的同时，更需要向内求索与开发。中华民族历史与文化是向内求索与开发的基础，没有向内的求索，所有的借鉴都是无源之水，无本之木，终究难成气候。

目前，中国正在进行伟大的变革，正处在一个“千年未有之变局”的关键时期，如何推进国家治理体系和治理能力现代化，这既是全面深化改革的热点，也是一个难点问题。这是一个全新的课题，我们没有捷径可走，没有现成坐标可以参考，只能摸着石头过河。在中国这样一个具有悠久历史和文化传统的国度里，我们应该遵循中国自身的发展规律，循序渐进地向前迈进，最终实现中华民族的伟大复兴！

目　录

第一章　走向大一统

一、大一统应该从黄帝说起

天地玄黄，宇宙洪荒。

华夏文明是在一次又一次的搏击冲撞和交汇融通中逐渐诞生与发展起来的。

从古史传说来看，昆仑神山、轩辕古国、大洪水时代的生存空间之争等构成了华夏早期政治文明史的开端。

黄帝、炎帝与蚩尤成为中华民族公认的三大始祖。

他们构成了中国政治史的源头。

据学者考证，五帝时期，黄帝部落是活跃于北方的一支游牧部落。“昆仑山的原型在内蒙古阴山地区，轩辕古国在河北北部、内蒙古东南部、辽宁西部的森林、草原间。”[①] 炎帝部落是生活在黄河流域中游的一支从事农业生产的氏族部落。蚩尤部落则是东夷以狩猎为主的氏族部落。

距今约五千年前，气候骤变，生存环境恶化。迫于生存压力，

---

① 逯宏著：《中国五帝时代：北方传说时代多元文化融合研究》，摘要，中国社会科学出版社，2017 年版，第 1 页。

黄帝部落挥师南下，在阪泉、涿鹿同炎帝、蚩尤等部落发生大规模战争，炎帝战败、蚩尤被杀，炎黄从此组成新的婚姻联盟，华夏政治文明史从此进入了一个新的发展阶段，这是中国政治史的开端。

中华民族有着悠久的历史传统，在浩如烟海的史籍中，二十五史被公认为“正史”，二十五史的首部是《史记》，《史记》开卷是《五帝本纪》，而五帝始于黄帝。据古史传说，黄帝是中华文明的伟大奠基者和开拓者，是中华文明最杰出的代表人物与创世英雄的象征。

黄帝、炎帝与蚩尤之事，经司马迁“非好学深思，心知其意，固难为浅见寡闻道也”的认真严谨审视，载入《史记·五帝本纪》中。司马迁很重视轩辕、炎帝与蚩尤之间战争的意义，他认为，正是由于轩辕战胜了炎帝与蚩尤，才使轩辕氏成为黄帝，列于五帝之首，开创了华夏政治文明的先河。

司马迁说：

> 轩辕之时，神农氏世衰，诸侯相侵伐，暴虐百姓，而神农氏弗能征。于是轩辕乃习用干戈，以征不享，诸侯咸来宾从。[①]

这说明，轩辕氏兴起之时，中原大地居统治地位的部落是神农氏，即炎帝部族，他在“诸侯相侵伐”之时，由于世衰而无能为力，中原地区各部族依凭所据的一方物质资源不断壮大实力，开始对原本以农业文明较为发达的神农氏部落产生怠慢之心，各部族之间为争夺生存与发展权而战争不断。这时，北方实力较为强盛的轩辕氏部落，依仗武力以征不享者，起而取代炎帝部落在中原诸侯中取得了统治地位，并进而征服了其他众多不服从的部落，扩大了本

① 《史记·五帝本纪》。

部族统治的地域。

这应是中国大一统的开端。

太史公从大一统的正统观点出发，尊黄帝，贬炎帝，其理由无可挑剔。

问题很清楚，在这华夏族进入英雄时代的当口，在中国广大地域中，存在着轩辕、炎帝和蚩尤三大氏族部落集团的鼎立对峙，一时难以出现统一的局面。面对这种长期对峙、战乱不断的局面，势力迅速发展起来的轩辕氏部族，为战胜炎帝、蚩尤部族，进行了充分的物质与军事准备。

首先，黄帝决定先行征服炎帝势力集团。

“黄帝之谋炎帝也久矣。”[①]

“至黄帝时，生齿日繁，民族竞争之祸，乃不能不起。遂有炎帝、黄帝、蚩尤之战事，而中国文化，藉以开焉。”[②]

此时，炎帝部族虽已经势力衰落，但要完全征服之也并非易事，对此，司马迁简要概括说：“炎帝欲侵陵诸侯，诸侯咸归轩辕。轩辕乃修德振兵，治五气，艺五种，抚万民，度四方，教熊、罴、貔、貅、貙、虎，以与炎帝战于阪泉之野。三战，然后得其志。”[③]

这个记载表明，轩辕氏与炎帝相比，“诸侯咸归轩辕”，说明其实力与人气盛旺，为其与炎帝决战奠定了良好基础，同时，黄帝认真准备，对“艺五种”，即将黍、稷、菽、麦、稻主要食粮作为战备条件，以备战士战争中食用；他振兵修武，教士卒习战练武，以猛兽之名命名，显示军威；度四方部族，理顺人心，以支持他的统一战争。正是由于黄帝有组织有计划地进行了充分的准备，凭借其

① 《夏曾佑集》（下），上海古籍出版社，2011年版，第796—797页。

② 《夏曾佑集》（下），上海古籍出版社，2011年版，第796页。

③ 《史记·五帝本纪》。

部落强大的力量，加上其他背叛炎帝的部落的支持，所以经过多次的交战，黄帝最终取得了对炎帝部落战争的胜利。贾谊说："黄帝者，炎帝之兄也。炎帝无道，黄帝伐之涿鹿之野，血流漂杵，诛炎帝而兼其地，天下乃治。"[①] 这说明黄帝、炎帝本为联姻的兄弟部族首领，由于利害严重冲突，自相残杀，且异常惨烈，由"血流漂杵"词句即可想象当时战争的残酷程度。战争以人类鲜血和生命为代价，却同时又为文明与统一开辟了新的路径。

炎黄两个部族的大战，奠定了黄帝族在中原部族中的统治地位。更重要的是，从此炎黄两个部落氏族群互相融合，成为华夏族正式形成的标志，亦为兼并蚩尤族群打下了基础。

接下来，黄帝又将征服蚩尤部落提上了日程。

关于蚩尤，史籍中相关记载的资料少而纷乱。

《世本》言："蚩尤，神农臣也。"

《大戴礼记·用兵》说："蚩尤，庶人之贪者也。"

《韩非子·十过》说："昔者黄帝合鬼神于泰山之上，驾象车而六蛟龙，毕方并辖，蚩尤居前，风伯进扫，雨师洒道，虎狼在前，鬼神在后，腾蛇伏地，凤凰覆上，大合鬼神，作为清角。"

上述这些早期的记载虽然众说纷纭，甚至具有神话色彩，但毕竟还是可以理出一个头绪的。《世本》说蚩尤是神农之臣属，《逸周书·尝麦篇》亦言："蚩尤乃赤帝臣。"这说明蚩尤曾一度归顺神农。神农氏后来衰落，众部族相互侵伐，不听从神农，蚩尤自然也是如此。《韩非子》中说，黄帝曾集众部族于泰山之巅，奏着黄帝之琴，"蚩尤居前"，立于一个显著的地位，这说明在神农氏衰落、轩辕氏取而代之时，蚩尤曾一度归顺轩辕氏，在众部族中，因为拥有强大的实力，而地位"居前"。

---

① 《新书·益壤》。

在《尚书》传注中言，蚩尤是九黎之君，三苗是九黎的后裔；又言少暤本是九黎之君，少暤是东夷部族首领，很可能原先蚩尤部族为东夷一支，后其势力因武器装备得以改进而迅速壮大。

关于蚩尤“作兵”，史籍记载中说：“葛卢之山发而出水，金从之，蚩尤受而制之，以为剑、铠、矛、戟，是岁相兼者诸侯九。雍孤之山发而出水，金从之，蚩尤受而制之，以为雍狐之戟、芮戈，是岁相兼者诸侯十二。故天下之君，顿戟一怒，伏尸满野，此见戈之本也。”①

崛起后的蚩尤部族在东夷、苗蛮地域兼并达“八十一兄弟”，即形成一个非常庞大的部落联盟集团，起先成为神农氏部落联盟中的一支，后来又归顺于轩辕氏，最后又叛轩辕氏形成三足鼎立，乃至势不两立的局面。

由于蚩尤联合了东部及南部众多的部族，先对神农氏、后对轩辕氏构成威胁，同时又先归顺神农氏、后归顺轩辕氏，以致最后与其发生严重的冲突，进而与炎帝、与轩辕氏展开了争夺黄河中游的地盘。这是大洪水时代海水上升东夷部族被迫内迁以期生存、从而同中原氏族部落发生冲突的真实写照。

司马迁在记述了轩辕战胜炎帝之后，接着说：“黄帝乃征师诸侯，与蚩尤战于涿鹿之野，遂擒杀蚩尤。而诸侯咸尊轩辕为天子，代神农氏，是为黄帝。天下有不顺者，黄帝从而征之，平者去之，披山通道，未尝宁居。”② 这是符合历史实际的。

根据先秦诸子和两汉人士的著述资料，可以清楚地看到，黄帝、炎帝与蚩尤的部落氏族之间，解决政治问题的终极办法是用战争的方式，主要凭借点还是各部实力强弱等因素。除了军事方式

① 《管子 · 地数》。

② 《史记 · 五帝本纪》。

外，政治智慧亦是相当重要。部族联盟在炎帝、蚩尤与黄帝大战时得到迅速发展。黄帝部族兴起之时，众部族依赖其所拥有的一方资源优势，得到充分发展，然而在激烈的竞争中，为了部族的生存与发展，他们必须选择部族联合的组织结构。在征战过程中，黄帝部族以武力同炎帝部族联合起来，蚩尤部族同“八十一兄弟”也实行结盟。蚩尤与黄帝的大战，继续沿着这一发展趋势，最终实现了三大族群的统一。通过战争，黄帝将众多部族融合成为一个相对合作与共存的群体，为中华民族早期政治形成与不断向前发展奠定了坚实的基础。

氏族部落联盟的出现，标志着中国上古社会的历史实现了跨越性的进步。部族的融合必然导致早期华夏政治文明的迅速发展，加强各部族自远古以来形成的不同文化的交流。正是由于这种不同文化的长期并存，相互借鉴，使中华政治文化从一开始，就形成一种各民族不断融合与交流、文化上兼容并包的优良传统。而这种传统，是从黄帝时代开始形成的。

正是在这个意义上，黄帝、炎帝与蚩尤三大部族共同开凿了中国远古政治文化的甘泉，奠定了中华政治文化——大一统发展的基础，为后来治理天下者树立了一个值得效法的榜样。[①]

二、家族与邦国递进时代的夏商政治

禹在中国上古历史传说中，堪称一位伟大的传奇式的英雄。

学界公认，中国历史上第一个国家政权就是由他一手缔造的。

---

① 参见魏宗禹著:《论蚩尤与黄帝之战的历史文化意义 》,《湖南科技学院学报》2006年第2期。

据说，禹曾受尧之命，继其父鲧之志，治理“浩浩怀山襄陵，下民其忧”的滔天洪水，“劳身焦思，居外十三年，过家门不敢入。薄衣食，致孝于鬼神。卑宫室，致费于沟淢。陆行乘车，水行乘船，泥行乘橇，山行乘樏。左准绳，右规矩，载四时，以开九州，通九道，陂九泽，度九山”。终于制服洪水，“众民乃定，万国为治”。禹也因此而“声教讫于四海”[①]，在众部族中享有极高的威望。

先秦与两汉文献典籍中，关于禹活动的记载甚多。

《墨子·非攻》说：“禹亲把天之瑞令，以征有苗。”“禹既已克有三苗，焉磨为山川，别物上下，卿制大极，而神民不违，天下乃静。”

《国语·鲁语下》说：“昔禹致群神于会稽之山。”

《左传·哀公七年》说：“禹既会诸侯于涂山，执玉帛者万国。”

《山海经·海外北经》说：“禹杀相柳……乃以为众帝之台。”

这里所谓的“诸侯”“万国”，皆是指禹在治理洪水过程中加以征服或者争取过来的众多氏族部落。上述文献记载说明，除了禹所属部落联合体中的众多部落之外，还有原本并不属于禹部落联合体的众多其他部族。他们之所以前来对禹表示服从，有的是为禹的德行所感召，有的是被禹的威势所慑服。

据《国语·鲁语》记载，禹在会稽大会诸侯的时候，防风氏部落的首领因为迟到，就被禹杀戮。由此不难看出，禹在当时的确具有很大的，远远超过尧、舜个人的权威。

禹虽然具有远高于尧、舜的个人权威，然而根据文献的记载，禹在继舜为部落联合体的最高首领之后，仅仅过了十年便“东巡

① 《史记·夏本纪》。

狩，至于会稽而崩”[1]，而绝不像尧、舜那样，动辄执政八九十年。

这种差异说明，关于禹在位的记载与尧、舜在位的记载已有很大不同，关于舜的文献记载尚多是神话传说，而关于禹的记载已经不再是神化了的传说，而是有了真实可信的记录。就文献中记载的上古“帝王”代系传承的真实性而言，禹是一个关键的分野。禹以前的代系传承，如黄帝传颛顼、颛顼传帝喾之类，直至尧、舜时期，每一个传说的人物其实都代表着一个部族执掌部落联合体最高权力的时代，这些时代一般来讲都不止于一代人的时间。禹以后的每一位人物则是一个真实的个人。从这个意义上来讲，完全可以说，禹以前的史迹属于中国上古史的传说时代，其主要的人物传承和活动归属都是模糊不清的。禹以后则进入基本可靠的信史时代。

大禹作为英雄时代分野的关键人物，古人对此早有认识，今人也仍然不断对此加以强调。

古人的认识是以禹之前后的时代作为“大同”社会与“小康”社会的分界。这也就是国人常津津乐道所向往的：

大道之行也，天下为公，选贤与能，讲信修睦。故人不独亲其亲，不独子其子，使老有所终，壮有所用，幼有所长，矜寡孤独废疾者皆有所养。男有分，女有归。货恶其弃于地也，不必藏于己；力恶其不出于身也，不必为己。是故谋闭而不兴，盗窃乱贼而不作，故户外而不闭，是谓大同。今大道既隐，天下为家。各亲其亲，各子其子，货力为己。大人世及以为礼，城郭沟池以为固。礼义以为纪，以正君臣，以笃父子，以睦兄弟，以和夫妇，以设制度，以立田里，以贤勇知，以功为己。故谋用是作而兵由此起。

① 《史记·夏本纪》。

禹、汤、文、武、成王、周公，由此其选也。[1]

可见，在古人的认识中，是将禹作为“小康”时代的第一人而传承下来的。

在政治学角度而言，大禹开创夏王朝，让中国古代社会由前国家时代跨入了国家时代，由野蛮时代进入了文明时代，具有极其重大的意义。

据《史记 · 夏本纪》记载：

十年，帝禹东巡狩，至于会稽而崩。以天下授益。三年之丧毕，益让帝禹之子启，而辟居箕山之阳。禹子启贤，天下属意焉。及禹崩，虽授益，益之佐禹日浅，天下未洽。故诸侯皆去益而朝启，曰：“吾君帝禹之子也”。于是启遂即天子之位，是为夏后帝启。

按照五帝时代“禅让”的惯例，益为禹的合法继承人，然而启却破例即天子之位。所谓“启贤，天下属意焉”恐怕只是一种粉饰之词，因为《尚书》等很多文献都记载了夏启即位后有扈氏不服且与帝启兵戎相见的传说。禹、启之际的确是中国社会急剧变革的时代，只是这种变革没有“世袭制代替禅让制”这样简单罢了。

在司马迁看来，在禹晚年时，曾经仿照尧、舜的故事，“以天下授益”，但是“虽授益，益之佐禹日浅”，故而威望明显不足；而禹子启则在禹的长期刻意培植下，早已执掌了部落联合体的实际最高权力，“故诸侯皆去益而朝启”[2]。最后，启杀益，开创了中国历

① 《礼记 · 礼运》。

② 《史记 · 夏本纪》。

史上的第一个王朝——夏。

夏代是一个族邦结构的社会。在这种结构的社会里，血缘还是最重要的联系纽带，族邦或部族社会的人们倘若脱离了本族邦这一最基本的纽带，根本就无法生存。因此，上层贵族集团脱离下层族众而他迁，在当时社会中是不可想象的事情。而下层平民抛弃本部族的上层首领集团，却接受和拥护异部族的统治，更是匪夷所思。

古人以夏王朝为“家天下”之始，故而凡是夏之属民皆称夏人，后来的中华民族与华夏的称谓也是源夏而来。

公元前 16 世纪，当夏统治者因为昏庸乱政、处于诸侯离心的时候，起源于东北方、至夏末已长期居住于冀南豫北一带的氏族——商，却正在迅速兴起。史载，“汤修德，诸侯皆归汤”[①]。夏桀在当时已经感到了这个日益兴盛的邦国的威胁，曾经将商族的君长成汤囚禁于夏台，后来又予以释放，夏商之间的矛盾冲突越来越尖锐。

商汤为了翦灭夏邦，取而代之，长期以来做了充分的准备。他曾访得有莘氏的贤人伊尹，并因而得以与有莘氏结盟，力量从此大增。商汤以此为基础，进而广泛争取到其他许多族邦的支持，开始将灭夏的计划付诸实施。在逐步消灭了一些忠诚于夏邦的氏族部落后，公元前 16 世纪，鸣条一战，成汤灭夏。[②]

不过，夏作为众邦之首的地位，前后持续了约四百年的时间，这种情况在中国历史上还是第一次。在此之前，从未有任何一个家族在如此广阔的地域内维持它对一个庞大的十分松散的政治实体的

---

① 《史记·夏本纪》。

② 参见齐涛主编，王和著：《中国政治通史——从邦国到帝国的先秦政治》，泰山出版社，2003 年版，第 120—129 页。

统治达到如此长久的程度。诚如有人所言，在中国历史上，“这标志着由中原酋邦向国家的转化作为一个历史进程已不可逆转”[①]。

从国家形态来看，商代应属于典型的早期国家时代。一方面，商代的国家机器已十分完备；另一方面，商代又仍是以部族的血缘组织作为国家的基础，而以地域组织划分居民的地缘国家形态尚未出现或仅处于萌芽状态的时代。当时方国林立，所谓方国，就是这种以部族血缘组织为基础的早期国家。

不过，与夏代相比，商代国家的地域意识和领土意识无疑已较前大大加强，不但其方国不再称“某某氏”而改称“某方”，而且依据《尚书》等文献的记载，似已出现乡里之类地域组织的萌芽。同时，在考古发掘的材料中也显示，在有的地方，不是由某个单一的血亲部族的成员，而是由不同部族的成员构成同一“邑”的居民点中的居民的现象已经出现。这表明，经过夏代几百年的发展，地缘因素在社会组织中的比重逐渐加重，国家形态进一步向比较成熟的阶段迈进。

虽然如此，但就总体而言，殷商时代显然仍处于以血缘部族聚居的方国为基础，尚未达到纯以地域组织划分居民的早期国家时代，这已被大量的文献和考古材料所证明。直到西周初年，“殷民七族”“殷民六族”等血缘组织仍然是周王分封诸侯时分赐殷遗民的基础单位，这些殷遗民无疑是依族聚居的，否则周人就不可能以族为单位将他们分赐给诸侯，说明这种情况直到商代末年也并未发生根本的改变。

公元前 11 世纪，当大邑商正处于江河日下的时候，作为商王朝邦国联合体一员的小邦周却在日益发展壮大，其首领“西伯”姬昌通过积极地“阴修德行善”，从而使“诸侯多叛纣而往归西

① 谢维扬著:《中国早期国家》，浙江人民出版社，1995 年版，第 329 页。

伯"[1]。到了姬昌之子姬发继任周侯的时候，天下诸侯邦国已经有三分之二"归周"，亦即由拥戴"大邑商"转为拥戴"小邦周"，大邑商作为众邦之首的地位实际上已不复存在。

据《史记》记载："西伯既卒，周武王之东伐，至盟津，诸侯叛殷会周者八百。诸侯皆曰：'纣可伐矣。'武王曰：'尔未知天命。'乃复归。"[2]这其实是一次小邦周对大邑商的武力侦察试探，所以文献称此次行动为"观兵于孟津"。"观兵"二字准确揭示出大邦殷与小邦周二者关系的实质。由此不难看出，殷周之间的关系绝非后世那样性质的君臣依附关系。

"观兵于孟津"之后第二年，纣的行为更加暴虐，杀王子比干，囚箕子。"殷之太师、少师乃持其祭乐器奔周"[3]，周侯姬发认为伐商的时机已经成熟，于是遍告周之友邦诸侯："殷有重罪，不可以不毕伐。"大举起兵，"率戎车三百乘，虎贲三千人，甲士四万五千人，以东伐纣"。周师东渡黄河，至于盟津，拥护周邦的友邦诸侯纷纷前来会合，一路浩浩荡荡直杀到距离殷商的都城只有七十余里的牧野（今河南省淇县南）。誓师于牧野的反殷联军，包括周人与西土的"友邦冢君"，以及庸、蜀、羌、髳、微、卢、彭、濮等部族邦国的军队，共有兵车四千乘，陈师于牧野。据《史记》记载，殷纣王闻讯以后，发兵七十万迎战。双方于牧野大战，殷纣的军队很快就溃败了。史称："纣师虽众，皆无战之心，心欲武王亟入。纣师皆倒兵以战，以开武王。武王驰之，纣兵皆崩，畔纣。"[4]

① 《史记·殷本纪》。

② 《史记·殷本纪》。

③ 《史记·殷本纪》。

④ 《史记·周本纪》。

牧野之战后，以周为首的反殷联军旋即攻入殷都朝歌，纣王登鹿台自焚而死，以夏商时代为“诸侯之长”的邦国联合体从此被周的封建制封国体制所替代。随着殷商王朝的灭亡，一个新的、以周王朝政治文明为标志、具有极其重要意义的一个伟大时代即将拉开序幕。①

三、周公对大一统文化之贡献

周公，姓姬名旦，是周文王之子，周武王之弟，周成王的叔父，因受封于周，故称周公。周公生活于殷周之际，历经文、武、成王三代，既是创建西周王朝的开国元勋，又是稳定西周王朝，促使“成康之治”出现的主要决策人，“周公集黄帝、尧、舜、禹、汤、文、武之大成，其道繁博奥衍”②。他深明社会变迁发展的原因，精通政治统治的管理策略，思想敏锐而勇于创新，博学多识而善于决断。西周初年的典章制度，多为周公损益前代政治文化而创建。西周政权的稳固确立，实乃周公审时度势为之奠基。周公倾其一生，先后辅佐武王和成王，在政治上有大作为，在国家制度创新上有大开拓。他创建的一系列新的政治制度以及仁德政治，超过前人，足可垂范后世。

周公生活在一个戎马倥偬、万事草创的时代。

公元前 11 世纪，武王伐纣，牧野一战，瓦解了商朝，商纣王自焚而死，周王朝灭商并取而代之。

---

① 参见齐涛主编，王和著：《中国政治通史——从邦国到帝国的先秦政治》，泰山出版社，2003 年版，第 175—183 页。

② 杨琥编：《夏曾佑集》（下），上海古籍出版社，2011 年版，第 808 页。

在这场波澜壮阔的战争中，周公不仅是目击者，还是积极的参与者，他目睹了商王朝覆亡的全部过程，对国家的兴衰有着深刻的体会和感悟。

周王朝是通过牧野一战而定天下的。周人虽然占领了商都朝歌，但并未全部解除殷人的武装。因此，暂时的征服不等于永远牢固的统治，而如何取得最后的胜利，"小邦周"如何真正取代"大邑商"，如何有效地统治新征服广大地区的民众，这个相当复杂而尖锐的问题摆在周初统治者的面前。

周初，政治形势十分严峻。

首先，表现为殷民及其同盟的基层组织并没有被彻底摧毁，"殷顽民"蠢蠢欲动，伺机反扑，"其登名民三百六十夫，不显亦不宾灭，以至今"[①]。这是指商朝虽然因周武王攻取朝歌而灭亡，但其基层政权组织与力量仍然独立存在，周武王总感到这是个心腹大患，以致为此彻夜不寐。

牧野战后的相当长一段时期内，周王朝势力不达今豫东、山东、河北。东方地区与周王朝关系一直处于紧张的状态。为了安定局面，武王封商纣王之子武庚禄父照旧统治商故都地区，派管、蔡、霍三叔监视，但适得其反，不久就发生了"管蔡以武庚叛"的乱象。《尚书》记录了这次叛乱的发生："殷小腆诞敢纪其叙。天降威，知我国有疵，民不康，曰：予复！反鄙我周邦。今蠢今翼。"[②]武庚叛乱波及面很广，东达整个山东半岛直到海边的东夷各族，东南及徐淮各族，南方荆楚也与东方叛乱此呼彼应。[③]管叔、蔡叔和武庚是叛乱魁首。经过三年多的激战，王师方才平叛。对于周王

① 《史记 · 周本纪》。

② 《尚书 · 大诰》。

③ 《史记 · 鲁世家》。

室来讲，正如他们感叹所云："予造天役，遗大投艰于朕身，越予冲人。"[①] 东征平叛弄得他们焦头烂额，捉襟见肘。东征虽取得了胜利，但殷"顽民"并没有完全臣服。"今惟民不静，未戾厥心，迪屡未同。"[②] 虽屡次开导，也不与周人同心同德。为此周公劳心费神。周公特意告诫不听命的殷民和东方诸国说："尔乃迪屡不静，尔心未爱；尔乃不大宅天命，尔乃屑播天命，尔乃自作不典，图忱于正。我惟时其教告之，我惟时其战要囚之，至于再，至于三。乃有不用我降尔命，我乃其大罚殛之！非我有周秉德不康宁，乃惟尔自速辜。"[③] 周公责备殷民不听劝告，两次三番谋反。周公严厉地向他们发出警告，要对不听命者坚决镇压。可见，殷顽民与东方诸侯的叛乱已成为周王朝初期存在的一个最大的社会与政治问题。

其次，周贵族集团虽然是胜利者，但内部矛盾也开始显露出来。

这主要表现在：

其一，灭商之后，周统治者滋生了麻痹松劲情绪。牧野大胜后，武王就把"马，散之华山之阳，而弗复乘；牛，散之桃林之野，而弗复服。车甲衅而藏之府库，而弗复用。倒载干戈，包之以虎皮；将帅之士，使为诸侯；名之曰'建櫜'。然后，天下知武王之不复用兵也"[④]。这就是历史上的"刀枪入库，马放南山"一成语的由来。

其二，周贵族生活开始腐化。周公总结商亡的重要原因是："荒腆于酒。"周公敏锐地觉察到，灭商不久，周人也染上了酗酒

① 《尚书・大诰》。

② 《尚书・康诰》。

③ 《尚书・多方》。

④ 《礼记・乐记》。

等不良习气。他指出："天降威，我民用大乱丧德，亦罔非酒惟行。"[①] 周公对年幼的成王不放心，语重心长地劝告说："呜呼！继自今嗣王，则其无淫于观、于逸、于游、于田，以万民惟正之供。"[②] 从周公的告诫之词也能透露出西周贵族集团的腐化风气已有了苗头，迫使周公不得不向自己敲起了警钟。

其三，此时，西周贵族集团内部也开始出现了裂痕。东方叛乱固因殷民和东方部落首先发难，但也是他们串通三叔从内部瓦解策应才得以发动的。更为严重的是中央集团的核心人物之间出现了不和的情况。据史籍记载，太保召公对周公摄政"不说"，甚至"疑之"[③]。这必然削弱周的统治力量。

其四，周初，周政权把军事重点放在东方，这就必然会造成大后方的空虚。"有大艰于西土，西土人亦不静，越兹蠢。"[④] "西土人"指的是周人以及西方同盟部落。这说明当时周王畿内部也出现民心不稳的倾向。东方叛乱就正是在这种"知我国有疵，民不康"[⑤] 的情况下发生的。

灭商第二年，周武王去世，周成王年幼，周公摄政，东方叛乱，新生的王朝面临危急存亡之秋，周公肩负着保家卫国的历史重任，怎样处理好创业和守业关系，这个严峻的问题摆在了周公面前。

根据《尚书大传》的记载，周公的政治智慧主要集中在武王死后，因成王年幼而摄政的七年时间内。"周公摄政，一年救乱，二

① 《尚书·酒诰》。

② 《尚书·无逸》。

③ 《史记·燕召公世家》。

④ 《尚书·大诰》。

⑤ 《尚书·大诰》。

年克殷，三年践奄，四年建侯卫，五年营成周，六年制礼作乐，七年致政成王。”①

战国时期，荀子也在《荀子 · 儒效》篇中说：“大儒之效：武王崩，成王幼，周公屏成王而及武王，以属天下，恶天下之倍周也。履天下之籍，听天下之断，偃然如固有之，而天下不称贪焉。”这就是说，在周武王死后，周公为了统一天下，就摒弃成王，自己来继承武王之位，安然地坐在天子的位置上听天下之政，攻杀反叛之人，按照自己的意志分封诸侯，完全把天下当作自己之天下。但人民很信服他，并无半点闲言碎语。根据荀子所言，武王死后，周公无论在名义上还是实际上都是至高无上的周王。事实上，周公之所以能够在周初立下那么多的丰功伟绩，没有这样一种至高无上的王者的身份与权力作为依靠是根本不可能的。

在周初七年中，周公主要做成了以下五件大事：

1. 东征平叛

周武王死后，叛乱席卷整个东方大地。东夷诸小国，本来在殷商时代就没有真正统一于中央王朝，商王屡次用兵，效果并不明显。西周初年，他们趁周王朝内部的分裂，鼓动武庚反周复商，处于摇篮中的西周王朝大有夭折的危险。国难当头之际，周公力排众议，果断地承担了平叛的历史重任。

东征前，周公发布《大诰》，尖锐地指出当时形势的严重性。针对当时贵族内部有人公然反对出征，散布什么“不可征”言论，周公反复说服太公望与召公奭等在周王朝中举足轻重的人物，希望他们了解文王创业的艰难，竭尽全力支持他去完成文王的未竟事业。

东征平叛，用了三年的时间，仗打得非常激烈，无论是先秦文

① 转引自吕庙军著：《周公研究》，人民出版社，2012 年版，第 17 页。

献，还是发掘出土的铜器铭文都记载了当年的实际战况。

《逸周书 · 作雒篇》记："周公立相，天子三叔及殷、东、徐、奄及熊、盈以衅……二年，又作师旅临卫攻殷，殷大震溃。降辟三叔，王子禄父北奔，管叔经而卒，乃囚蔡叔于郭凌。凡所征熊、盈族十有七国，俘维九邑，俘殷献民迁于九毕。"

《孟子 · 滕文公下》记："周公相武王，诛纣，伐奄，三年讨其君，驱飞廉于海隅而戮之，灭国者五十。"几乎描述了周公东征的全过程，战果辉煌。

《诗经 · 破斧》云："既破我斧，又缺我斨。周公东征，四国是皇。哀我人斯，亦孔之将。"四国指殷、东、徐、奄，皇借为慌，诗中所言：周公东征，战斗进行得非常激烈，周军兵锋所指，打得东夷四国十分仓皇。平叛结果，王子禄父北奔，不知下落，杀管叔，流放蔡叔，贬职霍叔，"灭国者五十"，商王朝时即不服中央王朝管制的东夷诸邦这才最终真正纳入了周王朝的版图。

周公东征意义甚大。

第一，周公东征，挽救了濒于颠覆的新建王朝，避免了历史再回到殷末那种"如蜩如螗，如沸如羹"①的纷纷扰扰的氏族部落林立的万邦社会中去。由于"周公兼夷狄，驱猛兽而百姓宁"②，使周初社会获得了初步的安定环境。史载，"成、康之际，天下安宁，刑措四十余年不用"③。

第二，通过周公东征，进一步扩大了周王朝的统治疆域，甚至把一直不服从商王朝统治的东夷诸部落也纳入了周王朝的版图之中。东达海隅，南及徐淮，为后来大分封创造了条件。可以说，没

① 《诗经 · 大雅 · 荡》。

② 《孟子 · 滕文公下》。

③ 《竹书纪年 · 周纪》。

有周公东征，就没有后来华夏族与东夷族的迅速融合与发展。

第三，通过周公东征，向东方或东南方传播了华夏文化。对后世中国文明影响很大的齐鲁文化就是在周公东征胜利的基础上逐渐孕育起来的。

2. 营建洛邑

营建洛邑是周公东征后完成的第二件大事。

周武王灭商之后，不久就产生了一个营建东都的设想。《逸周书 · 度邑解》记载武王曾打算把东都设在伊洛之间。《何尊》铭记：武王曾考虑在地处天下中心的商故都附近建立一个新邑。先派召公奭到伊洛之间勘察地形，选择新邑的地点。东征胜利后，"周公往营成周"。[①] 应该说，营建洛邑的倡导者是武王，而实践者是周公。

营建洛邑的目的是把洛邑变成周在东方的经济政治军事中心。洛邑"此天下之中，四方入贡道里均"[②]。这里便于向东方各族收括，是吸纳东方财富的咽喉。同时，迁殷"顽民"于洛邑成周，便于加强对他们的政治统治。另外，这里驻防成周八师，便于严密监视东方各族的行动。由于洛邑的营建，也加强了西周王朝与东方各族的政治经济联系，"昔成王合诸侯，城成周，以为东都，崇文德焉"[③]，周王室向东方诸侯宣扬文治德政，"四方民大和会"[④]，四方诸侯来新邑朝见，为王室效劳，洛邑成了联系东方各族的政治经济中心。

3. 封藩建卫

当初周人之所以能够打败殷人，除了通过自身不懈的努力外，

---

① 《尚书 · 洛诰》。

② 《史记 · 周本纪》。

③ 《左传 · 昭公三十二年》。

④ 《尚书 · 康诰》。

实有种种偶然的因素。殷人虽然因牧野一役战败，然而积威日久，力量尚存。而且殷遗民人数众多，势力依然雄厚。所以周人代殷之初，在心理上对于能否成功地统治天下并无充分的自信。只是到了周公东征胜利以后，随着周人统治的巩固，这种自信心才增强起来。

正是由于在代殷之初周人对拥有与治理天下尚无充分的自信，故殷人作为数百年盟主的威望所具有的强者启示的作用，以及对历史惯例的遵循与受传统习俗的影响，使周人在代殷之后最初试图建立的国家体制，仍旧是效仿夏殷政治模式的、以周为领袖国的方国联盟王朝。

过去的大量研究成果告诉我们，周初大规模分封诸侯是在成王时代。武王克商以后，所做主要是“释百姓之囚，表商容之闾，封比干之墓”，其后不久便“罢兵西归”。对于作为亡国之余的殷人，反倒是“封商纣子禄父殷之余民”[①]。这说明一开始周统治者还是按照夏商以来的惯例，并没有从根本上认识到完全消灭殷国的重要性，而仅仅是让殷人作为邦国联合体之一员服从于周即可，正如“小邦周”曾经长期作为邦国联合体之一员服从于“大邦殷”一样。这种处理的方法，正是部族社会时代的典型做法。倘若失败的殷人能够从此甘心屈居于从属地位，那么周政权未必不会像殷商那样，最终成为一个众多方国林立的时代。

然而，形势总是在发生变化，企图复兴祖业的商纣王之子武庚，联合被周政权派来监视他、却因对周公摄政不满而与之勾结的管叔和蔡叔，想乘武王新死、成王年幼而周公大权在握的主少臣疑之机起而叛周，这就使立足未稳的周王朝立即面临被颠覆的危险。大政治家周公旦于危急存亡之时坚决果断地力排众议，毅然率

① 《史记 · 周本纪》。

师东征平叛，再次挫败殷人，彻底粉碎了殷人重登盟主宝座的复辟梦想。

东征平叛后，周公总结教训，深感殷人的霸主地位积数百年之久，势力尚在，余威犹存，而周族则乍然兴起，力量有限，倘若治国方略完全依照殷代制度，那么殷人一旦于猝然打击之后的失败中复苏，由于其人口众多，领土广大，周政权能否巩固统治将吉凶难卜。基于此种考虑，挟再胜之威，由雄才大略的周公旦亲自规划设计，对国家制度进行了极具深远意义的重大改革，全面实行了“封建亲戚，以藩屏周”的分封制度，将同姓诸侯与周室勋臣封派到原先周人势力不及的地区进行统治；同时，又通过“制礼作乐”，使周系诸侯与其他文化落后的部族方国截然区分开来，而周系诸侯之间则具有了共同的文化观念与制度约束的同一性基础。这就改变了周初那种不平等方国联盟的政治格局，把周王朝改造成为一个宗法政治化的，以共同的政治利益为基础的，以礼乐制度和文化观念为纽带的，以周王为宗主的宗族诸侯为主、异姓诸侯为辅的强大的统一王朝。

平叛胜利后，周王朝实际控制的疆域较之商代有了空前的扩大，如何实现对新征服的地区进行有效的统治，达到长治久安，是周公必须解决的现实问题。

在这一关乎周王朝未来命运的重大决策面前，周公决心结束周之前的万邦时代，他在武王初步分封的基础上，彻底实现中华早期文明由部落制到邦国制的完全转变。

封建制虽然并非从周公开始，但在他摄政期间，分封进入高潮，封建制也最终作为一项重大政治体制真正确立下来。

据《荀子》一书记载：

（周公）“立七十一国，姬姓独居五十三人”[1]。

又据《左传》记载：

昔周公吊二叔之不咸，故封建亲戚以藩屏周。管、蔡、郕、霍、鲁、卫、毛、聃、郜、雍、曹、滕、毕、原、酆、郇，文之昭也。邘、晋、应、韩，武之穆也。凡、蒋、邢、茅、胙、祭，周公之胤也。[2]

可见，西周王朝的政治规模是在周公大分封后才奠定下来的，通过层层分封，不仅扩大了西周的疆域，而且实现了中华民族政治史上的一次巨大飞跃。

周代政治制度是以封建制为基础的一整套庞大的政治体系构建而成的。它主要包括分封制、礼乐制以及在二者基础上建立起来的一整套详细而庞杂的宗法制度。封建制的意义，主要体现在“大邦维屏，大宗维翰，怀德维宁，宗子维城”[3]上面。也就是说，诸侯国是天下的屏障，宗族是天下的栋梁，德政是安定的保证，嫡子是天下的城墙。这种通过封建制度，将周政权与整个国家牢固地连接在一起，“较好地解决了中央与地方之间的关系问题，弥补了夏商二代所暴露出来的中央对地方控制十分薄弱的缺陷。它对于维护一姓之天下在一定时期内的有效统治而言，也不失为一种较为明智的选择”[4]。

① 《荀子·儒效》。

② 《左传·僖公二十四年》。

③ 《诗经·大雅·板》。

④ 辜堪生、李学林著：《周公评传》，四川大学出版社，2006年版，第129页。

封建制对中华民族具有重大的政治意义。

封建制把许许多多独立分散的氏族、部族组织用血缘宗法关系联系起来，"以藩屏周"，地方诸侯都要宗周，周天子的政令下达到诸侯，造成初步的政治大一统的局面，"普天之下莫非王土，率土之滨莫非王臣"从此成为华夏民族一种共同承认的政治观念，这为华夏文明的孕育发展与政治上的进一步统一创造了条件。可以说，没有周初的大分封，也不会有战国以来的郡县制，更不会有秦以后的中央集权制度。

4. 制礼作乐

制礼作乐，是世所公认的周公一生的主要功绩之一。

周公的制礼作乐，实际上就是建立周代一系列政治文化制度，它涉及政治、经济、法律、宗法、礼仪、祭祀、文化教育等一系列典章制度，是对周人社会政治文化活动的各个方面进行的一次比较全面的规范。

后世儒家称周公"制礼作乐"，把周初一切制度，包括《周官》都说成由周公一手制定，未免有武断、夸大之嫌。然而，先秦典籍多处确实记载了关于周公与礼乐的关系。如："先君周公制周礼"[①]；"晋侯使韩宣子来聘……观书于大史氏，见《易》《象》与《鲁春秋》，曰：'周礼尽在鲁矣。吾乃今知周公之德，与周之所以王也。'"[②] 此外，《逸周书 · 明堂位》《礼记 · 明堂位》《尚书大传》等文献都直截了当地称周公"制礼作乐"。可见，周公为制礼作乐做过重大的贡献，当是毋庸置疑的。西周的典章制度非一时一人所作而完成，从文、武开始创制，由周公总其成，后又经历代充实完善，应是符合实际的结论。

① 《左传 · 文公十八年》。

② 《左传 · 昭公二年》。

周公非常重视历史的借鉴。孔子说："周监于二代，郁郁乎文哉。"[1] 周公参考了夏、商两代的历史资料，加以损益，删去陈腐、过时的内容，增添新鲜的成分，创造了灿烂、丰富的周文化。这种对历史遗产采取"损益"态度，正是周公"制礼作乐"的重要原则。

第一，在西周政权机构建设方面，实行"内外服"。西周政权机构的特点是"内外服"的设立。"夫先王之制，邦内甸服，邦外侯服，侯卫宾服，夷、蛮要服，戎、狄荒服。"[2] 所谓"内服"，即在中央任职的各级官吏；所谓"外服"，即指分封于王畿范围以外及边远地区的贵族与侯伯。"内外服"制度构成中国早期国家中央与地方关系的雏形，是周公制礼作乐的一项重要内容。

第二，在经济制度方面，推行"井田制"。周政权对全国统治的局面稳定下来以后，周公在经济方面沿承商制，进一步完善井田制度，制定籍田法。[3] 西周推行的井田制，亦是周公制礼作乐的一个重要组成部分。

第三，与西周政权建设相配套，建立一系列相关的礼仪制度与祭祀制度。这些制度，对于中华民族政治与文化心理的积淀产生了决定性的影响。它所导引出来的心理定式，经过后世儒家的不断放大，最终奠定了中国礼仪之邦的基础。

第四，教育制度方面，周公重视道德教化，实行政教合一的官学制度，加强对贵族子弟入仕前的教育。

5. 以德治国

周公不愧是中国古代一位伟大的政治家，他清楚地看到了民众

---

① 《论语·八佾》。

② 《国语·周语》。

③ 《国语·鲁语》。

在改造历史进程中的伟大作用。因而，他在总结夏、商两朝的历史经验教训的基础上，认为要“祈天永命”，必须“明德”，实行与殷末不同的政策，改革弊政，励精图治。周公重视以礼治国，明德慎罚，提出了一系列颇具创造性的法律思想，在治国方面实现了由神本文化向人本文化的法律思想与制度的转变。他在治国理政的实践过程中，重视贯彻“明德”“保民”。

在中国历史上，“明德”思想是周公第一个提出的。

在《尚书 · 康诰》《尚书 · 多方》中周公提出“明德慎罚”的政治思想，在《尚书 · 无逸》《尚书 · 立政》中又反复讲“明德”“敬德”的重要性。

“明德”是指与暴政对立的德政而言。

“明德”包括两方面的内容：

第一，重教化、感召。周公反复强调教化的重要性，要百官臣僚“其尔典听朕教”，还指出，“尚克用文王教，不腆于酒”[①]，“古之人犹胥训告，胥保惠，胥教诲，民无或胥诪张为幻”[②]，教化人民不酗酒，不互相欺骗诈惑。

第二，慎罚。明德与慎罚是一个问题的两个方面，明德包括慎罚，做到慎罚就叫明德。周公认为处罚得当就是“秉德”的表现。

如何慎罚？

周公提出三点要求：一是刑罚主要不看罪之大小，而要视其犯罪的动机，倘若是故意犯罪，罪行虽小也要施之重刑；若非故意犯罪，而又知道悔改，罪行虽大，也可以量刑处理。二是审查供词要慎重，要考虑五六天，甚至十天，以避免发生断案的错误。三是对“不孝不友”的“元凶”巨恶，要“刑兹无赦”；对“乃别播

① 《尚书 · 酒诰》。

② 《尚书 · 无逸》。

敷造民”的贵族，也应施以极刑。做到以上三点就达到“义刑义杀”[①]，这就叫慎罚。慎罚是为了更好地用刑，以维护国家与民众的利益。[②]

在“保民”思想落实方面。

“保民”思想首由周公提出。周公反复讲：“往敷求于殷先哲王用保乂民”，“若保赤子，惟民其康乂”“明乃服命，高乃听，用康乂民”[③]。其内容都是劝告康叔要懂得“保民”的重要性。周公告诫统治者要“知稼穑之艰难”“知小人之依”“能保惠于庶民”“怀保小民，惠鲜鳏寡”[④]。注重体察民众的艰难和疾苦，不过分剥削，给百姓安居乐业的空间。

综上可见，周公不愧是中国政治文化史上一位极为重要的人物。“谈中国传统的礼乐文化，谈人文化成，都离不开周公。更为重要的是，周公对于中国传统文化价值体系的形成和发展，有着独特的贡献。”[⑤]他一生辅佐武王和成王父子，在政治上有大作为，在文化上有大开拓。他尊重传统，注意以史为鉴。他所开创的西周大一统政治模式与人文主义精神，对后世中华文化传统产生了极为深远的影响，为后世中国留下了不可磨灭的重要印记。史学家钱穆因此感叹说：“中国之有孔子，其影响之大且深，夫人而知之。然孔子之学术思想，亦本于中国固有之民族性，构成于历史的自然之发展，绝非无因而致者。孔子晚年，有‘久矣！不复梦见周公’之叹，则其壮年以来之于周公，其思慕之忱为何如？孟子云‘周公、

---

① 《尚书 · 康诰》。

② 参见詹子庆：《周公——我国古代第一位大政治家、大思想家》，《东北师大学报》（哲学社会科学版）1984 年第 1 期。

③ 《尚书 · 康诰》。

④ 《尚书 · 无逸》。

⑤ 辜堪生、李学林著：《周公评传》序，四川大学出版社，2006 年版。

仲尼之道’，后世亦每以周、孔并称，非无故也。”①

四、春秋儒家大一统之政治诉求

（一）孔子对华夏一统之政治追求

春秋以后，王室衰微，礼崩乐坏，天下大乱。主要表现在如下两个特点：

1.“礼乐征伐由天子出”的封建秩序逐渐被“礼乐征伐由诸侯出”的无道现象所代替

西周时期，周王室在经济、军事上处于强大的地位，而封建的诸侯国则相对弱小，故周王室能够控制诸侯，由是在中原地区形成了继商王朝后的又一个统一王朝。然公元前770年周平王东迁后，周王室直接治理的“王畿”土地大片丧失。东迁到洛邑后，周王室只拥有今河南省西部及北部的一隅之地。它的版图东不过荥阳，西不跨潼关，南不越汝水，北仅及于沁水南岸，只有纵横方600余里的地盘。其后，在公元前712年（鲁隐公十一年）把黄河以北的黄河北岸至沁水以南的温给了郑国（后又转赐给晋国）。公元前673年（鲁庄公二十一年）把陕西东边的酒泉赐给虢国、虎牢以奈（今河南荥阳境）地赐给郑国。公元前638年（鲁僖公二十二年）秦晋两国将允姓之戎（陆浑之戎，本居于瓜州，即关中秦岭一带），迁于伊川（今洛阳市南伊水流域）。于是周王室的地盘，仅有方圆一二百里，与方圆数千里的诸侯国相比，面积仅仅相当于一个小国。

同王室衰微相反，西周初年所分封作为王室“屏藩”的诸侯国，经过200多年的发展，其经济、军事力量都强大起来。进入

① 钱穆著：《周公》，弁言，九州出版社，2011年版，第1页。

春秋后，它们大兼小，强侵弱，像齐、晋、秦、楚等国，已拥有方圆数千里的领土。随着周王室的衰弱，诸侯首领再不把周王看在眼里，春秋时期的周王已不是高居于诸侯之上的实际统治者，而是成为诸侯争霸"挟天子以令诸侯"、可供摆布的一块招牌。[①]

2. 在诸侯内部，本属于诸侯国君的权力被卿大夫所僭越，"政出公室"逐渐为"政在家门"所代替

春秋时期，"礼乐征伐自诸侯出"，诸侯国君力量强大，而蔑视周天子的权威。与此同时，国君的对立面也抬起头来，他们企图剥夺、限制国君的权力，这就是贵族力量的勃兴。

进入春秋时期以后，各国都陆续形成一批很有势力的贵族集团。这些贵族，有的是国君的子弟，有的是同姓或异姓的功臣之后。如鲁国的"三桓"，就是鲁桓公（公元前711—前697年在位）的3个儿子公子庆父（孟孙氏）、公子牙（叔孙氏）和公子友（季孙氏）之后，故称为"三桓"。郑国的"七穆"，是郑穆公（公元前627—前606年在位）的7个儿子之后。宋国的"六族"是宋戴公、庄公、桓公、文公、武公、穆公6位国君之后。晋国的六卿（韩赵魏智范栾六家）皆各有其长远的历史，像范氏，其族谱系可追溯到陶唐氏，在夏、商、周皆为显族。这些世家大族，根深叶茂，世为显官，把持国政，势力强大，各国国君对他们无可奈何，形成尾大不掉的局面。像卫国的宁氏，出自武公之后，"七世卿族"，七代人位居卿爵，把持国政。鲁国的季孙氏，从季文子（鲁文公时人，文公于公元前627—前609年在位）开始，就把持国政，直到终春秋之世。如鲁文公十八年（公元前609年）莒国的太子仆杀死其父，带着宝器投奔鲁国。鲁文公见利忘义，"公命与之邑"且"今日必

① 白钢主编，王宇信、杨升南著：《中国政治制度通史》第二卷，人民出版社，1996年版，第386—389页。

授”，赏给杀父的莒太子一个邑，并要当天兑现。时季文子执政，握行政大权。他下了一道与国君相反的命令，“使司寇出诸竟”，且“今日必达”[①]，让掌治安的司寇将莒太子驱逐出境，且限当天就要将他赶出国门之外。晋、齐、鲁国的现象，在当时各国中除秦、楚外普遍存在，“政在家门”“政出大夫”成为春秋社会一种普遍的现象。[②]

针对春秋时期君不君臣不臣的政治秩序严重混乱的情况，孔子提出了“克己复礼”的政治主张，形成了他自己一套系统的“救世”理论和政治主张。

为了实现其政治主张，孔子周游各国，希望得到诸侯国统治者的支持，但终究归于失败。孔子的政治主张是针对当时“礼崩乐坏”的政治状况而提出的，绝不是无病呻吟，无的放矢。当时的政治是清明还是混乱，孔子自有他的判断标准。

大一统是孔子思想体系的核心，而这个核心中的各个环节则是由“礼”贯穿起来的。可以说，在孔子整个思想体系中，遵“礼”守“礼”占据着起决定作用的地位。

孔子关于社会政治秩序重建和政令统一的中央集权思想，在历经二百多年的诸侯兼并战争之后提出，具有明显的进步意义，并成为法家类似主张的重要理论来源。需要补充说明的是，孔子对夷狄之邦虽曾持有警惕和排斥的态度，但并不认为他们不可改变。如孔子曾提到要到“九夷”寻找乐土，有人说：“陋，如之何？”孔子说：“君子居之，何陋之有？”[③] 又如：“子张问行。子曰：‘言忠

---

① 《左传 · 鲁文公十八年》。

② 白钢主编，王宇信、杨升南著：《中国政治制度通史》第二卷，人民出版社，1996 年版，第 406—407 页。

③ 《论语 · 子罕》。

信，行笃敬，虽蛮貊之邦，行矣。言不忠信，行不笃敬，虽州里，行乎哉？’”[①]再如：“樊迟问仁。子曰：‘居处恭，执事敬，与人忠。虽之夷狄，不可弃也。’”[②]这些谈话表明，孔子对边地民族的基本道德水准也有肯定的一面，有华夏与夷狄文化可相通相容认识的一面，这与春秋早、中期一些政治家的认识和评价已有很大的不同。特别是为了实现华夏统一的政治理想，孔子在赞同内诸夏而外夷狄的同时，主张采取怀柔政策：“柔远人，则四方归之。怀诸侯，则天下畏之。”[③]“远人不服，则修文德以来之。既来之，则安之。”[④]这就既肯定了人文化成的力量，也在武力威迫之外，补充了和平统一的思想。军事征伐与政治怀柔相结合，成为后世一些帝王和政治家内政外交常用的政治策略。[⑤]

（二）《公羊传》中的政治大义

按照孟子的说法，《春秋》这部书：“其事则齐桓、晋文”“其文则史”，最重要的内容则是在于“其义”，他引孔子之说云：“其义则丘窃取之矣。”[⑥]孔子之后，儒分为八，各家各派对经典的说解遂发生分歧。《春秋》的经义，赖有三传说解。《左传》主要是以事解经，《公羊传》和《谷梁传》二传在释经时，从《春秋》所载的各条大事出发，引申开去，阐释经义，但也不完全紧扣经文，有时是以发表自己的见解为主。这其中，以《公羊传》的经义说解最为著名。

---

① 《论语 · 卫灵公》。

② 《论语 · 子路》。

③ 《礼记 · 中庸》。

④ 《论语 · 季氏》。

⑤ 王恩来著：《人性的寻找——孔子思想研究》，中华书局，2016 年版，第 266—269 页。

⑥ 《孟子 · 离娄下》。

1. 尊王

尊王是贯穿《公羊传》全书的一条最重要的经义。尊王就是尊奉周王、周天子，视周天子为天下土地、人民的最高统治者。春秋以来，王室衰微，天子式微，虽然周天子的实际地位到春秋后期已经只相当于一个小的诸侯，但《公羊传》在解说《春秋》的时候，还是把天子与诸侯严格地区分开来，处处突出天子至高无上的地位，突出天子与诸侯之间的君臣名分。

2. 攘夷

《公羊传》中“尊王攘夷”“华夷尊卑”的观念十分强烈。

春秋时代，王道衰微，先后有五霸攘夷，维护天下。五霸攘夷靠的是尊王的口号。《公羊传》透过五霸的尊王来表示诸侯不得擅专，遵守王跟诸侯之间的分际。王之所以为王就是因为以德王天下，以礼乐文明治天下。夷狄之所以为夷狄就是恃力仗势，欠缺礼乐文明。而霸者之所以为霸，就是因为懂得尊王，维护华夏文明。攘夷的实质就是维护华夏文明的礼义传统。不过，在《公羊传》里，夷夏之分也不是绝对的，“夷狄”行仁义，久可以被当作“中国”对待；反过来，“中国”若放弃了礼义，也是要被视为“夷狄”的。

3. 大一统

大一统与尊王攘夷之义并行不悖，可以看作从尊王攘夷之义衍生而来。

“大”在这里是一个动词，有拥护、主张、表彰、张大、尊大等义，在《公羊传》中“大”字的这种用法甚多，总之表示的是对某种事物的肯定态度。

“大一统”就是对“一统”的肯定与张扬。

那么，究竟什么是“大一统”呢?

关于“大一统”，《辞海》作了这样的解释：“统一全境。《公羊传·隐公元年》：‘何言乎王正月？大一统也。’《汉书·王吉传》：‘《春秋》所以大一统者，六合同风，九州共贯也。’大，谓重视、尊重；一统，指天下诸侯统一于周天子。后因称统治全国为大一统。”①

西汉公羊家如董仲舒、何休等人，对“一统”都做过解说。董仲舒说：“《春秋》大一统者，天地之常经，古今之通谊也。今师异道，人异论，百家殊方，指意不同，是以上亡以持一统；法制数变，下不知所守。臣愚以为诸不在六艺之科、孔子之术者，皆绝其道，勿使并进。邪辟之说灭息，然后统纪可一而法度可明，民知所从矣。”② 这是从反面说明了什么是一统。董仲舒又说：“何以谓之王正月？曰：王者必受命而后王。王者必改正朔、易服色、制礼乐，一统于天下，所以明易姓非继人，通以已受之于天也。”③ 是则一统的王朝必有统一的正朔、服色及礼乐。何休说：“统者，始也。总系之辞。天王者始受命改制，布政施教于天下，自公侯至于庶人，自山川至于草木昆虫，莫不一一系于正月，故云政教之始。”他又说：“政莫大于正始……诸侯不上奉王之政则不得即位，故先言正月而后言即位；政不由王出则不得为政，故先言王而后言正月也。”应该说，董、何二人之说虽都是对《公羊传》有所发挥，但他们对“一统”的基本理解还是大致不错的。从《公羊传》本身来看，“大一统”就是指政令、文化、思想、制度、心理、价值观的高度统一。

《春秋公羊传·隐公元年》说：

① 《辞海》，上海辞书出版社，1999 年版，第 1789 页。

② 《汉书·董仲舒传》。

③ 《春秋繁露·三代改制质文》。

（隐公）元年，春，王正月。元年者何？君之始年也。春者何？岁之始也。王者孰谓？谓文王也。曷为先言王而后言正月？王正月也。何言乎王正月？大一统也。

鲁隐公元年春天，周历正月。“元年”是什么意思？是鲁隐公开始摄政的第一年。“春”是什么意思？是一年中第一个季节。“王”指的是谁？指的是周文王。为什么先说“王”而后说“正月”呢？因为是周文王制定的正月。为什么要特别指出是“王正月”呢？这是表示重视周王朝统一的大业。

孔子身处乱世，《春秋》是孔子为他那个时代开出的一剂药方。

一般而言，古人著述很重视开篇和结尾，我们从《春秋》开篇第一段话就能得到很多启示。《春秋》开篇只有短短六个字：“元年春王正月。”这究竟蕴含着什么样的寓意呢？

周萌在其所著的《〈春秋〉的牢骚与梦想》一书中认为，这六个字包含了四个关键词：

第一个关键词是元年。元年是指鲁隐公元年，即周平王四十九年（公元前722年）。元年是一个时代的开始，按照礼法原则，鲁国只是一个诸侯，纪年理应用周天子纪年，这里却是鲁隐公元年，而不是周平王四十八年。对此，经学家有不同的解释。第一种说法是，孔子是在鲁国历史的基础上编订《春秋》，鲁国记载自己的历史，故而用自己的纪年，孔子也因了这个便利。第二种说法是，“宗周亲鲁”，因为鲁国不同于其他诸侯，与周天子的关系非同一般。鲁国的始封国君，名义上是周公，但周公一直在周天子身边辅政，并没有就封，所以鲁国的第一代国君实际上是周公的儿子姬伯禽。由于周公对周朝有极为特殊的贡献，所以周成王特许鲁国在祭祀周公的时候可以使用天子的礼乐。使用鲁国的纪年，既表达了对鲁国的特别亲近，也通过鲁国向周王朝致敬。

第二个关键词是春。春是指一年的开始，所谓“一年之计在于春”。

第三个关键词是正月。正月是指一个季节的开始。

中国人非常看重开端，一个时代的开始，一年的开始，一个季节的开始，甚至一日打开时，都毫不马虎。

第四个关键词是王。王是指周文王。正月前面为什么要加一个“王”，称为王正月呢？因为在历史上，哪个月是正月，有三种不同的情况。现今通行的农历是夏历，亦即夏朝的历法，夏历的正月被称为建寅。商朝把正月改为夏历的十二月，称为建丑。周朝又把正月改为夏历的十一月，称为建子。《春秋》用王正月强调这是周文王的正月，亦即周朝的正月。为什么要突出这一点？按照《公羊传》的解释，这便是大一统。因为每年开始的时候，周天子会颁布历法，诸侯要接受这个历法，表示一年开始了。这种形式后来又演变成改正朔，正即正月，朔是每个月的第一天，新君即位以后，正月和朔日都得改变。这样做实在太容易引起混乱，所以后来放弃了。这些政治行为的目的只有一个，那就是说明四海之内都在周天子的统治之下，亦即“普天之下，莫非王土。率土之滨，莫非王臣”。这就是大一统。①

《公羊传》一开始就由“王正月”引出“大一统”这个观念。全书就在这个观念统摄下阐释《春秋》义理。今天看来，所谓“大一统”，实际上就是指政治、经济、文化等诸方面统一于华夏，统一于“中国”的观念。《公羊传》中的“中国”虽然是指中原各诸侯国家，但不能理解为大民族主义或一种征服力量，它是一种理想，一种自民族、国家实体升华了的境界，这种境界包括发达的经

① 周萌著：《〈春秋〉的牢骚与梦想》，北京大学出版社，2018 年版，第 34—35 页。

济、理想的政治、崇高的文化、高度的民族文明心理、政治的统一等丰富的内容在内，是一种实至名归的“礼仪之邦”的理想政治方案。

4. 贬斥“乱臣贼子”

春秋时期，诸侯割据争霸，礼法被践踏，天下大乱。“邦有道则礼乐征伐自天子出，邦无道则礼乐征伐自诸侯出。”当时，诸侯挟持天子，大夫放逐诸侯，家臣反叛大夫，所有的人都在疯狂地追逐权力，又都在追逐权力的过程中丧失了理性。“《春秋》之中，弑君三十六，亡国五十二，诸侯奔走不得保其社稷者不可胜数。”象征着“周文”的“郁郁乎文哉”的礼乐制度，此时已经到了“礼崩乐坏”、社会失序的一种十分可怕的状态。孔子向来注重礼仪，不希望这种局面出现。于是作《春秋》，严厉斥责诸侯的无视礼法行径。孟子说“孔子作《春秋》而乱臣贼子惧”，把讨伐乱臣贼子看作《春秋》的最重要的功能。此义在《公羊传》中随处可见。隐公十一年经云：“冬，十有一月，壬辰，公薨。”这是记载鲁隐公之卒，但事实上鲁隐公是被人杀死的。《公羊传》云：“何以不书葬？隐之也。何隐尔？弑也。弑则何以不书葬？《春秋》，君弑，贼不讨，不书葬，以为无臣子也。子沈子曰：‘君弑，臣不讨贼，非臣也；不复仇，非子也。’”又宣公十一年经云：“冬十月，楚人杀陈夏征舒。”《公羊传》解云：“此楚子也。其称人何？贬。曷为贬？不与外讨也。不与外讨者，因其讨乎外而不与也。虽内讨亦不与也。曷为不与？实与而文不与。文曷为不与？诸侯之义，不得专讨也。诸侯之义不得专讨，则其曰实与之何？上无天子，下无方伯，天下诸侯有为无道者，臣弑君，子弑父，力能讨之则讨之可也。”据《公羊传》所说，杀夏征舒的是楚子，称人是贬词。因为诸侯照理说是不该专讨的，所以要贬他。但对楚子的行为“实与而文不与”。就是说在字面上不能赞成这种专讨的行为，但从现实情况出发，还是应该给予肯定的。因为“专讨”固然不对，但在“上无天子，下无方伯”的情况下，“专讨”犹愈于“不讨”，也就是说，讨伐乱臣贼子之义，要远远高出于诸侯不得专讨之义。

5. 维护等级秩序

《公羊传》强调等级制度的重要性和必要性，对破坏等级秩序的行为一概持讥贬的态度。例如，隐公五年经云：“初献六羽。”《公羊传》曰：“六羽者何？舞也。初献六羽，何以书？讥。何讥尔？讥始僭诸公也。六羽之为僭奈何？天子八佾，诸公六，诸侯四……僭诸公犹可言也，僭天子不可言也。”六羽即六佾之舞。《公羊传》认为天子、诸公、诸侯的乐舞有严格的等级，上下不可错乱僭越。鲁君是侯爵，只能用四佾，而今“初献六羽”，明显是僭越，因此《公羊传》以为《春秋》在这里是“讥”。但僭越也有程度的不同，天子至尊，以诸侯而僭天子，罪过更大：“僭诸公犹可言也，僭天子不可言也。”僖公三十一年经云：“夏四月，四卜郊，不从，乃免牲，犹三望。”《公羊传》云：“郊何以卜？卜郊非礼也。卜郊何以非礼？鲁郊非礼也。鲁郊何以非礼？天子祭天，诸侯祭土。天子有方望之事，无所不通；诸侯，山川有不在其封内者，则不祭也。”祭祀的对象，天子与诸侯有严格的区别。郊是祭天，乃天子之事，鲁君卜郊，就有僭越之嫌，故《公羊传》认为“非礼”。除了讥贬僭越之外，《公羊传》还特别着意于《春秋》记事的用字，认为等级不同，事虽同而用字应当有异，例如隐公三年《公羊传》云：“天子曰崩，诸侯曰薨，大夫曰卒，士曰不禄”，十一年传云：“诸侯来曰朝，大夫来曰聘”等，就清楚地说明了这个问题。①

① 赵伯雄著：《〈春秋〉经传讲义》，人民出版社，2012年版，第132页。

五、秦始皇对大一统政治之铸就

“秦王扫六合，虎视何雄哉！挥剑决浮云，诸侯尽西来。明断自天启，大略驾群才。”[①]这是唐朝诗人李白称颂秦始皇对天下的统一。

经过多年的兼并战争，公元前221年，秦王嬴政终于实现了天下统一。作为这个大秦帝国的创始人，秦始皇在周公的基础上实现了大一统政治的飞跃式发展。

1. 发明皇帝制度

皇帝尊号与制度，无疑是秦始皇的一大创举，是他根据当时国人的心理需要，做出的一个空前绝后的大创造。

莫秀瑞在他著的《大秦帝国》中说：“嬴政创造这一尊号，主观上可能只是为了满足他那迅速膨胀起来的极端自大欲望。客观上却是对长期以来潜藏于人们内心的一种美好愿望的巧妙利用。”

翻开中国的历史典籍，满目可见人们对圣君明主的声声呼唤。这种呼唤就像人们祈求佛祖降福一样，充满了虔诚与由衷的神圣。

既然人们把三皇五帝视作统治者的美好化身，那么，秦始皇将这顶桂冠用法律的形式戴在了自己的头上后，他就为后世的君主们立下了一个高高的标杆：这就是理政能力、教化能力完美结合，是完美的道德与人格、人性与纯熟的治国能力集于一身的最高权力象征。

皇帝制度开两千年来中国封建专制制度之先河。

皇帝高踞塔顶。文武百官与天下百姓构成塔基和塔身。

---

① 《唐诗鉴赏辞典·古风·秦王扫六合》。

皇帝操纵中央政府，地方政府又必须服从中央政府。

从秦始皇开始，三王时期的分封制度，开始逐渐被郡县制所替代，从此进入了中国历史的博物馆。

秦王朝的统治虽然未能长久，但是，秦始皇创制的若干重要制度，特别是皇帝独尊的政治制度，却对此后两千多年的中国历史的演进产生了重要而深刻的影响。

这是一个政治上的大智慧，这是真正大一统中国的雏形。自此以后，中国大势，虽然合合分分、分分合合，但统一与复兴始终成为中华民族历史的主流。

2. 创建以中央集权为核心的官僚制度

皇帝制度创立后，为了有效地管理国家，秦始皇汲取了战国时期设置官职的具体经验，建立了一套相当完整的与皇帝制度配套的中央集权制度和政权机构。

我们可以从官制入手，来看一下秦代国家机构设置的大致情况：

丞相分左、右，是中央政权机构的最高行政长官，协助皇帝处理全国政务。

太尉是中央的最高军事长官，协助皇帝处理全国军务。

御史大夫掌管监察工作，协助丞相处理政事。

丞相、太尉、御史大夫习称“三公”。“三公”之下设有“九卿”，即：

奉常，负责宗庙礼仪。

郎中令，执掌宫廷戍卫大权，负责统辖皇帝的禁卫军工作。

卫尉，掌管宫门警卫。

太仆，负责皇帝使用的车马。

宗正，管理皇族事务。

典客，主管少数民族事务。

少府，负责山林池泽的税收和宫廷手工业，属于管理皇室私家财富的机构。

治粟内史，负责租税赋役和财政开支。

廷尉，掌管刑罚。

秦汉以降，人们常将秦代中央官制归纳为上述“三公九卿”。然而，事实上，在此之外，秦代还设置了一些比较重要的官职，比如：博士，“掌通古今”，即通晓古今史事以备皇帝咨询，同时负责图书收藏。

典属国，与典客一样主管少数民族事务，不同的是典客掌管与秦友好的少数民族的交往，而典属国则负责已投降秦朝的少数民族。

詹事，管理皇后和太子的事务。

将作少府，负责宫殿建造。

秦王朝建立的这套中央集权的政权机构，一直被后来的历代王朝所承继。

特别值得指出的是，为了使秦王朝的军政大权能够操纵于一己之手，实现皇帝的个人独裁，同时又要让政府部门各司其职、各尽其能、有效地运作，以加强对国家的有效管理，秦始皇对如何集权、又如何分权，颇下了一番苦心。其中，他对相权、兵权以及司法权，进行了独到的处置。于此，最能看出秦始皇是怎样加强君主专制中央集权的。

丞相，秦时或称相邦、相国，他的职责是辅佐天子，助理万机，是皇帝以下最重要的官职，有百官之首之称。

秦国的丞相最早出现于公元前 309 年（秦武王二年）。在此之前，史籍中虽有“商鞅相秦”一类的记载，但此“相”并非官名，像商鞅担任的是“左庶长”“大良造”。自武王任甘茂、樗里疾分别为左、右丞相以后，丞相才在秦国成为正式的官职。自设丞相以后，秦国的一些国君就将军国大事全部委任于丞相，以致出现了像魏冉那样擅权的丞相。吕不韦为相国，也是总揽一切军政大权。所以，从一开始，君权与相权之间就既存在着互相依赖的一面，又存在着矛盾斗争的一面：皇帝要依靠丞相处理政务，但丞相又最容易侵犯和削弱君权。

这一点，秦国在初置丞相时就已意识到了，所以它设了左、右二相，其目的就是要分散相权，便于国君控制。但是，以后的事实证明，以这种方法分散相权，并不能解决君权与相权之间的矛盾。对此，秦始皇认真总结了历史经验，决定进一步缩小相权。

第一，在统一后的秦王朝，丞相仅系文官之长，武事由“三公”之一的太尉掌管。太尉与丞相地位相等，同由皇帝颁予“金印紫授”。

第二，以御史大夫分割相权。位列“三公”之一的御史大夫，原为秦国所无，系秦始皇参照六国官制在统一后所设。御史大夫地位低于丞相，但他掌监察之职，又参与处理朝政，对丞相的权力起到了一定的牵制作用。

第三，用博士侵削相权。秦王朝博士的地位和作用向来为人们所忽视。其实，博士在秦的政治生活中常发挥重要的作用。这些类似于顾问和智囊的人物，经常活动在始皇帝的身边，发表各种议论。由于秦始皇特别迷信，所以对“通古今”的博士格外信赖。秦始皇二十六年“初并天下”，令朝臣议帝号时，丞相、御史大夫、廷尉“与博士议”[①]。后才向上回奏。秦始皇三十四年“焚书”后，博士是唯一有权读禁书的人。所以，博士以其特殊的地位和放谈各

① 《史记 · 秦始皇本纪》。

种言论，影响秦始皇，影响朝政，从而在事实上构成了对相权的侵削。

秦王朝的兵权，理论上是交给太尉执掌的，然而事实上，秦朝的太尉形同虚设。据考证，秦代未发现有一人担任太尉之职，在重大军事行动中也从不见有太尉出场。秦始皇始终亲自控制着兵权。

此外，秦始皇又有意抬高廷尉的地位。廷尉为秦王朝最高司法官，深受法家思想影响的秦始皇，赋予廷尉很大的职权，以此威慑百官。如秦始皇二十六年，李斯身为廷尉就能同丞相王绾、御史大夫冯劫一起向秦始皇"上尊号"。由于地位显赫，所以后来当王绾提出分封皇子之议时，李斯就敢于站出来予以反驳。

秦王朝的"三公九卿"制，确立了传统中国政治制度中的一种分权原则。中国传统政治体制的基本框架，就这样初步建立起来了。

现在有人将设丞相、太尉、御史大夫，喻为中国的"三权分立"，这种比喻十分形象、引人注目。不过要注意，这种分散的权力并不是最后集中到了国家的手中，而是都集中到了皇帝一人的手中。分权是为了让百官公卿通过互相牵制，更好地服务于皇权，所以也就是为了更好地集权，这和西方的三权分立有着本质的区别。

秦始皇吸取了周王朝衰亡的经验教训，主张皇帝与中央政府实行绝对的集权，国家大事最终由皇帝一人说了算。这种做法，对于一个分裂了五百年才又重新统一起来的国家，是有重要意义的。到底是社会的稳定重要，还是民主的精神重要，从当时国家的实际情况乃至此后数千年中国的具体国情来看，恐怕这是一个见仁见智的问题。但不论怎样说，我们完全可以这样认为：秦始皇虽然没有留下什么风雅的篇章，但在皇帝理论以及中国传统的治国理念上，却可以称得上是一个前所未有的大政治家，扮演了开天辟地式的设计师的角色。他对中华帝国制度的一系列的草创，不仅继往，而且开来。两千年来，不管后来的政治家如何评价他，但都遵循了他所开创的一系列的制度。在这一点上，说秦始皇是历代帝王的祖师爷，一点也不为过。

3. 在地方管理问题上，秦始皇也较前人有所创制

在刚刚统一六国、强化中央集权机构之后，对于辽阔的国土如何进行统治与管理，秦朝君臣展开了一场大的争论。最终决定在全国各地废除分封制，推行郡县制。主要表现在：

（1）县制的推行

县制在春秋初年已有，秦、晋、楚等大国往往在新兼并的地方设县，一般在国家边境，带有国防的性质。后来随着国境的扩大，国内也开始设县。有关设置的记载最早出现于楚武王时（公元前740—前689年）。秦国在武公时（公元前697—前677年）推行县制。秦武公十年（公元前688年）“伐邽、冀戎，初县之”。十一年（公元前687年）“初县杜、郑”。到了商鞅变法时，又两次改革县制。第一次在公元前355年，“并诸小乡聚集为大县”[①]，将未设县的地方建立县制，或将原来的县划小另行设县，全国设“四十一县”。第二次在公元前350年，“初聚小邑为三十一县”。即将原来的县加以调整、合并，减少县的数量，扩大县的面积。到了秦始皇统一六国之后，县制建设在原有的基础上进一步完备并成为秦王朝法定的地方行政制度。

万户以上的大县设县令，万户以下的小县设县长。

县令是一县的最高长官，直接由国君任免。

县丞是县令的助理。

① 《史记·秦本纪》。

县尉管军事。

县司马管畜牧。

县啬夫管农业。

（2）郡制的推行

公元前 221 年，秦统一六国后，即分天下为 36 郡。以后，随着边境的开发和郡治的调整，全国的郡数最多时曾达到 46 郡。

郡制的产生晚于县制，它原是县之外更加荒僻之区，组织较县简单，也不及县富庶。地位比县低，故赵简子誓师时说："克敌者，上大夫受县，下大夫受郡。"[①] 后来随着生产的发展，物产的丰富，人口的增多，经济的繁荣，一些地域辽阔的郡就被划分为若干县；而在内地，由于县的数量增多，为了加强和便于管理，也就把郡推行于内地，县的地位降在郡之下，从而形成郡县两级制。

郡制是秦国兼并战争的产物。如：公元前 324 年攻楚汉中，取地六百里，置汉中郡；公元前 316 年灭巴，设巴郡；公元前 279 年，秦伐义渠，设陇西郡；公元前 271 年，秦灭义渠，置北地郡；公元前 301 年，"司马错定蜀"，置蜀郡；公元前 278 年占领郢都，置南郡；公元前 277 年，秦取楚国黔中，置黔中郡；公元前 273 年，秦取南阳，置南阳郡；公元前 248 年，攻赵，定太原，置太原郡；公元前 242 年，"伐魏取三十城，置东郡"；公元前 230 年灭韩，置颍川郡；公元前 228 年灭赵，置邯郸郡；公元前 223 年灭楚，置长沙郡、九江郡；公元前 221 年灭齐后，置齐、琅琊、东海、胶东、济北五郡；公元前 226 年灭燕后，置广阳、上谷、渔县、右北平、辽西等郡；公元前 214 年，秦灭南越后，置南海、桂林、象郡；公元前 214 年，秦伐匈奴，在河套至包头一带置九原郡。可见，郡制的推行是同秦国军事推进的步伐有着密切的关系，

① 《左传 · 哀公二年》。

是秦国兼并战争的产物。郡县由开初多设置在边境地区，到后来在新占领的地方也均设置郡县，进而全面设置。在县制之后又设立郡制，从中央到地方的统治就又多了一个层次，这样使中央集权统治就更稳固了。

（3）乡、亭、里制度的推行

县以下有乡、亭、里的设置，这是秦代重要的地方基层组织。

乡，是秦代地方基层组织，直接隶属于县。大致是百家一里，十里一乡。大乡为一千五百户到两千户，小乡为三百户。乡的官吏设置比较简单，只有三老、啬夫或有秩啬夫、游徼以及乡佐。

亭，是和乡同级的地方政府，直接隶属于县，一亭直接管辖的户数有几百户到一千多户居民，并且亭下设里。亭所设的官吏比乡复杂得多，这是因为亭的职责范围要比乡广泛得多的缘故。亭设有亭长、亭啬夫、亭佐、校长、求盗、亭父、亭侯、鼓武吏等。

里，是秦地方政府最低的基层组织，一般说来百家为一里，里有“里正”，相当于后世的保甲长。秦简《法律问答》均不称“里正”，而称“典”或“里典”，这是避秦王政讳而改的。“里正”的职责有：派徭、监督户口、维护本里的治安、协助官吏办乡事、组织生产等。

郡县制的推行，对中国政治制度的进步起到了十分重大的作用，有利于国家的统一与管理。郡县制的推行，大大推动了国家经济的发展和社会文化的交流。通过郡县机构，秦王朝中央政府可以统一调用全国的人力物力，这对于加强国家的经济和国防力量，有着十分重要的意义。郡县制度的推行，使秦始皇的一系列的改革措施，如统一货币、统一文字、统一度量衡、大规模的移民等都得以成功地贯彻与实施。由于郡县官吏的任免权操纵在皇帝的手中，中央通过郡县控制地方，就集中了全国政治、经济、军事、司法等权力。郡县受中央管辖，对于消除地方与中央的对立，铲除叛乱的祸根意义更加重大。实际上，秦王朝的灭亡是由于政治昏暗、酷刑激起民众的反抗，并不是因为郡县制度不好。今日中国的省县制，就是由秦朝的郡县制演变而来。

纵观历史，中华民族对大一统制度的抉择，是在一个动态的制度变迁中实现的。

中国历史发展表明，一个君主集权之下的全国统一局面，是古代中国社会历史发展进程中重复出现的态势。这种发展势头在大禹治水以后，随着各地经济交流的增加而得到了强化。如果说大禹治水时的夏代，还有数万个部落自称国家的话，那么在一两千年的兼并战争中，无数的小国逐渐被吞并了。到商代有 3000 多个，到周代剩 1800 多个，春秋之初尚有 1200 个，其中见于记录的约有 170 个，再经过 300 多年的激烈兼并，到战国时代就只剩下十多个了。在这个长期的兼并战争中，中国社会发展逐步走向统一的趋势越来越强劲。

历史发展到战国末年，华夏大地上就只剩下七个诸侯国了。它们在对小国的兼并战争中不断壮大，而且在扩大统治区域的过程中，往往将所并小国及封邑改为郡县，直属国君，这样就使郡县制逐渐取代分封制，成为基本的行政区划，形成一种有别于旧诸侯国的新型统一王国。这说明，大一统不仅成为广大人民从混乱和战争的痛苦中解脱出来的唯一出路，而且也是各诸侯国君主争相追求的根本目标，并已在行政制度、思想理论上开始有所探索了。

从公元前 230 年到公元前 221 年，秦始皇只用了十年时间，就完成了“六王毕，四海一”的宏大伟业。从此，一个广袤数百万平方公里的统一帝国就在中国历史上诞生了。秦始皇所开拓的广袤疆域，是在他当时所知道的天下范围内，实现的空前的政治统一，形成了中国版图的基本轮廓。

然而，当时的形势是，秦始皇虽然在军事上统一了中国，但由原来各个国家演变而来的郡县，还保留着各国原先的政治、经济和文化、社会生活的基础，除了因田亩大小不一和车轨不同所造成的各地区经济发展的困难以外，更为严重的是，在政治管理制度上还存在不同的律法条文，在文化上还有不同的文字和语言，尤其是，六国原先的思想文化及其人们早已形成的社会风俗文化等，并不会随着军事上的统一而统一。这种情形，不久以后将会成为诸侯割据和分裂的潜在因素和条件。

为了防止再次分裂，顺应历史和政治对大一统制度的抉择，正式建立了大一统帝国的秦始皇，从加强中央集权的统治目的出发，以其恢宏的气魄，依托其史无前例的国力和权威，将原来各个诸侯国的政治权力全部集中到了自己的手中，采用郡县制牢牢掌握了中央对地方政府的控制权。他通过在中央和地方各级行政机构中实行的官僚制度，形成了一整套高度发达的中央管理体系，并以古今第一帝的始皇帝身份将自己凌驾于政府之上，最终为大一统制度的实现奠定了君主集权和官僚制度统治的基础。

杨松华在《大一统制度与中国兴衰》一书中认为：在新制度经济学看来，国家是一种“制度”结构，它的职能就是生产和出售一种确定的社会“产品”，即安全、公正和秩序。因此，秦统一中国的意义，并不仅仅在于当时消除了国家分裂的局面，使整个中国达到了空前的统一，关键在于它找到了一套今后在遇到矛盾冲突时，以安全、公正和秩序来调解矛盾的大一统制度，并使其成为中国古代社会长期有效的一整套规则。它使中国古代的国家政治经济生活有了较为稳定和平稳发展的基础与保障。尽管大一统制度的国家政治规则并没有像西方国家那样把其称为宪法秩序，但在实际运行中，它对国家日常生活的权威一点也不比宪法小。大一统制度给中国传统社会提供的一套关于解决冲突的基本价值和程序，使中国传统社会具有了稳定而有活力的类似西方现代宪法秩序那样的文明秩序，从而大大降低了大一统制度的运作成本和风险。

建立起统一国家行政管理制度的秦始皇，是用铁血手腕建立大一统制度模式的。

除了上述的制度开创外，他的智慧与手段还主要体现在：

第一，推行“行同伦”“书同文”。为了从文字和伦理上统一全国，秦始皇依照韩非子在《韩非子·五蠹》中宣称的“明主之国，无书简之文，以法为教；无先王之语，以吏为师”的文化统一主张，通过一系列强制手段，推行“行同伦”政策，迫使人们将法家思想作为行动的指南。然而秦始皇所崇拜的这种由道家派生出来的法家思想，与当时在东方六国地区适应家族制度的孔孟正统派儒家学说相去甚远。也就是说，这种建立在文化专制主义基础上的“行同伦”政策并不可能真正统一人们的伦理行为，中国人在伦理行为上的真正统一还得在汉代汉武帝时期才最终得到实现。

文字是思想的物质外壳。要想统一人们的思想，就必须统一语言文字。为了更有效地推行文化统一政策，秦始皇还批准推行一套新汉字的改革方案，把小篆、隶书作为全国通行的字体。这套新汉字是经过李斯、赵高、王次仲、程邈、胡毋敬等人的不断努力，汲取了战国时期各国文字的精华，创造出了笔画相对简单、好学的统一方块字——秦篆与隶书。自此之后，虽然中国广大土地上的方言仍然不同，但是各民族因为有了统一的文字，经济、政治、文化的交流也就变得容易多了。

第二，统一货币、度量衡。秦统一中国以前，各地货币非常复杂，各国货币的形状、大小、轻重、成色都不一样，计算单位也不一致。各国原来流行的不同形制货币，显然已经不利于帝国商品的交换，不利于国家赋税的统一征收，归根结底不利于社会经济的发展。秦统一后，秦始皇首先废除了六国旧有的货币，将货币铸造权收归国家所有，黄金以镒为单位一律统一使用秦半两钱。

战国时期因各诸侯国长期割据，度量衡制度也各不相同。秦统一后，秦始皇决定把商鞅在秦国所制定的度量衡制度推行到全国。

公元前 221 年，秦始皇颁布了统一的度量衡诏书，并规定以后凡制造度量衡器具，都必须刻上这一诏书，以表示采用了新的度量衡制度。国家还严格了对度量衡器具制造的管理制度，规定度量衡器具必须由官府遵照诏书制造，民间不许私造，从而为全国走向共同的经济生活和交流发展创造了前提条件。

例如，过去由于战国时期各国车轨的宽窄不同，从而影响了同一种尺寸的车辆在全国的通行。自从秦统一规定车轨的宽度为 6 尺（古时计量单位）后，全国各地同一个标准尺寸的车就可以通行了，这就极大便利了全国运输的畅通。

第三，颁行“自实田”法令，确定和保护土地产权。公元前 216 年，秦始皇颁行“自实田”法令，推行“使黔首自实田”的政策，即允许地主和自耕农向国家申报私人占有的土地，按亩缴纳租税，地主和自耕农可以以此来取得帝国政府承认其所占有的土地的合法使用权。

应该说，“自实田”法令的颁布，在中国土地制度史上是一件划时代的大事。一方面，它对土地占有者是一种奖励和鼓励，对于促进他们更好地利用土地起着很大的积极作用。另一方面，随着这项土地法令的颁布，土地从此可以随意转让和买卖，这又为民间的土地兼并创造了新的条件，从长远看，它顺应了中国经济发展的规律。

从当时情况来看，这些土地大多是因为战争荒芜或是曾被推翻的旧贵族的土地，这时由帝国政府正式给予批准，是大一统政权正式承认土地私有产权的开始。而土地产权的确定，也标志着中国封建制度的基础——地主土地所有制，已经在全国范围内确定，并得到了国家政府的保护。在这个法令下，地主和有田农民纷纷自动陈报所占土地的实际数量，并按照政府规定缴纳赋税，有效地促进了农民的生产积极性，也使国家获得了稳定的赋税来源，迅速增强了国家实力。

第四，修驰道、通水路、去险阻、设邮传、大移民。修驰道，是指修筑可以行车的大道。秦帝国以京城咸阳为中心，向全国各地修筑发散性的驰道。驰道宽 300 尺，用铁锤将土夯实，两旁种植松树并标明路线。驰道中央是皇帝独用的专路，专路两旁允许老百姓行走。驰道的修成，为秦帝国的统治带来了方便，也为社会经济的发展带来了实效。它对于古代中国陆路的四通八达具有奠基性的意义。

通水路，是指掘通原来由各国修筑的阻塞水道畅通的堤坝和疏浚地处河南的鸿沟，作为水路中心来连通济、汝、淮、泗等河流。在吴、楚、齐、蜀等地，还大兴水利工程，以便于各地的行船和周边农田的浇灌。水上航道和陆上驰道的同时建成，使秦国各地有了发达的交通网络相连接，改变了战国时期各国经济闭塞和交通受阻的状态。

去险阻，是指拆除原来各个诸侯国利用险要地形建筑的城池，毁去原来用来分守各国疆土的长城以及为了便于防守而在交通要道上修筑的障碍物，消除了人为所制造的关隘和屏障。这样不仅方便了各地居民的经济和物资交流，而且真正消除了各国贵族再次据险关、修城池、割据称雄的可能性。

设邮传，是指秦政府在交通要道上，每隔 30 里所设置的“传舍”，在那里置有车马、厨房、宿舍，专为差官信使的过往、换乘、饮食和住宿所用。这一邮传设施，是在当时只能采取人力或驿马传递信息的条件下，所能达到的最为快捷的一种古代通信方法。秦王朝正是用这一短途接力的方式传递文书，保证了皇帝的指令能够及时传达到全国各地。这一制度在两千多年前的古代世界也是一个实现高速信息传递和管理的奇迹。

大移民，是指秦始皇初灭六国后，迁移天下富豪 12 万户到秦国都城咸阳和将一部分人分散到巴蜀等南方各地的行动。这些富豪大多是原来的六国贵族和富商大贾。秦朝建立后，他们还继续在原来他们执掌政权的国家，即秦建立后新建的郡县里，凭借经济上与宗法上的实力，不服从秦帝国的政令，兼并土地和横行乡里，成为同中央政府闹分裂的潜在力量。如果不把他们迁出原居地，他们的存在就会影响中央政府号令的实施，有碍国家的统一。在秦始皇的武力威逼下，他们被迫迁移到了新的地区。在人生地不熟的条件下，他们失去了往日的权势，也失去了再次复国的力量。在新居住地，他们最多只能再次成为新土地上的地主、富豪，而他们原先占有的土地则被分派到部分贫民手里。在这次大移民中，还有不少罪人被遣送到了当时还处于蛮荒状态下的一些南方烟瘴地区。他们在那里传播了北方先进的生产技术和文化，对全国经济和文化的统一、各兄弟民族的进一步融合、边远地区的开发等，无疑起到了积极的作用。但是，由于帝国政府在处置上操之过急，在手段上过于粗暴，很大程度上伤害了被迁移者，这些人无疑又成为大秦帝国最激烈的反对者，成为后来反秦洪流中的一支强有力的力量。

第五，推行文化专制政策。秦统一六国后，原六国的贵族和书生仍然依照各国的价值体系，时常诽谤时政，操纵舆论，反对郡县制，企图动摇秦帝国的专制统治。

为了从思想上加强专制集权统治，秦始皇依照商鞅在秦国酝酿变法时关于“治世不一道，便国不必法古”[①]的主张，接受丞相李斯的建议，于公元前 213 年发出如下禁令：

史官所藏的《秦纪》以外的史书，民间所藏的有关医药、卜筮、种树书籍以外的《诗》、《书》、百家语，一律限期烧毁；有敢于谈论《诗》《书》的就处死，以古非今的就灭其全家；三十天还不烧毁者，脸上刺字，罚作修筑城墙的苦役。

公元前 212 年，秦帝国历史上又发生了震惊后世的“坑儒”事件。那些非议时政、诽谤秦始皇以及被认为妖言惑众的 460 多个方士、儒生，其中主要是儒生被集体活埋，以“天下知之，以惩后”。自此以后，那些未被处罚的学子们，除了改习代表皇帝意志的法令和法家学说，为秦帝国政府的大一统政治服务以外，已没有别的诸侯国家可以前去投奔，也没有别的政治理想可以依托了。

从历史上看，秦国自秦孝公以后的历代统治者是一贯轻儒的。秦孝公就支持商鞅的反对儒生和儒术的建议，他们把儒书看作侵蚀社会治安的害虫，主张焚诗、书而明法令。秦昭襄王也是一个轻儒的人，他认为“儒无益于人之国”。秦始皇对诗、书与儒生的成见，不过是继承了秦国先王的“轻儒”政策而已。

从秦始皇的焚书坑儒的结果来看，他似乎并没有因此达到巩固大秦帝国统治的目的，反而因此失去了民心。孔子说：“始作俑者，其无后乎？”秦始皇的焚书坑儒为我们提供了一个反面的历史教训：思想文化的统一是一个自然发展的过程，它不能靠强制，更不能靠暴力。如果强求一律，用简单、粗暴的方式去统一思想，必然会引起民众的不满与反抗。这种结果，司马迁在《史记 · 儒林列

---

① 《商君书 · 更法》。

传》中进行了总结。他说："陈涉之王也，而鲁诸儒持孔氏之礼器往归陈王。于是孔甲为陈涉博士，卒与涉俱死。陈涉起匹夫，驱瓦合適戍，旬月以王楚，不满半岁竟灭亡，其事至微浅，然而缙绅先生之徒负孔子礼器往委质为臣者，何也？以秦焚其业，积怨而发愤于陈王也。"

秦始皇的文化专制措施，中断了自春秋战国以来中国文化百家争鸣的良好局面。它不但严重扭曲了中国文化的正常发展道路，将其硬性纳入为大一统政治服务的轨道，同时也正因为它所使用的方式简单而粗暴，激化了秦帝国内部本来就存在的各种矛盾，成为大秦帝国覆亡的原因之一。

以上是秦始皇在政治、经济、文化、思想等方面的制度博弈和铁血手段，正是因为后代各王朝继续对上述各项政策和措施的实践与贯彻，一个真正保障统一的中华大帝国才最终能在中国扎下根来。

综上所述，我们可以得出结论：秦始皇推行的大一统制度是对春秋战国以来各国政治管理经验的一次提炼和升华。秦统一中国，不但标志着经过了漫长的酝酿和发展时期的大一统制度的正式诞生，更为重要的是奠定了"百代皆行秦政法"的基础，从此，大一统成为中国正统的国家价值观念和制度体系。大一统制度下的中央政府，通过庞大的官僚体系，对全国实行统一的政治、经济、文化和科技管理，从而把传统中国社会结合成一个结构复杂、组织严密的统一整体，在大一统政府的统治下进行有序的运作。

历史表明，秦始皇缔造"大一统"帝国制度，不是一种个体行为，而是一种群体性的行为。战国时期各国的政治体制都属于"大一统"模式，无论哪个国家统一天下都会继续采纳与完善"大一统"的制度体系，实际上这是历史演变大趋势使然。在制度演化过程中，实现和维护国家统一、政治安定，确保社会秩序稳定和井然有序是一种自发的内在驱动力。在中国古代特定的历史条件下，这种驱动力的政治目标直指“土无二王”与中央集权，其结果必然造就大帝国和帝制。秦始皇为“五帝所不及”者，不仅在于疆域，而且在于制度。秦始皇确立的皇帝制度是全面实现“大一统”论的根本保证。

“大一统”王朝的建立和“大一统”理论的发展促进了中华文化共同体的基本形成，并从政治、经济、文化、民族等诸多层面维护着国家的统一。秦始皇把更加辽阔的版图统一于中央王权的政令、军令之下，又通过大规模的移民和边境开发把中华文化播扬四方。“大一统”体制雷厉风行地激荡着各地之间的形形色色的“异”，包括政制之异、法令之异、道德之异、文字之异、货币之异、车轨之异等。在秦汉时期，汉族正式形成。一统的帝国、一统的制度、一统的文化造就了统一的国家、统一的民族。在广阔的疆域内，人们书同文，车同轨，度同制，行同伦，地同域。文化的、民族的凝聚力进一步强化了国家的凝聚力。①

历史已经证明，秦始皇的统一措施，除了在建立共同的文化伦理方面没有成功以外，其他制度和做法基本上经过汉承秦制已经被以后的各个朝代所继承并发扬光大，成为中国大一统制度的基本组成部分。

然而，由于秦二世时期的皇权衰弱、大臣专权祸国，也由于一项制度在开创时必然需要一定的探索过程才能成熟，大秦帝国在完成了历史赋予它的军事、政治统一任务后，仅仅存留了15年便烟消云散了。如果从人类历史的长河来鸟瞰这种现象，这也是先行者必然要付出的代价，它作为一面镜子，对后世起了重要的启迪作

---

① 参见张分田著:《秦始皇传》，人民出版社，2003年版，第274、275页。

用。从这个意义上讲，大秦帝国“死”得悲壮！

六、汉承秦制与大一统政治之固化

（一）周秦二制之比较

周制与秦制，是中国古代政治制度发展史上的两大高峰，对中国大一统文明影响至大至深至远。

在大秦帝国建立以皇权为核心的中央集权政治体制之前，先秦制度史已经先后经历了以“共主”为表征的氏族部落联盟共主时代、王权政治时代和基于血缘宗法制度所确立的君主政体时代。许倬云先生在《西周史》中比较系统地揭示出夏商周政治创造者们在三个方面所做出的最重要的政治文明成就：一是建立华夏国家；二是建立了封土封民，构筑以“族”为单位的国家共同体的分封制；三是确立了与宗法社会相匹配的完整礼乐制度。这三大成就都在周王朝得到了集中体现，人们往往将其视作“周制”的具体内容与表现特征。

“周制”因为其漏洞与弊端无法解决而最终被“秦制”所替代。

“秦制”是通过用“郡县制”替代“分封制”、用“官僚制”替代“贵族制”、用“书同文、车同轨”式的中央集权终结诸侯割据，并建构起来的一套更加适合中国国情的政治管理方式。

不过，“秦制”的出现丝毫没有降低“周制”在传统中国政治文明发展中的地位与影响。这是因为，源于夏、发展于商、成熟于周的宗法制度与礼乐制度成为中国传统国家支撑制度、运行治理的根本所在。孔子论礼中将这个重要性讲得很清楚，礼也由此成为历代治国者必须遵循与重视的治国基础与法则。他说：“夫礼，先王以承天之道，以治人之情，故失之者死，得之者生。《诗》曰：'相鼠有体，人而无礼；人而无礼，胡不遄死！'是故夫礼，必本于天，殽于地，列于鬼神，达于丧、祭、射、御、冠、昏、朝、聘。故圣人以礼示之，故天下国家可得而正也。"[①] 由于宗法制度与礼乐制度完全嵌入中国的文化习俗、社会组织以及国家治理之中，全面协调着人与人、人与自然、人与社会、人与国家、人与天地鬼神等之间的关系，所以，它"就构成了中国宗法社会的基本伦理观念、组织结构和行为准则，也确立了中国文化的传统"[②]。

周制使周王朝一度辉煌。以周制为基础所形成的周王朝政权确立在宗法制度基础上，是政权与以血缘、宗法关系为基础的族权相结合的产物。在宗法制度下，族权的权力，一方面来自家族的地位，另一方面来自家族所霸据的天下大小。于是，以封土封民的方式推动家族内部力量霸据天下，并平衡家族内部权力秩序与权力关系，就成为周制政权与族权结合的必然制度选择。但这个制度既是家族霸据天下的制度，也是家族内部割据天下的制度。因为，它是以家族内部族权的自然分化、分立为基础的，而以族权体系为合法性基础的周朝政权用自身的力量无法解决这其中的矛盾，唯一的办法就是改变这种霸据天下机制与权力配置模式。[③] 所以，当出现诸侯割据时，各诸侯一方面继续遵从周制保证自己势力的合法性，另一方面则放弃周制霸据天下的方式，开始探索新的制度，即用郡县制替代分封制，派官员驻守新领地，逐步减少给家族内部力量封土分民，从而逐渐弱化血缘与宗法制度在国家权力组织和国家治理中

---

① 《礼记·礼运篇》。

② 葛兆光著：《中国思想史》第一卷，复旦大学出版社，1998年版，第108页。

③ 参见王健著：《西周政治地理结构研究》，中州古籍出版社，2004年版，第386—416页。

的主导作用。这是后来一统天下的秦制得以实践和发展的重要历史与社会基础。

秦制自然源于秦国，但其生成和发展却是建立在各诸侯国为赢得统一霸业而展开的各种政治改革和政权建设的实践上的。其中，作为秦制核心的郡县制即是在效法三晋的郡县制实践基础上创设的。[①]所以，从一定意义上说，秦制是中华文明早期发展过程中出现的一种崭新的制度，因秦国借这个制度一统天下，并将其进一步全面深化与巩固，故而世人称其为“秦制”。

秦制与周制的使命一样，就是创造大一统的家国天下，但两者的取向完全不同，周制是从族权逻辑出发的，而秦制是从政权逻辑出发的。与此相对应，推动周制成长的背后力量是礼制及其所形成的贵族势力；而推动秦制成长的背后力量则是法家理论以及能够为皇帝管理天下的文臣武将。所以，相对周制来说，秦制无疑是革命性的。这决定了秦制的确立过程，不仅是制度替代的过程，而且是用君王—官僚的权力结构替代君王—贵族的权力结构的过程。这个过程最终通过秦统一中国，建立皇帝制度得以最终完成。正如周制所形成的家天下有内在的矛盾一样，秦制所形成的家天下也有内在的矛盾。前者的矛盾导致了空间意义上的诸侯割据，后者的矛盾导致了时间意义上的朝代更替。

从一开始，中国早期政权就是完全建立在家族统治的基础之上的。这决定了秦制与周制所赖以存在的社会性质与基础结构是一致的，即宗法社会。所不同的是，周制直接将宗法社会的宗法制度上升为国家政权建构的制度基础，从而将政权与族权结合一体；秦制没有否定宗法社会与宗法制度，否则，它就不可能确立家天下制度。但秦制政权建构又在很大程度上超越了宗法社会与宗法制度，

① 参见杨宽著:《战国史》，上海人民出版社，2003年版，第228页。

最重要的体现就是除了皇帝制度之外，国家不是靠家族来治理的，而是靠人才来治理的，从而使得家族的社会地位不能直接转化为其在国家治理中的权力地位。这样，基于封建制必然形成的贵族阶级与贵族统治就逐渐被基于人才治理国家所形成的官僚制所取代。秦制正是依靠这样的制度，建立了比周制更具统一性和牢固性的家天下格局。

秦制创造了中央集权的高度统一以及相应的强大皇权，但它从诞生的那天起就使得秦始皇用秦制统一中国时所追求的“万世一系”变成黄粱美梦。这是因为，秦制在用官僚制替代贵族制的时候，就使得“万世一系”失去了赖以存在的社会基础。正是这种家天下的内在矛盾，使得国家权力可以被某一个家族所掌控，但不可能永远掌控在一个家族的手中。国家权力的归属一旦失去了血缘与家族的神圣性，国家权力自然就成为全社会的公器，在以家族为单位的宗法社会中，各家各姓都有权染指。中国是百家姓社会，任何一家一姓都拥有掌握皇权的权力与机会，因而在条件成熟的状况下谁都可以发出“王侯将相宁有种乎”的挑战，表达“彼可取而代也”的宏志。所以在这套制度与治理体系下，皇权不可能为一家万世垄断，必然是在百家姓之间流转，从而形成王朝更替。不同家族掌握国家权力，就会形成不同的朝代。但掌握皇权的任何一家，要想江山巩固，则必须拼命守住政权，守住政权的关键，不在权力本身，而在能否赢得天下，而赢得天下的根本，除了人心之外，就是皇权能否赢得既有制度和治理体系蕴含的“正统”合法性基础。拥有了这种合法性基础，既能有效运行制度与治理体系，也能赢得广泛的民心。正是这种独特的政治传统与政治文化，使得传统国家的制度与治理体系，虽依赖皇帝制度而运行，但又能超越皇帝制度而存在，从而成为维系中国大一统格局的制度与治理体系。于是，朝代更替就成为秦制家天下的形式。这与诸侯分封与割据的周制家天下形成了鲜明对比。

秦始皇统一中国，建立了以皇权统治为核心，以郡县制和官僚制为主干的中央集权体制，并试图用这样的政权体制创造“万世一系”的家天下格局。然而，秦“二世而亡”。汉承秦制，此后，秦制得以在中国延续了近两千年。从西汉贾谊总结秦二世而亡的历史教训来看，秦朝早亡的原因，不在秦制本身，而在秦朝的施政，用贾谊的话说是“仁义不施，而攻守之势异也”，结果，一统天下的皇皇帝国，不经意间毁于一介草民陈涉之手。显然，秦朝不是亡于秦制，而是亡于暴政。秦的暴政固然与秦制有关，但更与秦始皇施政不施“仁义”有直接关系。秦不施“仁义”，一方面与国家统一之后，亟须用政治的力量创立与巩固中央集权的新制度，消除被征服的六国残余势力的反抗，固守扩展好几倍的大国边疆这样的客观政治形势有关；另一方面也与秦制统一中国过程秉承的法家治国哲学有关，过于强调“法术势”在固权治国中的作用。正因为如此，秦亡之后而兴起的汉朝，继承秦制，但不用法家治国，而是用黄老哲学，强调以礼为本，无为而治，与民休养生息，从而创造了汉初的“文景之治”。在这个过程中，汉承的秦制有意识地吸纳了周制中的礼治体系及其背后的思想与原则。

无论是周制还是秦制，都重视人才与制度在治国理政中的地位和作用，而不重视宗教在国家治理中的地位和作用。

中国虽有原始宗教，但由于中国是以天地自然的法则来安排世俗权力、以宗法伦理来安排人伦关系与世俗生活的，所以，君王治国所要借助的智力支撑，主要不是来自宗教力量，而是来自掌握天下国家之“道”的士人。君王要治天下，就必须将其所掌握的“势”与士人掌握的“道”有机结合。这种治国形态兴起于西周时期的“天人合一”“敬天保民”观，发展于春秋战国时期的百家争鸣，随后成为一种意识形态贯穿中国传统政治始终。秦制要想得以巩固，必须解决一个问题，就是建构起应有的意识形态基础，获得充分的价值合理性。为此，秦始皇选择了法家哲学，汉初王朝选择了黄老哲学。这两套哲学立足点不是民情、民心与民生，而是君王的治国之策，所以，这两次选择都是从统治的需要和政权的巩固出发的，没有更多地从秦制本身如何立足社会，深入人心，融入传统出发。这在客观上导致了汉武帝所进行的第三次历史性的努力，即同意董仲舒的“罢黜百家独尊儒术”，为秦制配上以儒家为核心的意识形态系统。这个意识形态系统，相对于法家和黄老哲学来说，它立足于中国伦理本位的宗法社会，将宗法社会的伦理原则与家天下的皇权统治所需要的治国原则有机统一起来，相互衔接、相互协调，从而形成源于人性、立于人心、扎根社会、贯通国家的意识形态运行体系，创造了集修身、齐家、治国、平天下于一体的大一统的政治文化。在这样的大一统政治中，皇权真正之“势”，不是来自皇权本身，而是来自支撑皇权的“制”及其背后的“道”。秦制的实际运行者是官僚，在天下太平取决于“势”“制”与“道”衔接有序的大一统政治格局下，官僚队伍的选拔及其管理，就成为王朝兴衰的关键。正因为如此，汉承秦制之后，一方面为秦制选择相应的意识形态系统，另一方面努力为秦制搭建其运行所不可少的选官体系，并力图实现两者的有机协调。

历史研究表明，不论是周制，还是秦制，都建立了相应的官制系统。直接反映周制形态的《周礼》，就是一部通过官制来表达治国方案的著作，并由此确立了以官制来表达制度体系、国家组织以及治理形态的中国政治传统。在这个传统下，国不可一日无君，同样，君不可一日无臣，君臣一体，是立政安国之本。所不同的是，在周制下，天子和诸侯以下的各官都是世袭的，称为世卿。到了春秋战国，随着士的崛起，世卿制度开始动摇，举贤任能逐渐成为公认的治国安邦之道。秦统一中国过程中所确立的按军功授爵的原则，从根本上摧毁了周朝的世卿制，拉开了选官制度的序幕。汉承秦制之后，汉武帝在元光元年（公元前 134 年），开启每年一次的“举孝廉”活动，从而使选官成为制度性的安排，这一举动奠定了中国千年选官制度的基础。此后，历朝历代选官制度的完善与发展，就成为秦制完善与发展的重要内容，并成为秦制完善性和有效性的关键所在，以至于成为中国传统国家走向成熟的标志，不是皇权在制度上得以巩固的程度，而是选官制度得以系统化、制度化、规范化的程度。从这个角度讲，隋唐科举制的确立，既标志着选官制度经历了汉代的察举制、魏晋南北朝的九品中正制之后终于定型于规范而系统的科举制，也标志着传统大一统政治所运行的“秦制”达到了最成熟和完美的形态。辉煌的大唐盛世正是在这样的完美的制度形态基础上形成的。

今天，纵观人类所创设的各种政体以及相应的制度形式，制度得以巩固和完善的关键主要有两个：一是制度能够与外部保持持久的互动关系；二是制度内部自身具有很强的自我修复与完善功能。由此来透视秦制，不难发现秦制在这两个关键点上都是非常有效的：首先，通过选官制度，秦制既能将其意识形态有效地贯穿到人们的知识体系与日常生活之中，同时又能源源不断地从社会中选拔到既认同意识形态、又具有治国理政知识的为官之才。其次，通过选官制度，将支撑国家体系的三大系统有机整合为一个能够相互支撑、相互塑造的闭合的循环体系。这三大系统就是：官僚系统、意识形态系统以及宗法社会系统。最后，虽然秦制是以皇权为核心的，但由于皇权的合法性与合理性是基于不触犯整个国家的基本制度体系为前提的，使得皇权能够自我塑造，但必须尊重秦制的内在机制和基本结构。这样，相对于不同时期、不同朝代的个性化皇权来说，具有历史通用性的秦制拥有了一种相对自主性。由此可见，不论是从外往里看，还是从里往外看，秦制的结构与运行具有内在的精密性，环环相扣，任何环节的变化都会影响到整体与根本。1911 年，运行两千年的秦制之所以会被爆发在离京城千里之外的武昌起义所摧毁，并不是因为起义本身有多大的破坏力，更重要的是因为此前的晚清新政早已把秦制的核心支撑自行变革掉了，这就是 1905 年的废科举改革以及朝廷对官僚制度的的肆意破坏。所以，武昌起义不过是压垮千年秦制的最后一根稻草。从一定意义上讲，千年秦制最终是在内外力量的共同作用下自行彻底崩解的，以至于失去了任何复原的基础与可能。秦制历史之长久与秦制崩解之彻底，都构成了人类政治文明发展的一个奇观。然而，随之出现的更大的奇观是与秦制相伴相生两千年的中华民族并没有因为秦制的彻底崩解而四分五裂，相反，因为有大一统文化观念以及社会基础作保障，中国人依然守住国度，依然中华一家，依然能够在历史的大转折中重铸辉煌。创造这更大奇观的力量，一方面是来自中华民族在几千年历史发展中所形成的大一统的生存与发展方式；另一方面则是来自秦制解体之后的中国创造共和民主所形成的机制与力量。①

（二）汉承秦制与大一统政治的固化

公元前 206 年，经过 3 年多的反秦战争，大秦帝国这座当时举世最宏伟的大厦，在以陈胜、吴广、刘邦、项羽等为首的各阶层民众的一致讨伐声中，轰然倒塌。

公元前 202 年，刘邦经过垓下一战最终夺鹿在手，天下战乱渐

---

① 参引林尚立著：《当代中国政治：基础与发展》，中国大百科全书出版社，2017 年版，第 43—49 页。

归结束，在这种情况下，刘邦在汜水北面登临皇帝之位，建国号汉，大汉帝国从此诞生。

为了保证新王朝的长治久安，汉高祖刘邦必须着手恢复大一统帝国的统治秩序。

尽管刘邦推翻了秦始皇的帝国之后称帝，尽管从此之后汉代的史书、官牍把秦帝国描绘得一片黑暗，但是，汉帝国君臣却毫不犹豫地承袭了秦帝国的所有国家制度。

从总结历史经验教训的角度而言，秦帝国对中国政治的最大影响，莫过于它创立了一套以大一统形式为标志的政治模式。这套政治模式包括政治观念、政治制度、法制体系以及与之配套而成的社会经济体系。大秦帝国建立者的知识水平和理论水平明显高于起事于草莽布衣的汉帝国的创建者们。换句话说，秦始皇草创的政治制度和治国模式具有开辟性的特点及其优势，继秦而起的任何新王朝都不可能再在短时间内创造出比之更加完备的国家制度。大秦帝国虽然因统治者施政不当而短命夭亡，但其创建的国家政体却有着强大的生命力，它不仅不会随着秦帝国的消亡而消亡，而且以新的面孔继续决定与影响着继秦而后的新王朝的政治。

历史发展的事实无可辩驳地证明："汉之法制，大抵因秦。"[①]根据云梦秦简提供的资料表明，许多原来以为是汉帝国创建的制度及其有关称谓，原来都是由前朝秦帝国那里传承下来的。"汉承秦制"，确凿无疑。

1. 汉帝国全盘接受了秦始皇创造的皇帝尊号及其相应的一整套皇帝制度与帝王观念

皇帝制度与帝王观念是大秦帝国统治模式的基础框架和核心内容。只要这个基础框架与核心内容不改变，新王朝的一切损益、更

① 洪迈：《容斋随笔》卷九。

始、变制，都不具有变革统治模式的意义。这就是说，只要汉帝国的创始人继续实行帝制，汉代的政治制度与治国模式就不会与秦朝差异太大。

2. 汉帝国承袭了秦王朝的中央集权制度

汉代基本上沿用了秦朝的职官制度。东汉史学家班固就说："汉迪于秦，有革有因，牞举僚职，并列其人。"[①] 事实也正是这样，秦帝国确立中央集权制度，皇权至高无上，全国的政治、经济、军事、立法、司法、监察等各种权力皆决断于皇帝，从中央政府的丞相、太尉、御史大夫一直到地方上的郡守、县令及各种军事长官，其任免权最终在皇帝的手中，或由皇帝直接任免，或由皇帝授权其上级官员任免。汉帝国建立后，基本上沿用了秦帝国的这一套政治体制，只是在中央政府管理核心的三公设置上，略有变动。

大秦帝国建立后，秦始皇建立了一套以丞相为核心的文官体制。丞相王绾主管全国政务，御史大夫冯劫司职监察百官、廷尉李斯负责法律事务。三公均为文职官吏，极似现代西方国体的三权分立，各司其职管理国家。而为秦始皇统一六国功勋卓著的将军们，如王翦、王贲、王离、蒙恬等，虽皆封侯，但似乎并不参与国家的行政管理。除蒙恬将兵 30 万北逐匈奴，修筑长城外，其他武将似只授爵位与重赏，并不给予实际职权。

汉代承袭秦代官制，其主要职官是丞相、太尉、御史大夫。丞相是百官之长，其职责是协助皇帝处理全国政务。太尉，负责管理军事。御史大夫，辅佐丞相，司职监察百官。

汉代与秦代不同的是，太尉取代了廷尉，其位次也有变化：秦的廷尉位居御史之后，位列第三；而汉的太尉晋升为第二，而主管法律的廷尉不在三公之列。从这一改变可以看出，汉代法制地位下

① 《汉书 · 叙传下》。

降，军人地位上升。这似乎表明，秦帝国较之汉帝国，更具有理想主义色彩。也许在秦始皇看来，一旦消灭六国，“收天下兵，聚之咸阳”，天下则从此太平，不会再有战争，剩下的就是依法治国的事情了。所以，秦帝国的中央集权最高层，没有将军介入。汉高祖刘邦则亲历了秦末的战乱，其政权便是在群雄混战中靠武力争得的，因此，汉家天下一开始似乎更重视军事方面的建设。

经过汉代的继承发展，中央集权的三公九卿制度更加严整与完善。汉魏以降，中央机构和国家官制虽然不断在改革与完善，但其基本框架与思路则没有超出秦始皇的设计与智慧。中国传统政治的发展趋势是：中央政府的权力在不断地加强和集中，皇权更加强化，明清两代较之秦帝国更加专制。

3. 汉帝国承袭了秦帝国的郡县制度

郡县制是维护中央集权的基本行政区划制度。

汉初，基本上沿用了秦帝国的行政区划。

秦始皇统一中国后，在全国范围内普遍推行郡县制。“分天下以为三十六郡。郡置守、尉、监。”[①] 后又在今河套地区建九原郡，在两广地区设南海、桂林、象郡三郡，共四十郡，郡下设县。

然而，要否定周朝八百年的诸侯封国的体制，并不是一件容易的事情。为此，大秦帝国建立初期，在朝堂之上，关于郡县与分封孰优孰劣，就曾经展开过一场著名的大争论。

丞相王绾等向秦始皇进言说，诸侯初破，六国刚灭，燕国、齐国、楚国地处偏远，不在这些地方设王置藩，就无法确保那里的治安。他们建议秦始皇仿周朝旧制，分封各皇子到六国各地为诸侯王。

王绾的这个建议，既符合当时人们的习惯思维，也道出了王族

---

① 《史记 · 秦始皇本纪》。

和统治阶层绝大多数人的内心想法。

司马迁说：

> 始皇下其议于群臣，群臣皆以为便。[①]

这就是说，王绾的主张是得到了秦帝国绝大多数群臣赞许的。

但是，廷尉李斯独具异议。他认为：周武王虽然将同姓子弟进行分封，但结果并不理想。诸侯国之间“相攻击如仇雠”，战乱不断，即使周天子最后也不能制止。现在天下既然已经重新统一，辟为郡县，这是长治久安的办法，未可轻易地去改变。至于对于诸公子功臣，完全可以用国家财政的方法去奖赏与安置他们，完全不需要再去重走周王朝分封制的老路。

最后，秦始皇采纳了李斯的意见，否决了分封诸侯王的建议，他说；“天下共苦战斗不休，以有侯王。赖宗庙，天下初定，又复立国，是树兵也，而求其宁息，岂不难哉！廷尉议是。”[②] 但是，争论并没有结束，由于人们的利益、立场不同，人的智慧有高低之分，人的政治远见也有远近之别，所以，秦始皇建立的郡县制在很长一段时间里，并不被人们接受。汉魏至唐，历代争论从未断过。

班固在总结秦亡的原因时这样认为：秦亡的原因是“子弟为匹夫，内亡骨肉本根之辅，外亡尺土藩翼之卫。陈、吴奋其白挺，刘、项随而毙之。故曰，周过其历，秦有及期，国势然也”[③]。这就是说，秦王政自己为皇帝，而子弟为普通百姓，在内没有骨肉亲人相辅佐，在外没有子孙党羽之护卫。所以陈涉、吴广不过是暴民

① 《史记·秦始皇本纪》。

② 《史记·秦始皇本纪》。

③ 《汉书·诸侯王表序》。

起事，刘邦、项羽随后就灭亡秦帝国。所以，有人说，周王朝能够延续数百年，而秦帝国只能维持几十年，就是其国家体制分别实行了分封或者郡县制度的原因。

早在公元前 206 年刘邦、项羽灭秦之时，楚霸王项羽有绝对实力再次统一天下。但是，由于深受分封制的影响，他不愿意做秦始皇重建一个统一的帝国，同时又顾忌现实，知道也不能再回归实行周王朝的王政，于是，项羽决定调和现实，折中古今，选择第三条道路，在中国历史上首次实行了霸王支持下的封王建国。项羽自封为西楚霸王，王九郡，都彭城。然后，他将剩下的天下分封给在灭秦战争中立下汗马功劳的十八个诸侯王。项羽的这种分封建国，表面上看兼顾到了当时的历史传统、政治实际情况以及人心的取向，但是这种不伦不类的政治模式根本就不可能长久。它既不优越于秦始皇创建的中央集权的郡县制度，也没有周王朝分封时的那种大气和王气的约束，而只是一个松散的暂时的独立政治联盟体。很快，当项羽的军事实力虚弱之际，便是各诸侯王重新开战之时。

公元前 202 年，当刘邦最后打败项羽建立汉家天下后，他借鉴秦始皇因郡县而亡、项羽又因分封而灭的教训，调和二者，采用了以郡县制为主、封国制为辅的政治模式。很快，他又翦除了异姓诸侯王而以刘氏同姓诸侯王代替之。

刘邦以为，如此天下就能永享太平，然而，那也仅仅是他一厢情愿罢了。刘邦一死，先是吕后杀刘姓王，封吕姓子弟为王，后有周勃等人以非刘姓为王“天下共伐诛之”[①]为由，发动宫廷政变，杀吕姓，立刘姓为王。然而，没过多久，这些刘姓的王子皇孙们，小者违法乱纪，荒淫无度，大者图谋不轨，犯上作乱。惠帝、文帝、景帝时期，诸侯王叛乱不断发生。

① 《汉书·高帝纪下》。

文景之时，朱虚侯刘章和东牟侯刘兴居，这两个刘邦的后代虽有反吕之功，但因他们曾有拥戴齐王刘襄为帝的打算，所以汉文帝即位以后，对他们没有以大国作为封赏，只是让他们各自分割齐国一郡，受封为城阳王和济北王。城阳王刘章不久死去。济北王刘兴居于文帝三年趁汉文帝亲自领兵攻打匈奴之时，发兵叛乱，欲袭荥阳，事败自杀，于是，汉文帝趁机废除了济北国。文帝六年，淮南王刘长谋反，被废徙蜀，死于道中。

继承汉文帝皇位的汉景帝，同样每天都在应付危局，最后还爆发了“七国之乱”。

“七国之乱”是以刘邦之侄吴王刘濞为首，联合其他同姓王发动的一次大规模的足以撼动国本的大叛乱，起因是汉景帝和晁错欲削他的会稽和豫章两郡。刘濞就乘机串通楚、赵、胶西、胶东、淄川、济南六国的诸侯王，联合发动了这场叛乱。

刘濞发兵 20 万，号称 50 万，又派人与匈奴、东越、闽越贵族联络，“以诛错为名”①，举兵西向。叛军顺利地打到河南东部。汉景帝惶恐，杀晁错，希望刘濞退兵。刘濞不仅不退兵，还公开声言要夺取皇位，直到此时，汉景帝才决心以武力平叛。他命太尉周亚夫与大将军窦婴率军，以奇兵断绝了叛军的粮道，用了三个月的时间，大破叛军。刘濞逃到东越，为东越人所杀。其余六王皆自杀，七国遂皆被废除。

“七国之乱”的平定和诸侯王权力的削弱，基本改正了刘邦实行诸侯王制度所产生的弊病，进一步加强了中央集权制度，叛乱平定之后，汉景帝痛定思痛，下决心效法秦始皇废除分封，把行政区划体制又完全恢复到原来秦始皇制定的框架中来。到汉武帝时，通过颁布推恩令，将诸侯王的权力进一步分散。这之后，汉代才最终

---

① 《史记 · 袁盎晁错列传》。

完全承袭了秦代的郡县设置。

4. 汉帝国继承发展了秦帝国的官吏选任制度

秦国官吏的选任主要有荐举与征召两种方式。

所谓荐举，主要是中央与各郡长官定期或不定期地向国君推荐人才。

所谓征召，即是对全国特别有名望的人才，由皇帝派专人去聘任。

《史记》中说，叔孙通“秦时以文学征待诏博士”[①]。叔孙通因为文章和学问，被征召为待诏博士。

秦始皇统一六国后，除了继续使用上述两种方法外，特别注重通晓法律和绝对服从皇帝意志的人才。

汉初，统治者完全沿袭了秦帝国的人才选拔方式。刘邦曾于汉十一年下诏：“盖闻王者莫高于周文，伯者莫高于齐桓，皆待贤人而成名……贤士大夫有肯从我游者，吾能尊显之。”[②] 文帝时，下诏举贤良方正。武帝以后，又有秀才、孝廉之选。

但是，由于西汉至武帝时儒家思想开始成为统治阶级占主导地位的意识形态，选官制度因为受儒家思想的影响而缺乏了像秦帝国时期那样的法制化，任人唯亲、任人唯私的现象开始抬头，其结果如何，不再像秦朝那样要严格受到法律制度的追究。

5. 汉帝国沿袭了秦帝国的监察制度

秦帝国建立了中央监察机关——御史府，亦称御史大夫府、御史大夫寺。御史府的主管是御史大夫，其职位相当于副丞相，具有皇帝秘书性质，并有监察百官之责。秦始皇时代，御史大夫还拥有司法审判之权。《汉书 · 百官公卿表》说：“御史大夫，秦官，位上

---

① 《史记 · 叔孙通列传》。

② 《汉书 · 高帝纪下》。

卿，银印青绶，掌副丞相。”另外，秦御史府中还设有御史中丞，直接辅助御史大夫监察百官。

秦统一后，在郡一级普遍设置了监郡御史，监郡御史隶属于御史大夫。他的主要任务是代表皇权监察地方官吏。由此可见，秦朝已从中央到地方普遍设置御史司监察，并设置御史大夫府为中央监察机构，这标志着秦朝以御史制度为主体的监察制度已经确立。

汉代的监察制度与秦朝一脉相传。

在地方，汉高祖刘邦放弃了对地方的监察。“秦有监御史，监诸郡，汉兴省之。”[①] 然而这一废止，导致了地方吏治的日趋腐败。鉴于这样的教训，惠帝三年（公元前 192 年），汉帝国又部分地恢复了地区御史监郡的制度。

汉武帝时期，废除了监郡御史，改为设立十三部刺史，驻当地专司监察地方。

班固说：“武帝元封五年初置部刺史，掌奉诏条察州，秩六百石，员十三人。”[②]

十三部刺史皆隶属于中央最高监察机关御史府，由御史中丞具体督管，在地方设有固定治所。十三部刺史的设立，虽然改变了秦代地方监察头绪过多，不利于上通下达的问题，但是也造成了新的问题，那就是十三刺史权力过大；一人掌握几个郡官员的生杀大权，容易产生腐败和冤案。

由于御史大夫常因身兼副丞相职务而忙于政务，行政权日重，检察权日轻。而名义上属御史大夫领导的御史中丞因为和皇帝接近等特殊原因成为皇帝的耳目，不仅一般地承担纠察百官的任务，而且可以受皇帝之命监察其上司御史大夫，逐渐演变为专职的最高检

---

① 《后汉书 · 百官志》。

② 《汉书 · 百官公卿表》。

察官。

从西汉末年到东汉初年，监察组织发生变化。御史大夫改称大司空后，不再担任检查的任务。与此同时，御史台作为独立执行监察的职能机构登上了中国的历史舞台，这标志着检察权开始同行政权分离。

总而言之，帝国的监察制度始于秦始皇，经过汉代的承袭和完善，趋于成熟。其后，虽经两千多年各朝代的损益，并没有发生实质性的变化，很多合理的东西甚至一直沿用至今。

6. 汉代还承袭了秦朝的赋税制度

秦始皇统一后，对赋税制度进行了统一和改革。公元前216年，命全国各地自报占有田亩数目，即文献记载的“令黔首自实田”[①]制度。这是中国历史上在全国范围内实行土地登记制度的开始。民众有纳税，服徭役、兵役的义务。

汉代承袭秦王朝这一制度，并发展成一套完整的封建管理制度和赋税制度。秦帝国的《田律》《仓律》和《徭律》，主要征收田赋、户赋和口赋。汉朝在这三律的基础上又增加了《田租税律》和《盐铁税律》等税收法规。另外汉代实行了编户齐民制度，登记人口，加强对全国各地的人口管理。这种制度，更加有利于国家对农民征收赋税和徭役。

汉高祖刘邦建国初期，曾实行轻徭薄赋政策，改秦代田租十税一为十五税一。随着时间的推移与社会发展的需要，统治者又将田租恢复为十税一。汉惠帝即位后又恢复为十五税一。汉文帝二年，为了鼓励农民生产，减收当年天下田租之半。此后，由于实行重农积粟政策和募民入粟赐爵政策，国家掌握的粮食大大增加。汉文帝于十二年再次减收天下田租之半，十三年又完全免除民田的租税，

① 《史记·秦始皇本纪》裴骃《集解》。

以鼓励农业生产。到汉景帝二年又恢复征税，正式规定三十税一。到了东汉光武帝初年，田租又恢复为十税一。

总的来看，汉代承袭秦代的赋税制度，并发展为灵活的征收方式，以适应国家发展和朝廷政策的需要，这是一个进步。

7. 汉帝国基本沿袭了秦帝国的礼仪制度

在中国古代社会，礼仪制度是区别上下、贵贱、尊卑的等级制度的一项重要内容。在行政权力支配社会的历史条件下，用礼仪制度来区别和规范官员之间的身份与交往的方式往往显得十分的重要。因为，在人们看来，享受不同的礼仪是一个人的权力、地位、尊严以及富贵荣华的特殊象征。

历史的事实就是最好的答案。

汉代的礼仪制度基本上沿袭了秦朝制度，即使有所损益，其基本原则也毫无变动。

大秦帝国建立后，为了显示气派，区别尊贵，秦始皇为上至皇帝，下至百姓，制定了一整套规模宏大的礼仪制度。汉代秦后，对于秦帝国的礼仪制度在艳羡的同时，统治者基本上采取了照单全收的政策。

班固说："高祖时，叔孙通因秦乐人制宗庙乐。"又说，"汉兴，拨乱反正，日不暇给，犹命叔孙通制礼仪，以正君臣之位。高祖说而叹曰：'吾乃今日知为天子之贵也'。"[①] 可见，汉帝国建立后，君臣尊卑的朝堂礼仪、宗庙礼仪，宫室制度以及宫廷内部的烦琐礼仪等皆沿袭秦朝。司马迁为此总结道："自天子称号下至佐僚及宫室官名，少所变改。"[②]

8. 汉帝国对秦帝国的法律、德运、历法、风俗等也都加以

① 《汉书 · 礼乐志》。

② 《史记 · 礼书》。

继承

汉初七十年法律，多依秦旧制。顾炎武说："汉兴以来，承用秦法，以至今日者多矣。"[①] 陈寅恪说："汉承秦业，其官制法律亦袭用前朝。遗传至晋以后，法律与礼经并称，儒家周官之学说采入法典。"[②] 据史料记载：汉丞相张苍好律历，专门遵用秦朝的《颛顼历》。他"以为汉乃水德之时，河决金堤，其符也。年始冬十月，色外黑内赤，与德相应"[③]。

汉朝的风俗也沿袭了大秦帝国。西汉思想家贾谊、董仲舒等人都认为：秦朝的"遗风余俗"，在汉朝皆"犹尚未改"。其实，大汉帝国本来就是从大秦帝国脱胎而来，时间又不太久，生活习俗、风俗习惯沿袭秦王朝也是一件自然而然的事情。[④]

总的来说，汉帝国对秦帝国的继承是一种全方位的继承，也是一种发展性的继承。这种继承的特点表现在：秦开其端，汉总其成。秦帝国虽然夭亡，但其灵魂犹存，通过大汉帝国之身，它又变相地得以复活。从这个意义上讲，大秦帝国就如一只涅槃的凤凰，在经过一场血与火的战争考验后又再次以汉帝国之身得以再生。

从历史的发展来看，秦帝国的夭亡，主要不是其政治制度、文化、理念、治国模式的严重错误导致，而是最高统治者的个人行为之失所引发。因此，汉承秦制是西汉统治者的一种明智的选择。通过继承前朝的一切优秀、合理的东西，汉王朝迅速迎来了它的盛世。

汉承秦制具有系统性。大到政治制度、治国模式、疆域区划，

---

① 《日知录·秦纪会稽山刻石》

② 《金明馆丛稿二编·冯友兰中国哲学史下册审查报告》。

③ 《汉书·郊祀志上》。

④ 参见张分田著：《秦始皇传》，人民出版社，2003 年版，第 650—655 页。

小到许多具体的的习俗、礼仪、文字、度量衡等，基本上采取的是全部的拿来主义。这表明，从秦至汉，整个政治制度及其社会文化体系是一种比较完整的继承关系，在主要方面都没有发生断裂。继汉之后，魏晋又承继汉制，以后，隋唐宋元明清各代一脉相传，“秦政”历经两千年而香火不断。

汉承秦制，或有改良，或有发展，主要还在于继承。自秦汉后，历代王朝代代相传，大一统的中华帝国更加牢固，疆域更加辽阔，经济实力提高，人口数量增加。汉之后或有短暂的分裂，终归一统；或有偏远异族的入侵，终被汉化。

（三）董仲舒对大一统思想的理论建构

大一统论是董仲舒政治哲学的核心，是为西汉中期王朝盛世时代政治发展的需要而产生，然而董仲舒的大一统说是以他的天人感应说为基础的。《公羊传》是从“王正月”说到“大一统”的。董仲舒也由此说到一统，但内容有所拓展。他在《春秋繁露·三代改制质文》中说：“《春秋》曰：‘王正月。’《传》曰：‘王者孰谓？谓文王也。曷为先言王而后言正月？王正月也。’何以谓之王正月？曰：王者必受命而后王。王者必改正朔，易服色，制礼乐，一统于天下。所以明易姓非继人，通以已受之于天也。王者受命而王，制此月以应变，故作科以奉天地，故谓之王正月也。”《公羊传》从“王正月”直接就到了“大一统，其间未涉及天命”；而董仲舒则以为，“王正月”是王者受天命必“改正朔，易服色，制礼乐，一统于天下”以应变、以奉天地的结果。所以改正朔“一统于天下”者，不仅是天子与臣民的关系，而且首先是天子与天（受天命）的关系。这样，董仲舒就把公羊家的一统说纳入了他天人合一的思想体系。

董仲舒既然要把大一统说置于天人合一体系之中，他就不可能止步于其上述的对于“王正月”的解说上。于是，他又追溯到“王正月”以上的“元年”的“元”，通过对此字的解说来进一步阐发其天人合一说及在此体系中的大一统思想。为什么第一年不叫一年而叫元年呢？董仲舒说：“谓一元者，大始也。知元年志者，大人之所重，小人之所轻。是故治国之端在正名，名之正，兴五世，五传之外，美恶乃形，可谓得其真矣。”① 为什么改称一为称元就算是以“始”为大了呢？董仲舒的解释是：“《春秋》变一谓之元，元犹原也，其义以随天地终始也。故人惟有终始也，而生死必应四时之变。故元者为万物之本，而人之元在焉。安在乎？乃在乎天地之前。故人虽生天气及奉天气者，不得与天元，本天元命，而共违其所为也。故春正月者，承天地之所为也，继天之所为而终之也。其道相与共功持业，安容言乃天地之元？天地之元奚为于此，恶施于人？大其贯承意之理矣。”② 董仲舒认为，只有圣人能够把万物统一起来，并把它和“元”相联系，最终不返归本原而顺承它，就不能成就其功业。因此《春秋》把“一”变称为“元”，元就好比是本原，它的意义就是跟随天地相终始。人是有终始的，而人的生死必定与春夏秋冬的变化相顺应。所以元是万物的根本，而人的元也在那里。元在哪里呢？是存在于天地万物之前。所以人虽然生于天气并奉行天气，却不能亲附天元，秉承上天的命运，而共同违背了它的作为。因此“春正月”的意思是说人秉承天地的作为，继续上天的作为并完成它。它的意思是说天与人相互保存所共建的功业，那怎么说是天地的本原呢？天地的本原怎么会在这里呢？又是怎样施加给人的呢？这是赞美圣人能够秉承天意的道理。董仲舒在《春秋繁露·重政》中表达了相同的意思：“惟圣人能属万物于一，而系

① 《春秋繁露·玉英》。

② 《春秋繁露·玉英》。

之元也；终不及本所从来而承之，不能遂其功。是以《春秋》变一谓之元，元犹原也，其义以随天地终始也。故人惟有终始也，而生不必应四时之变，故元者为万物之本，而人之元在焉。安在乎？乃在于天地之前。故人虽生天气及奉天气者，不得与天元，本天元命而共违其所为也。故春正月者，承天地之所为也，继天之所为而终之也。其道相与共功持业，安容言乃天地之元？天地之元奚为于此，恶施于人？大其贯承意之理矣。”[①]

在董仲舒看来，孔子作《春秋》，字字皆无虚置。所以，既然以“元”字开篇，其中就必有深意。意在何处呢？这个“元”既是纪年之始，又是经文之始，还是万物之始。他认为，圣人变一为元，是为了追本溯源至最初的源头。为什么呢？因为万物虽属分殊，但溯至初源乃归于一。“一者万物之所以从始也，元者辞之所谓大也。”[②]这个“元”，与老子的“道”大致意思相同，既是在时间中作为序数的一（第一），又是在空间中作为基数的一（单一或独一）；也可以说这就是“一”与“统”的先天的结合。董仲舒在《春秋繁露》一书中多处谈到天人合一。天与人为什么又怎能够合一呢？关键就在于天人同“元”。此书中又一再说到人能与天地“参”，人为什么又怎能够与天地参呢？其关键仍在于天人同“元”。作为天人共同之“元”，当然它既在人之前，又在天地之前。唯其如此，“故人虽生天气及奉天气者，不得与天元本、天元命而共违其所为也”。

董仲舒对“春王正月”作了进一步的解释，以君权神授来论证君权的合理性。他说：“君者元也，……是故君意不比于元，则动

---

① 《春秋繁露 · 重政》。

② 《汉书 · 董仲舒传》。

而王本。”[①]“置‘王’于‘春’‘正’之间，非曰‘上奉天施而下正人，然后可以为王也，云尔。”[②]王介于天人之间，起着联系天人的作用。他又说：“唯天子受命于天，天下受命于天子，一国则受命于君。”“《春秋》之法，以人随君，以君随天。”[③]“《春秋》之法，二人随君，以君随天。”[④]民众要服从皇帝，皇帝要服从上天。董仲舒把“春王正”变成社会的三个层次：天、王、人。王即天子、皇帝。人即天下之民，泛指天子以外的所有人，包括各诸侯王、各级官员和普通百姓。人受命于天子，服从天子的命令。天子受命于天，顺从天的命令。上天的命令，就是天命。董仲舒用天人感应、阴阳五行学说解释灾异现象来探讨天意，直接为汉武帝以及后来执政者强化君主专制与集权制造理论根据。

为了说明他的一统说，董仲舒又推衍出一套通三统为一统的说法。

董仲舒的“三统”说源于古代的“三代”观念。当周王朝取代商王朝以后，周人在多篇文告中都曾表示，周之代商犹之乎过去商之代夏；从而正式地承认在周以前有过夏、商两个王朝。这可从《尚书·周书》《诗经》《论语》等先秦著作中得到证实。三代是在历史的进程中递嬗的，董仲舒的三统也是在历史中流变出来的。在《春秋繁露·三代改制质文》中，董仲舒结合历法、天象、物候推衍出一整套三统论。他以夏为“黑统”，以商为“白统”，以周为“赤统”。其说为：“三正以黑统初……历正日月朔于营室，斗建寅。天统气始通化物，物见萌达，其色黑。故朝正服黑，首服藻

① 《春秋繁露·深察名号》。

② 《春秋繁露·竹林》。

③ 《春秋繁露·为人者天》。

④ 《春秋繁露·玉杯》。

黑……正白统者，历正日月朔于虚，斗建丑。天统气始蜕化物，物始芽，其色白。故朝正服白，首服藻白……正赤统者，历正日月朔于牵牛，斗建子。天统气始施化物，物始动，其色赤。故朝正服赤，首服藻赤……三代改正，必以三统天下。曰：三统（天地人）、五端（五始，即元、春、王、正月、公即位），化四方之本也。”三统是循环的，在三统体系中运行的王朝系列却不是循环的，而是不断代谢的。周为赤统，代周者为黑统，这是循环的；但是，前面的黑统代表者夏王朝不仅没有循环回来，而且要在历史流程中被黜下去。董仲舒说：“《春秋》上黜夏，下存周，以《春秋》当新王。《春秋》当新王者手何？曰：王者之法，必正号。绌王谓之帝，封其后以小国，使奉祀之。下存二王之后以大国，使服其服，行其礼乐，称客而朝。故同时称帝者五，称王者三，所以昭五端、通三统也。是故周人之王，尚推神农为九皇，而改号轩辕谓之黄帝，因存帝颛顼、帝喾、帝尧之帝号，绌虞而号舜曰帝舜，录五帝以小国。下存禹之后于杞，存汤之后于宋，以方百里，爵号公；皆使服其服，行其礼乐，称先王客而朝。《春秋》作新王之事，变周之制，当正黑统。而殷、周为王者之后，绌夏改号禹谓之帝，录其后以小国，故曰绌夏，存周，以《春秋》当新王。不以杞侯，弗同王者之后也。”[①] 在此应该注意董仲舒三统说与一统说的关系，有两点值得注意：第一，三正虽然在历史上曾经同时并存，但三统则一个接替一个；虽同时有“三王”之称，但其中必有两者是先王，而真正的王同时期中则只有一个。因此，经过三统说的规范，在任何一个时期里三正中只有一正是一统之正，三王中只有一王是正统之王。例如，在周代，尽管三正并存，但只有周之正月为王正月，虽有三王之说，而夏、商之后皆为先王客，真正之王只有周王。因而虽有三

① 《春秋繁露·三代改制质文》。

统，而实成一统。第二，同一时期只有一个王正月，只有一个天子，这本来只有空间中的一体性；可是，经过了三统说的规范，这种空间中的一体性又具有了时间中的连续性。当董仲舒把一统说从“王正月”追溯到“元”的时候，他已经注意到了“一统”在时间与空间中的统一性；三统说兼容了“一统”在时间中的连续性与在空间中的一体性，所以正是他的“元”一统说的继续和发展。[①]

总之，维护君权至上是董仲舒的基本政治主张之一，他的“大一统”理论正是为他的“君权至上”论服务的。董仲舒把君主视为国家政治的核心。他说：“君人者，国之本也。”“夫为国，其化莫大于崇本。”[②]董仲舒将《公羊传》的“大一统”作了充分的政治发挥。这就是天下大一统必须统一于王。所谓“大一统”，即“尊王”之义也。董仲舒把“大一统”称为宇宙普遍存在的根本法则。在这里，大，已经不能解释为重视，而是作为广大的意思，与一统组成一个特殊词组。把“大一统”看作宇宙普遍法则，不是《春秋》和《公羊传》的明确思想，而是董仲舒借《春秋》的名义发挥出来的思想，这是董仲舒的政治智慧。董仲舒的政治思想理论为汉武帝所接受，为西汉中期完善大一统学说奠定了基础。

（四）何休对大一统思想的认识与总结

何休（公元 129—182 年），字邵公，东汉时城樊（今山东省济宁市东）人，为人质朴口讷，却雅有心思，精研六经，显名当世，应太傅陈蕃征辟，参与政事，后遭党锢之祸，闭门覃思十七年，完成《春秋公羊传解诂》[③]。《春秋公羊传解诂》是何休的代表

① 刘家和著：《史苑学步：史学与理论探研》，北京大学出版社，2019 年版，第 121—126 页。

② 《春秋繁露 · 立元神》。

③ 《后汉书 · 儒林列传》。

作，也是集公羊学之大成的著作。在此书中，何休通过注解《公羊传》，特别是通过对春秋时期242年的阶段分析，阐述了他对历史的看法。

何休的思想直接表现为“三世”说，该说系将“三科九旨”运用于历史领域的理论成果。据徐彦《春秋公羊注疏》引何休《春秋文谥例》说：“三科九旨者，新周、故宋、以《春秋》当新王，此一科三旨也。又云所见异辞，所闻异辞，所传闻异辞，二科六旨也。又内其国而外诸夏，内诸夏而外夷狄，是三科九旨也。”[①] 公羊家往往以为“三科”是孔子作《春秋》遵循的“存三统”“张三世”“异内外”三个原则；所谓“九旨”，是指三个原则所包含的九个方面的要旨。其中“二科六旨”“三科九旨”出自《公羊传》，“一科三旨”则是何休根据董仲舒“通三统”说提炼出来的。“三科九旨”是何休思想体系的基本框架，也是他的历史理论的核心内容。

在“三科九旨”中，“张三世”居于核心地位，何休几乎把《春秋》的所有“书法”原则全部纳入三世说的框架之中加以说明。三世说最集中地体现了何休的历史理论。三世说系对《公羊传》二科六旨“所见异辞，所闻异辞，所传闻异辞”的阐发。《公羊传》三次提到这句话。隐公元年：“公子益师卒。”《公羊传》解释说：“何以不日？远也。所见异辞，所闻异辞，所传闻异辞。”桓公二年：“三月，公会齐侯、陈侯、郑伯于稷，以成宋乱。”《公羊传》说：“内大恶讳。此其目言之何？远也。所见异辞，所闻异辞，所传闻异辞。”《公羊传》哀公十四年：“《春秋》何以始乎隐？祖之

① 《春秋公羊传注疏》卷一，《十三经注疏》，中华书局，1980年版，第195页。

遗闻也。所见异辞，所闻异辞，所传闻异辞。”① 何休据此认为，孔子作《春秋》，所记 242 年的历史可分为“所见”（指孔子亲自见到）、“所闻”（指孔子听说）和“所传闻”（指孔子听前人传述）三个时段，各个时段的史事记载有所谓“异辞”（措辞不同，或曰“书法”不同）。

何休《春秋公羊传解诂》有多处论及三世说，最有代表性的要数对隐公元年“所见异辞，所闻异辞，所传闻异辞”的阐释，全文如下：

所见者，谓昭、定、哀，己与父时事也。所闻者，谓文、宣、成、襄，王父时事也。所传闻者，谓隐、桓、庄、闵、僖，高祖、曾祖时事也。异辞者，见恩有厚薄，义有深浅，时恩衰义缺，将以理人伦，序人类，因制治乱之法。故于所见之世，恩己与父之臣尤深，大夫卒，有罪无罪皆日录之，“丙申，季孙隐如卒”是也。于所闻之世，王父之臣恩少杀，大夫卒，无罪者日录，有罪者不日，略之，“叔孙得臣卒”是也。于所传闻之世，高祖、曾祖之臣恩浅，大夫卒，有罪无罪皆不日，略之也，“公子益师、无骇卒”是也。于所传闻之世，见治起于衰乱之中，用心尚粗桷，故内其国而外诸夏，先详内而后治外，录大略小，内小恶书，外小恶不书。大国有大夫，小国略称人；内离会书，外离会不书是也。于所闻之世，见治升平，内诸夏而外夷狄，书外离会，小国有大夫。宣十一年秋“晋侯会狄于攒函”，襄二十三年“邾娄鼻我来奔”是也。至所见之世，著治太平，夷狄进至于爵，天下远近小大若一，用心尤深而详，故崇仁义，讥二名。晋魏曼多，仲孙何忌是也。所以三世

① 《春秋公羊传注疏》卷一，《十三经注疏》，中华书局，1980 年版，第 2200、2213、2353 页。

> 者，礼，为父母三年，为祖父母期，为曾祖父母齐衰三月。立爱自亲始，故《春秋》据哀录隐，上治祖祢，所以二百四十二年者，取法十二公，天数备足，著治法式，又因周道始坏，绝于惠、隐之际。主所以卒大夫者，明君当隐痛之也。君敬臣则臣自重，君爱臣则臣自尽。公子者氏也，益师者名也，诸侯之子称公子，公子之子称公孙。①

上述这番话可以看出何休的公羊三世说对公羊学做出了重大贡献，特别是在历史思想上取得重要突破，他在董仲舒的基础上，把作为《春秋》书法的异辞问题，发展为纯粹的历史思考，将春秋242年的历史划分为“所传闻世”“所闻世”“所见世”三个阶段，并正式命名为“三世”，并用“衰乱”“升平”“太平”来概括三世治乱的特点，详细说明了“三世”在统一局面、文明程度、国家以及“天下”治理等方面的不同。通过对“三世”的描述，生动地表明“衰乱”世、“升平”世、“太平”世各自在历史中的地位，表明“三世”是三个不同而又前后递进的历史发展阶段，一世比一世治，一世比一世王化更普及，一世比一世道德境界更高，一世比一世统一趋势更强、民族融合程度更发展，从而使春秋242年的历史呈现为一种阶段性发展的进步过程，这为他的“大一统”思想在历史理性与哲学上做好了充足的准备工作。②

何休《春秋公羊传解诂》的“一统”说是在《公羊传》“大一统”说的基础上引申发挥而成的。《春秋》开篇说：“隐公元年，

---

① （汉）何休注，（唐）徐彦疏，黄侃经文句读：《春秋公羊传注疏》，上海古籍出版社，1990年版，第18页。

② 刘家和著：《史苑学步：史学与理论探研》，北京大学出版社，2019年版，第139—143页。

春，王正月。”三传中，唯独《公羊传》作了细致的解释，云：“元年者何？君之始年也。春者何？岁之始也：王者孰谓？谓文王也。曷为先言王而后言正月？王正月也。何言乎王正月？大一统也。”在何休看来，《春秋》之所以书为“王正月”，是因为以“一统”为重为大的缘故。“一统”不是化多为一，而是合多为一，重点在“一”。由此，何休确切地把握住了《公羊传》的“一统”的本义。[①]

在汉代春秋公羊学大一统思想的研究与创新中，董仲舒把“大一统”与“通三统”结合而有“通三统为一统”说，何休则致力于董仲舒未充分发挥的“张三世”与“异内外”以及二者内在关系的阐发，也即与“三科九旨”体系紧密地联系起来，因而更具有哲学意味。

上文说过，何休的三世说是从《公羊传》“所见异辞，所闻异辞，所传闻异辞”引申而来的。《公羊传》这段传文出现三次，都是谈鲁国内部的事情，与“异内外”无关。可是，如果不消除“内外”之异，“天下”就不会由分裂而统一、由衰乱而渐进至大平。因此，何休主张把“张三世”与“异内外”结合起来。在他看来，《春秋》经、传对不同时期的“内外”也有“异辞”。例如，《春秋》隐公二年记载：“公会戎于潜。”《春秋公羊传解诂》注释说：“所传闻之世，外离会不书，书内离会者，《春秋》王鲁，明当先自详正，躬自厚而薄责于人，故略外也。”[②] 公羊家以为两国间的私会为离会，应该贬斥，但批评要从自己开始。所以在所传闻世只批评本国的内离会而不批评他国的外离会。那么，是否有例外呢？《春秋》桓公五年记载：“齐侯、郑伯如纪。”《公羊传》说：“外相如不书，

① 《论汉代春秋公羊学的大一统思想》，《史学理论研究》1995 年第 2 期。

② 《春秋公羊传注疏》卷二，《十三经注疏》，中华书局，1980 年版，第 2202 页。

此何以书？离，不言会。”《春秋公羊传解诂》注释说：“《春秋》始录内小恶，书内离会；略外小恶，不书外离会。至所闻世，著治升平，内诸夏而详录之，乃书外离会。嫌外离会常书，故变文见意，以别嫌明疑。”[①] 齐、郑之君离会于纪，在所传闻世，本不当书，这里书了，可是不书为会而书为“如”，就是为了避嫌疑。这样，何休就从本国与诸夏的内外中看到了不同时期的“异辞”：《春秋》成公十五年记载：“冬，十一月，叔孙侨如会晋士燮、齐高无咎、宋华元、卫孙林父、郑公子鰌、邾娄人，会吴于钟离。”《公羊传》说：“曷为外也？《春秋》内其国而外诸夏，内诸夏而外夷狄。”《春秋公羊传解诂》注释说：“吴似夷狄差醇，而适见于可殊之世，故独殊吴。”如果吴在《春秋》的所传闻世出现，那时还外诸夏，就谈不到殊吴了。吴恰好出现于传闻世，正是外夷狄的时候，所以就要殊了：这样，何休就又从诸夏与夷狄的内外中看到了不同时期的“异辞”，从经、传的文字中看出了时间中的先后阶段与空间中的内外层次之间的函数关系。这不得不说是一种特识，因为他把空间中的一统理解为时间中历史发展的趋势或结果。如果说董仲舒的“通三统为一统”的“一统”论中间已经有了时间与空间中的两重因素的结合，那么其结合还是思辨的，何休却是把这种结合引进了历史的思考，具备了历史理性。

如果再作进一步分析，可以看出，何休的以“张三世”与“异内外”相结合的大一统说，还有其深刻的蕴意。三世之别与内外之别，都在其所爱程度之别。儒家之仁爱自近而及远，推己而及人。三世与内外之差别，不过在一为时间之远近、一为空间之远近而已。所以，自儒家之仁学原则观之，二者自然是可以重合的。空间中的大一统如何才能在时间的进程中实现？不能靠武力或其他东

① 《春秋公羊传注疏》卷四，《十三经注疏》，中华书局，1980 年版，第 2215 页。

西，而只能靠仁心与仁政之不断地外推。

按照何休的“一统”论，能实现“一统”的王者必须是能推己以及人、正己而正人的仁者，否则不能成就一统的事业。“一统”在历史中是不断发展的，而王者却不是万世一系的。甚至“一统”的起点尽管通常是“中国”，然后由“中国”而“诸夏”，由“诸夏”而“夷狄”；但是，这一次序也不是绝对的。一个国家是“夷”还是“夏”，在《公羊传》及何休《春秋公羊传解诂》中并非以种族或者血缘来分辨，而是要看它的实际行为。例如，《春秋》昭公四年记载：“夏，楚子、蔡侯、陈侯、郑伯、许男、徐子、滕子、顿子、胡子、沈子、小邾娄子、宋世子佐、淮夷会于申。”《春秋公羊传解诂》注释说：“不殊淮夷者，楚子主会行义，故君子不殊其类。所以顺楚而病中国。”因为这一次大会是为了合力讨齐逆臣庆封；诸夏不能讨而楚讨之，故顺楚而病中国。又如，《春秋》昭公十二年记载：“晋伐鲜虞。”《春秋公羊传解诂》注释说：“谓之晋者，中国以无义故，为夷狄所强。今楚行诈灭陈、蔡，诸夏惧然去而与晋会于屈银。不因以大绥诸侯，先之以博爱，而先伐同姓，从亲亲起，欲以立威行霸。故狄之。”[①] 在一般情况下，楚为“夷狄”，晋为“诸夏”。可是当楚能行“诸夏”所不能行之义时，公羊学家就“顺楚而病中国”；当晋不能绥“诸夏”而反伐同姓时，公羊学家就以晋为“夷狄”了。总之，中国与夷狄并无截然的界限，其标准就是要看其行为是否合乎“义”。因此，何休的“一统”论并不以种族、血缘原则为依据，而是以儒家之“义”为取舍。这正是孟子所说的“不嗜杀人者能一之”[②] 思想的发挥。因为能承担

① 《春秋公羊传注疏》卷二二，《十三经注疏》，中华书局，1980 年版，第 2317、2320 页。

② 《孟子 · 梁惠王上》。

“一统”之责的不必是某国、某王，所以在“一统”历史的进程中可以有中心的转移，也可以有王朝的更替；中心转移、王朝更替，而一统之趋势不变。这样一来，何休又把“通三统”与“张三世”“异内外”结合了起来。

由于何休“大一统”说把“三科九旨”结合为一加以论述，所以比起董仲舒“通三统为一统”来，“大一统”说发展到了一个更高的阶段。何休的“一统”论，不仅对“一统”在空间中的拓展、在时间上的延续进行了探索，对“一统”在空间中的统一性和普遍性，在时间上的连续性和统一性进行了阐发，而且还注意到空间的一统与时间的一统的内在关系，把“一统”在空间中的拓展与在时间中的延续结合为一，把“一统”的基本原因或前提理解为儒家的仁学原则的实行以及由之而来的不同族群的华夏化。这样，使“一统”的时间上的纵通与空间上的横通相结合，形成了“一统”的连续性与统一性的高度统一，何休的“大一统”思想观点因此而达到了相当的理论高度。[①]

七、“大一统”是中国文化鲜明的符号

“大一统”论是在五千年中国历史时空逐步形成的、完备的、体系化的、哲理化的一套政治理论体系。这套理论体系主要是为了论证中国国家形态、制度原理以及相关的政策制定而出现的。“大一统”政治文化的形成与铸就，是中华民族政治与文化共同体建设和发展的客观需要。“大一统”论及其相关的政治价值观念在中华

---

① 参见刘家和著：《史苑学步——史学与理论探研》，北京大学出版社，2019 年版，第 151—155 页。

民族的形成和发展、中国统一多民族国家的形成和发展、中国人的政治理念和国家观念的形成与发展，以及传统中央集权制度形成和发展的过程中发挥过极其重要的作用。

中国传统政治形态的形成经历了一个漫长而复杂的演变过程。

“中国政教，以先秦为一大关键。”①

“至黄帝时，生齿日繁，民族竞争之祸，乃不能不起，遂有炎帝、黄帝、蚩尤之战事，而中国文化，藉以开焉。”②

“中国之教，得孔子而后立。中国之政，得秦皇而后行。中国之境，得汉武而后定。三者皆中国之所以为中国也。自秦以来，垂两千年，虽百王代兴，时有改革，然观其大义，不甚悬殊。譬如建屋，孔子奠其基，秦、汉二君营其室，后之王者，不过随时补苴，以求适一时之用耳，不能动其深根宁极之理也。”③

作为系统化的政治理论体系，“大一统”的内容十分丰富，几乎可以包纳中国古代政治学说中关于国家、政体的一切主要范畴与内涵。就其主要内容而言，宇宙一统是“大一统”的哲学基础，政治一统是“大一统”的核心内容，王权一统是“大一统”的基本宗旨，疆域一统是“大一统”的版图范围基础，天下一家是“大一统”的社会理想，思想一统是“大一统”的意识形态，文化一统是“大一统”的精神精髓。“大一统”论又可以分解为诸多相关的具体内容与论点。

中国是一个拥有数千年传统政治文明积淀深厚的历史国度。大一统，构成了这个地大物博、历史悠久的国度中传统政治与文化的最大格局和最鲜明的符号与特征。

---

① 《夏曾佑集》（上），上海古籍出版社，2011 年版，第 445 页。

② 《夏曾佑集》（下），上海古籍出版社，2011 年版，第 796 页。

③ 《夏曾佑集》（下），上海古籍出版社，2011 年版，第 947 页。

迄今为止，大一统政治形态主要可分两种：

第一，它是传统的；

第二，它是现代的。

传统政治形态，从传说的三皇五帝开始，生根、萌芽、破土而出、茁壮成长，从原始部落之间往来开始，到家天下的国家出现；从万邦时代纷杂异彩的政治形成到将血缘、地缘充分扬弃与整合而后形成的新的政治文明；从秦王朝开创的以及为后来历朝各代所继承并不断发扬光大的大一统的中央集权国家政治到1912年孙中山引进欧美的共和政治；从民国乱象再到坚持社会主义道路的中华人民共和国的成立，其间绵延数千年，历经了无数风风雨雨，才构筑了屹立于世界而不倒的具有东方特色的大一统政治模式与文化价值及其民族观念。

近代以来，几乎世界上所有的帝国主义国家都侵略与欺负过中国，对中国进行过殖民掠夺。在亡国灭种危机面前，中国人暂时放下曾经引以为自豪的传统政治文明，在经历了无数次的试验和探索之后，最后选择了社会主义制度；在综合现代西方政治文明、社会主义制度以及中国国家原有生态的基础上，创建了具有中国特色的现代政治形态。

与典型的东方式传统政治文明相比，中国现代政治文明是价值取向完全不同的一种政治形态，它们之间没有直接的关系，唯一的联系是从古至今没有解体的中国文化、社会以及剪不断理还乱的历时数千年才积淀起来的中华民族的政治生态、政治价值、政治观念、政治模式以及思想文化生活方式。

经过近一个世纪的实践与探索，时至今日，人们越来越认识到：无论是典型的大一统传统政治形态，或者是以民主为基础的西方现代政治形态，都各有其不同的普世价值，二者之间没有你高我低的是非判断，有的只是谁更适合中国的国情，谁更能让中国走向繁荣与富强；有的只是如何能发掘它们真正的价值，做到古为今用，洋为中用，从而真正达到国家富强、人民幸福而实现中华民族伟大复兴的目的。

历史已经证明，大一统是中国政治文明的一种自然历史延续。冰冻三尺，非一日之寒，中国传统的大一统政治形态，不是骤然形成的，而是经过数千年成长和演化而成的一种自然的结果。它根植于中国传统社会、滋养于中国人的文化智慧，成长于中国历史的风云变幻，因而，它在形态上与中华民族大一统的生存与发展形态相契合，在功能上与中国传统的家天下的皇权国家相契合，从而将社会与国家紧密联系为一个有机整体，同时又有效地支撑起生命力极强的传统型家国体系的现代转化与正常运转。

马克思早就指出："人们自己创造自己的历史，但是他们并不是随心所欲地创造，并不是在他们自己选定的条件下创造，而是在直接碰到的、既定的，从过去承继下来的条件下创造。"[①] 可见，任何现实的活动与发展，都必须要面对历史所塑造的现实基础及其所蕴含的内在规定性。无论是从历史上观察，还是从现实细看，国家的统一和发展，始终是中国人内心深处最强大的文化信仰和政治使命。在现代化转型中如何有效维系住一个政治、疆域、文化、人心统一的中国，如何使千年古国完整地转型为现代国家。自辛亥革命以来，我们这方面教训不少。历史经验证明，大一统是中国之轴，是中国现代政治建立的根基，失去了大一统，中国就会成为一盘散沙，就会失去生机与震撼世界的能量，就会与复兴民族伟大事业的机遇擦肩而过。

---

① 马克思：《路易 · 波拿巴的雾月十八日》，《马克思恩格斯选集》第一卷，人民出版社，1995 年版，第 585 页。

历史与社会的发展是不以人的意志为转移的。不论现实的运动以及人们的主观意志如何冲击历史本身的内在逻辑与发展趋势，过去发生过的无数次历史事实都已经证明，所有一切不过是“抽刀断水水更流”。传统是割不断的。就中国现代政治建构而言，人们固然可以依据现代化发展所带来的人的社会存在方式变化来建构，但无法超越中国人在几千年历史、社会与文化发展中形成的族群存在方式及其文化价值观念的影响。清末民国时期，当人们用民主来否定中国传统社会政治上的大一统君主专制的时候，也否定了中国人作为族群存在和发展而形成的社会大一统。而中国近代以来致力建构现代国家的历史恰恰表明：中国现代国家的建构，实际上是在告别大一统的君主专制的同时，又是在紧紧围绕着作为中华民族生存和发展形态的大一统而展开的。历史不能割断，现状必须承认。在全球化、现代化、民族国家高度化的今天，中国政治应该从中国本身出发去把握。一切以实事求是，具体问题具体分析为根据，以国家统一富强、人民幸福快乐为整合与发展的出发点，以大一统文明为基础根本，开创出一条真正适合中国具体国情并能充分引导我们实现中华民族伟大复兴的新的正确政治运行模式。

今日，要想把中国建设成为一个政治上高度统一、经济与文化上高度发展、各民族相互融合和共同繁荣的富强国家，就必须迫切需要发掘文化传统中的大一统资源，真正做到古为今用，在今日世界的政治文化格局中，从自己的实际出发，建立起自己民族的、独一无二的中国特色和强大自信基础上的政治文化品牌。

这，就是结论。

第二章　中央执要　四方来效

一、治水政治与集权政体雏形之形成

传统中国的政治体制一个突出的特征是高度的集权性，而大洪水时代则是中国传统集权文化的肇始期。

从我国早期历史的文献记载中，能够找到原始部落时代先民们的一些早期政治朦胧时代的文明轨迹。如：

洪水芒芒，禹敷下土方。[①]

汤汤洪水方割，荡荡怀山襄陵，浩浩滔天。[②]

当尧之时，天下犹未平，洪水横流，泛滥于天下，草木畅茂，禽兽繁殖，五谷不登，禽兽逼人，兽蹄鸟迹之道交于中国……禹疏九河，瀹济、漯而注诸海，决汝、汉，排淮、泗而注之江，然后中

① 《诗经·商颂·长发》。

② 《尚书·尧典》。

国可得而食也。[1]

当尧之时，水逆行，泛滥于中国，蛇龙居之，民无所定，下者为巢，上者为营窟。《书》曰："洚水警余。"洚水者，洪水也。使禹治之，禹掘地而注之海，驱蛇龙而放之菹，水由地中行，江、淮、河、汉是也。险阻既远，鸟兽之害人者消，然后人得平土而居之。[2]

洪水滔天。鲧窃帝之息壤以堙洪水，不待帝命。帝令祝融杀鲧于羽郊。鲧复生禹。帝乃命禹卒布土以定九州。[3]

舜之时，共工振滔洪水，以薄空桑，龙门未开，吕梁未发，江、淮通流，四海溟涬，民皆上丘陵，赴树木。舜乃使禹疏三江五湖，辟伊阙，导廛涧，平通沟陆，流注东海。鸿水漏，九州干，万民皆宁其性。[4]

大洪水传说主要发生在五帝中后期，这场旷日持久的治水斗争怎么看都像是炎帝后裔与黄帝后裔之间的政治斗争之延续，反映了炎、黄后裔之间跟治水斗争纠缠在一起的矛盾与冲突。

大禹在中国上古历史传说中，堪称一位伟大的英雄，也是真正第一次实现了集权政治的伟大的君主。

---

① 《孟子 · 滕文公上》。

② 《孟子 · 滕文公下》。

③ 《山海经 · 海内经》。

④ 《淮南子 · 本经训》。

大禹“尽力乎沟洫”[①]，躬耕稼而有天下，说明夏人已根据农业生产的需要开沟恤排水引水。大禹治水这一历史文化符号反映了中华民族对待自然灾害的态度。“许多古老民族都说远古曾有一次洪水，是不可抵抗的大天灾，独在黄帝族神话里说是洪水被大禹治得‘地平天成’了。这种克服自然、人定胜天的伟大精神，是禹治洪水的真实意义。”[②] 大禹治水的成功，不仅奠定了夏朝建立的基础，而且拉开了“天下为家”的序幕，同时也开启了农耕文明中不可或缺的治水文化的先河。禹在长时期和自然的搏斗中，领导民众治理洪水，整修川渠，垦辟田园，这对于夏商周的文化建设，无疑提供了极具正能量的素材。

远古时代，在生产力水平极其低下的情况下，必须依靠大规模的体力协作才能达到预期的目的。黄土高原邻近的山地和广袤的植被，为群体定居提供了取之不尽的石块、树木等构巢筑屋的材料，使人们在耕地附近组成一个个定居村落成为可能，至今在黄土高原上还保留着许多新石器时代的遗址。人力的集中造成集约的耕作技术和连套的灌溉方式，并为大举治理水源提供了人力基础。在体力协作时，每个人都必须抑制自我的个性，服从强有力的绝对权威的指挥，因此集体意识得到根深蒂固的加强，同时社会在集体协作中更加趋于复杂。伴随对水源的治理和分配，产生了中国历史上第一个专制国家政体——夏王朝。

据《史记 · 夏本纪》记载：

当帝尧之时，鸿水滔天，浩浩怀山襄陵，下民其忧。尧求能治水者，群臣四岳皆曰鲧可……于是尧听四岳，用鲧治水。九年而水

① 《论语 · 泰伯》。

② 范文澜：《中国通史简编》第一编，人民出版社，1964 年版，第 94 页。

不息，功用不成。于是帝尧乃求人，更得舜。舜登用，摄行天子之政，巡狩。行视鲧之治水无状，乃殛鲧于羽山以死。天下皆以舜之诛为是。于是舜举鲧子禹，而使续鲧之业……禹乃遂与益、后稷奉帝命，命诸侯百姓兴人徒以傅土，行山表木，定高山大川。禹伤先人父鲧功之不成受诛，乃劳身焦思，居外十三年，过家门不敢入……陆行乘车，水行乘船，泥行乘橇，山行乘檋。左准绳，右规矩，载四时，以开九州，通九道，陂九泽，度九山。令益予众庶稻，可种卑湿。命后稷予众庶难得之食。食少，调有馀相给，以均诸侯。禹乃行相地宜所有以贡，及山川之便利。

从上段史料中，我们可以看到治水与中国早期国家政权及国家权力的关系。有水患在，氏族组织及国家的政权不能稳定；而为了消除水患，国家权力的权效可以发生在重臣身上，治水失败者受诛，治水成功者获天子位。从治水实践中，农耕生产的社会经济环境，治水的重大举措决定着国家政权的确立与巩固，而治水的成功，又依赖于国家集权权力的使用作为保障。在禹为巩固国家政权而进行的治水活动中，他有权指挥朝中大臣行往天下各地，有权调配天下粮草物产，“调有馀相给，均诸侯”，并有权根据各地生产条件与生产状况，决定其朝贡及调配的种类和数量。如此权力与权限的实施，使得天下人不得不跻身其权力掌控范围内，以等待物质利益的调配。跻身而入者，便是政治化的个人；游离之外者，做非政治化之人，便无法分享权控者对他的利益分配。

历史说明，农耕生产与治水的社会经济环境，可以诞生出集权性的权力和集权制的国家政权；艰苦卓绝的治水斗争历程，可以磨砺和塑造出集权性人物以权掌控天下的权力人格。治水者得天下，控制天下耕作、灌溉、物产调配，其威望、能力无人能比，故而，其政治地位是至高无上的。但是，传统中国历来只有政治性人格，而无神权性人格，原因是权力拥有者的权力获得，来得非常现实，其斗争的经历令人信服，而治理水患的智慧及能力展示，已经完全显示出人与神的对等关系与地位——有权者的威信与能力，即使是神灵，也无法与之相较。因此，在传统中国，有权者或天子的地位高居于神灵之上。我们在《史记 · 五帝本纪》记载中，能够看到禹凭借着治水成功而成为专制政权帝王的一些经历踪迹：

> 尧老，使舜摄行天子政，巡狩。舜得举用事二十年，而尧使摄政。摄政八年而尧崩。三年丧毕，让丹朱，天下归舜。而禹、皋陶、契、后稷、伯夷、夔、龙、倕、益、彭祖自尧时而皆举用，未有分职……此二十二人咸成厥功。皋陶为大理，平，民各伏得其实；伯夷主礼，上下咸让；垂主工师，百工致功；益主虞，山泽辟；弃主稷，百谷时茂；契主司徒，百姓亲和；龙主宾客，远人至；十二牧行而九州莫敢辟违；唯禹之功为大，披九山，通九泽，决九河，定九州，各以其职来贡，不失厥宜。方五千里，至于荒服……四海之内咸戴帝舜之功。于是禹乃兴《九招》之乐，致异物，凤凰来翔。天下明德皆自虞帝始。

尧时，朝堂之上，二十二贤人没有“分职”，故地位也无从分出高下。舜用禹治水，用各位贤人治理朝政，其后，大家“咸成厥功”。但“唯禹之功为大”，他以治水的成就，稳定了天下农业生产，安抚了百姓生活，并使得天下百姓在获得国家保护的同时也为国家贡献自己的所得。禹寄功德于舜帝，他号召天下百姓为舜帝歌功颂德，凭借自己的威望和权力“兴《九招》之乐，致异物，凤凰来翔”，集天下财物贡献舜帝，令舜帝居帝王之位，享受大禹治水带来的成果。这样，禹为天下提供了一个仿照的榜样，他为舜帝所做的一切，也应当是后来者为他所做的一切。

传统中国集权制的政治统治由此开始。

但是，让天下百姓向集权性帝王贡献自己的服从与效忠，贡献自己的劳动所得，不能采用强迫方法，而要让百姓心甘情愿地去做。这里面就有了集权权力行使过程中的政治效力。也就是说，通过政治教育和政治宣传，引导百姓做服从于国家政权的政治化的人，使百姓知道，有权者通过治水安定国家，安定民生，是对百姓的道德的引导；作为天下百姓，也应当以为民的道德来教育和规约自己的精神，对有权者效忠与服从，对有权者掌控的权力集团效忠与服从——以如此做百姓的道德，来回报有权者施与的恩泽。这就是传统中国集权性权力政治化或“德”化的体现，也是统治者历来宣扬的政治道德。对此，《史记·夏本纪》中有比较详细的记载：

皋陶作士以理民。帝舜朝，禹、伯夷、皋陶相与语帝前。皋陶述其谋曰：“信其道德，谋明辅和。”禹曰：“然，如何？”皋陶曰：“於！慎其身修，思长，敦序九族，众明高翼，近可远在已。”禹拜美言，曰：“然。”皋陶曰：“於！在知人，在安民。”禹曰：“吁！皆若是，惟帝其难之。知人则智，能官人；能安民则惠，黎民怀之。能知能慧，何忧乎驩兜，何迁乎有苗，何畏乎巧言善色佞人？”皋陶曰：“然，於！亦行有九德，亦言其有德。”乃言曰：“始事事，宽而栗，柔而立，愿而共，治而敬，扰而毅，直而温，简而廉，刚而实，强而义，章其有常，吉哉。日宣三德，早夜翊明有家。日严振敬六德，亮采有国。翕受普施，九德咸事，俊乂在官，百吏肃谨。毋教邪淫奇谋。非其人居其官，是谓乱天事。天讨有罪，五刑五用哉。吾言底可行乎？”禹曰：“女言致可绩行。”

皋陶曰："余未有知，思赞道哉。"

帝舜谓禹曰："女亦昌言。"禹拜曰："於，予何言！予思日孳孳。"皋陶难禹曰："何谓孳孳？"禹曰："鸿水滔天，浩浩怀山襄陵，下民皆服于水。予陆行乘车，水行乘舟，泥行乘橇，山行乘檋，行山刊木。与益予众庶稻鲜食。以决九川致四海，浚畎浍致之川。与稷予众庶难得之食。食少，调有余补不足，徙居。众民乃定，万国为治。"皋陶曰："然，此而美也。"

……

皋陶于是敬禹之德，令民皆则禹。不如言，刑从之。舜德大明。

这是曾经发生在舜帝朝堂上的一场关于道德与权势之间的论争。按照皋陶所推言，在天下推行德政，天下便可安定。但此论点被禹一语击破，禹道："吁！皆若是，惟帝其难之。知人则智，能官人；能安民则惠，黎民怀之。能知能慧，何忧乎驩兜，何迁乎有苗，何畏乎巧言善色佞人？"尽管皋陶以空谈德政来强辩，但在禹治水安天下的事实面前，他也不得不信服禹的治水成就，这本身就是一种政治道德的体现，是德政的最有效的实施。而所谓的政治道德，所谓的德政，在禹的治水实践中证明，它们根本不可能空洞而孤立地存在，而只能在集权性权力的实施过程中，在权力的成就面前，在依靠权力推广到天下的恩泽的事实面前，来反映它与权力的关系和维护权力有效实施的政治性作用。因此，在传统中国，道德与权势是统一的，所谓的德政实际上就是集权性政治或专制政权统治的表现。皋陶对禹如此的德政或政治道德表示信服，故而，自愿以"刑"护德，用自己的政治措施与手段，为禹的集权性政治统治保驾护航。《史记·夏本纪》接下来这样记述道：

帝舜荐禹于天，为嗣。十七年而帝舜崩。三年丧毕，禹辞辟舜之子商均于阳城。天下诸侯皆去商均而朝禹。禹于是遂即天子位，南面朝天下。国号曰夏后，姓姒氏。

帝禹立而举皋陶荐之，且授政焉，而皋陶卒。封皋陶之后于英、六，或在许。而后举益，任之政。

十年，帝禹东巡狩，至于会稽而崩。以天下授益。三年之丧毕，益让帝禹之子启，而辟居箕山之阳。禹子启贤，天下属意焉。及禹崩，虽授益，益之佐禹日浅，天下未洽，故诸侯皆去益而朝启，曰："吾君帝禹之子也。"于是启遂即天子之位，是为夏后帝启。

有扈氏不服，启伐之，大战于甘。将战，作《甘誓》，乃召六卿申之。启曰："嗟！六事之人，予誓告女……今予维共行天之罚。左不攻于左，右不攻于右，女不共命……用命，赏于祖；不用命，僇于社，予则帑僇汝。"遂灭有扈氏。天下咸朝。

从上面的史料记载，我们应该能够体察出传统中国国家制度缔造过程中的一些特质。

按照五帝时代"禅让"的惯例，益为禹的合法继承人，然而启却破例即天子之位。所谓"启贤，天下属意焉"恐怕只是一种粉饰之辞，因为《尚书》等很多文献都记载了夏启即位后有扈氏不服且与帝启兵戎相见的传说。禹、启之际的确是中国社会急剧变革的时代，只是变革没有"世袭制代替禅让制"这样简单罢了。

在司马迁看来，在禹晚年时，曾经仿照尧、舜的故事，"以天下授益"，但是"虽授益，益之佐禹日浅"，故而威望明显不足；而禹子启则在禹的长期刻意培植下，早已执掌了部落联合体的实际最高权力，“故诸侯皆去益而朝启”[①]。最后，启杀益，开创了中国历史上的第一个王朝——夏。这似乎是在阐明权力移交的禅让制被世袭制所取代，而实际上，这里面恰恰反映出中国早期国家建立过程中大禹利用集权性的权力为舜帝及自己所做的一切，如果将前面的材料与这里的材料对接起来认识的话，尽管司马迁没有说明有关在夏国建立过程中权力交接背后的更加详细的实际情况，然而，实际上禹的权力运用的结果，已经使得国家权力的最大利益集中到自己的手中，由此才使自己的儿子启有了打破禅让制，以武力占有天下的实力。

通过以上对历史史实的描述以及对其背后隐含的集权性政统思想的探索，我们了解到作为传统中国的集权性政治传统，和由它所反映出的相应的历史文化精神。对于我们的认识来说，对集权性的政治概念，应当持有客观性的认识态度，了解它是历史中自然经济条件和社会经济环境的特殊产物。它的集中而有效的权力行使，使得天下财物为国家及有权者所掌控；同时，伴随权力行使而展开效力的国家政治职能或德政效用，又使得集权性的权力行使，在漫长的历史时空中，并不是经常性地显现出强迫性和压制性的行使效应，相反，在很多时候，很大程度上，国家居民或天下百姓，在它的面前，表现得更像是无怨、无争、无愤的顺民，甚至心甘情愿地接受随它而至的道德规范。他们在传统中国的道德政治或德政统治下，承担着政治化的个体责任和义务，成为政治性人际关系和礼制序位中的守法公民。

在传统中国，集权制政治统治的实施，集中体现在对土地上的人或劳动力的绝对控制上。这里所说的“绝对控制”，不尽是全靠国家暴力机器的威压和震慑，还要靠对人或劳动力的思想意识和精

① 《史记·夏本纪》。

神信仰的掌控与驾驭。在早期中国国家形成的历史上，我们能够看到道德政治教育和精神控制作用的蛛丝马迹。

在集权制的政治统治中，君王的权力有着绝对控制性和有效性，任何人不可侵犯与逾越。为了体现出这种集权性权力的绝对性与至高无上性，就要求对他人权力的绝对制约。天下所有人要服从君王，绝对服从君王的权力意志。但是，君王的绝对权力，臣民百姓的绝对服从，这种行动的体现，绝不是一句空谈，而是要真正体现为一种由精神意志监督指导下产生的行动。我们可以这样假设一下历史状况：原始社会的民众，在异常艰苦的自然条件下，为了生存的需求，自觉跟随自己的领袖——那些他们认为能引导他们走出困苦的勇敢者，为生存而斗争。在与自然侵害、外来侵略的抗争中，他们为领袖身上的斗士人格所征服。在他们的眼中，领袖的人格是至高无上的，这成了一种精神崇拜。而当这种精神崇拜达到了一个绝对抽象的程度，领袖人格的内涵便被无限地扩充了。在那些初民的意识里，领袖的人格，包含着领袖的精神，拥有的权力，被赋予的神灵般的智慧、勇气与力量，等等，一旦他们的意识成长到这种程度，领袖便成为神话式的英雄，并作为初民们在客观认识世界中的图腾崇拜。对集权性权力的服从，自早先的原始社会那里，其实并不是一种被奴役性的行为，而是人们的精神自觉；也不是初民在无知状态下的盲目追从，而恰恰是他们的精神世界或主观认识，在对客观的自然经济条件和社会经济环境的深切感受当中，做出了客观而现实的精神选择。而任何精神选择，当它逐渐成为一种意识形态而被用来为统治权力服务的时候，它的高出客观内容的绝对抽象状态就会出现，或者说，意识形态是一种对客观精神内容的抽象与夸大。那么，用政治意识形态有意识地为集权制政治统治服务，教育和引导人们服从和接受领袖人格之外的东西，包括权力、地位、财富、名位与财产的世袭方式等，便成为统治者与被统治者之间建立一种政治统治关系的重要精神沟通内容。

历史与文化传说中的禹的事迹，表现了这样几个重要的意义：

第一，他为后世统治者开辟了一条为民服务的路线。在禹的时代，解决水患是全体社会共同迫切的需要，禹便将他宝贵的一生贡献出来。他“沐甚雨，栉疾风”[①]，穿梭于水流湍急之中，替水患中的民众解决困难；他来回于高山深谷之间，为民众寻辟安顿的园地；他公而忘私，在外面八年，三过家门而不入，“劳形尽虑，为民兴利除害而不懈”[②]。他真可谓名副其实的“人民公仆”了。

第二，他为后人树立了刻苦与勤奋的生活的榜样和积极奋斗的标杆。提到禹的为人，孔子说：“禹，吾无间然矣。菲饮食而致孝乎鬼神，恶衣服而致美乎黻冕；卑宫室而尽力乎沟洫。禹，吾无间然矣。”[③]《淮南子》也说“禹无废功，无蔽财，自视犹觖如也”[④]。禹确立了领导阶层质朴勤俭的生活样式，他的生活是这般的平民化，他始终和民众生活在一起。

第三，他为世人提供了一个人定胜天的教材。几乎全世界的民族历史与文化中，都有大洪水的记载。《圣经》将洪水认定为上帝对于人类的惩罚。其他民族也都在这场自然大变故中默默承受。而中原民族的英雄——大禹，则敢于“与天奋斗”，率领其部族，使用简陋的工具，领导了这场与大自然的搏斗并且取得了胜利。这种人定胜天的精神，为中华文明增添了十分灿烂的一页。

第四，他为后人树立了创造劳动者的典范。无疑，禹是一位伟

---

① 《庄子 · 天下》。

② 《淮南子 · 修务训》。

③ 《论语 · 泰伯》。

④ 《淮南子 · 缪称训》。

大的劳动者。他致力于原始灌溉工程的开发，使民众生活水平获得较高程度的提高。这种统治者重视劳动且又从事劳动的行为，其意义是重大而深远的。由于时代的局限，禹的治水工作虽然做得有限，而刻苦勤奋，改造自然、为民造福的“大禹精神”，却永远铭刻在中国历史文化的基因之中。[①]

说得明显一点，政治意识形态，是伴随着权力的使用与巩固而诞生的，它不是要统一人们的精神意志，而是要树立统治者的政治信仰；鼓舞被统治者的生存意志，规范他们的精神道德，引导他们看到生存奋斗的理想目标。所以，我们在客观历史史实中看到的，是存在着一套完整而严密的作用于人的行为和精神的统治秩序，它实质上是关于确立人们政治关系的序位规则，表明传统中国集权性的政治统治，是按照等级身份制的方式来分布和体现人们之间的政治关系的。我们可以笼统地说传统中国的个体是政治化的个体，而事实上，个体与个体之间是存在差异的，贵贱高低的身份制，将人们划入和限定在一定的政治序位之中。对政治化个体来说，安守序位，就是服从整体，服从至高无上的君王，这就是最高的政治道德标准；反过来，对安分守己的政治化个体，国家制度和政治集团也会给他们安排生存与发展的一席之地，并且为他们的稳定生活保驾护航。

行为的统治历来离不开精神统治和控制的配合作用。

作为集权制政治秩序的统治者与维护者，有责任和义务使百姓明白自己的身份，人人都能完成自己的身份义务，并能做到不越雷池一步。这就必须要有一种绝对的控制方法，也就是要有一套与之相适应的意识形态的精神控制方式。作为禹，我们从《史记》反映出的历史史实中看到，他强调集权权力的行使与治水的关系，同时

① 参见陈鼓应著：《古代呼声》，中华书局，2017 年版，第 72、73 页。

他也强调由于治水成功，而使“众民乃定，万国为治”的天下太平情景出现。在禹那里，集权权力有效行使而取得的治水胜利，就是德政的发布与展开，就是以德治国政治统治的胜利。

大禹之德，是包含着集权权力内容的德；大禹的政治道德，是关于规范人们的精神意志必须服从于集权权力的道德。因此，皋陶将大禹视作初民的精神领袖和“德”的象征；将大禹之德作为政治宣传和道德规劝的内容，而并未简单地描述集权权力的内容与效用。这样，对传统中国来说，德政和以德治国，就成为集权制政治统治的意识形态内容和它对集权制统治的政治性表述方式的政治基因。

用施行德政和以德治国来解释集权权力的行使与治水的关系，这是禹的国家政权所确立起来的最为行之有效的政治意识形态和政治统治思想。事实上，就集权权力的行使与治水的关系来说，没有人能够做出比禹更有说服力的解释，是他在行动中实践着服从集权权力指挥的政治道德。我们已经多次强调过政治化个体的概念，它反映和表明的是社会经济环境中从事生产活动的人群中的协作关系。作为一种国家的社会职能的体现，像治水那样的大规模的生产活动，并不是单纯的民间性的经济活动，而是一场反映国家权力行为的政治活动。因此，如果要给这样的人际之间的协作关系做出一种描述的话，那就是个人服从集体，个体顾全整体的政治性描述。几千年来，从禹那里开始，一直延续到清朝统治者的手上，万人大军治水工程的有效实施，始终体现着历史文化中的一种传统精神，一种在政治统治当中贯穿着权力服从的道德精神，这其中，既有一种政治因素，也有一种文化精神。而后者，当它以一种极为深厚的文化积淀潜藏并且不断透露出来之后，我们不禁要对这样一种文化传统精神叹为观止。因为我们在那样的传统精神里面，看到了中华民族自古以来所具有的自我牺牲的精神、协同作战的品性、坚韧不拔的意志和听从指挥的自律性人格。后代统治者传承了禹施行德政的统治思想和政治意识形态，继续宣传和强调德政统治的加强集体协作精神和维护整体秩序原则，并在此基础上突出强调指挥集体协作的集权统治者的无限权力。①

二、西周王朝对国家政治体制之探讨

王国维在《殷周制度论》中曾说："中国政治与文化之变革，莫剧于殷周之际"，"殷周间之大变革，自其表言之，不过一姓一家之兴亡与都邑之转移；自其里言之，则旧制度废而新制度兴，旧文化废而新文化兴"。② 这话说得很有水平。的确，殷周之际的变革是中国新旧制度的更迭与思想文化的巨大变革。夏商的政治体制是独立邦国松散的联合体制，周王朝在此基础上实行分封制，将诸侯各国完全统一于中央政府的管理之下。由于商、周之际一系列制度的重大变化，西周王朝同四土诸侯国的政治隶属关系进一步加强。周天子已不再是昔日的"诸侯之长"，而成为西周王朝天下"诸侯之君"。西周王朝的千里邦畿及辽阔的四土之地均已成为严格意义上的政治地理的重要组成部分，所谓"溥天之下，莫非王土。率土之滨，莫非王臣"已成为西周王朝天下格局的真实写照。

（一）西周的王权

西周王朝的最高统治者称"王"。《尚书 · 牧誓》说"甲子昧

---

① 参见唐帼丽著：《传统中国的文化精神》，中国社会科学出版社，2003 年版，第 126—136 页。

② 王国维著：《观堂集林 · 殷周制度论》，河北教育出版社，2001 年版。

爽，王朝至于商郊牧野”。这个王”，就是周武王。周王发布诰命，常用“王曰”或“王若曰”云云。周公摄政，奉成王命，兴师东伐管、蔡、武庚叛乱，所公布的《大诰》中，开头就说“王若曰”云云。《史记 · 鲁周公世家》说：“武王既崩，成王少，在强葆之中。周公恐天下闻武王崩而畔，周公乃践阼，代成王摄行政，当国。”周公既践天子之位，则称王作诰。这样代王发布诰命而称为“王若曰”云云就是自然而然的事情了。

周王又称“天子”。《尚书 · 召诰》说：“皇天上帝，改厥元子。”《诗经 · 大雅 · 江汉》有“明明天子，令闻不已，矢其文德，洽此四国”。《诗经 · 大雅 · 常武》有“徐方既同，天子之功”等，就是歌颂周天子的诗。一首记宣王令召伯虎伐淮夷，另一首记宣王时伐徐国叛乱之事。

周王朝在建立以前，周方国还没有确定较为明确的嫡长子继承制度。《史记 · 周本纪》说“古公有长子曰太伯，次曰虞仲。太姜生少子季历”。而“长子太伯、虞仲知古公欲立季历以传昌，乃二人亡如荆蛮，文身断发，以让季历”。而周文王（姬昌）长子伯邑考早死不得传，《史记 · 周本纪》集解引《帝王世纪》说，纣“‘囚文王，文王之长子伯邑考质于殷，为纣御。’纣烹为羹，赐文王，曰‘圣人当不食其子羹’。文王食之。纣曰：‘谁谓西伯圣者？食其子羹尚不知也。’”武王姬发之“‘母弟八人，周公为大宰，康叔为司寇，聃季为司空，五叔无官，岂尚年哉’”[①]。杜预注：“五叔，管叔鲜、蔡叔度、成叔武、霍叔处、毛叔聃也”。伯邑考死于文王之前，因此“西伯崩，太子发立，是为武王”[②]。自周武王以后，在周公等重臣的全力维护下，西周王朝的王位由王族嫡长子继

① 《左传 · 定公四年》。

② 《史记 · 周本纪》。

承制才得以确立。

周武王灭商二年后死去，但武王之母弟八人不能继承王位，只能由“太子诵代立，是为成王”。但是，“成王少，周初定天下，周公恐诸侯畔周，公乃摄行政当国”。周公“奉成王命”，处理国家大事。七年以后，“成王长，周公反政成王，北面就群臣之位”，这就是《荀子·儒效》说：“周公屏成王而及武王以属天下，恶天下之离周也；成王冠成人，周公归周反籍焉，明不灭主之义也。”召公等也是王位嫡长子继承制的卫道者。“成王将崩，惧太子钊之不任，乃命召公、华公率诸侯以相太子而立之。成王既崩，二公率诸侯，以太子钊见于先王庙。”“太子钊遂立，是为康王。”[①] 西周王朝武王和周公所确立的王位嫡长子世袭制，防止了由于争夺最高权力而造成的王族内部矛盾和互相残杀，保证了最高统治集团王位继承的连续性和稳定性。

西周王朝的最高统治者，继承了自夏王朝和商王朝以来神化王权的衣钵，并有所发展，即把“天命”和“敬德”结合起来。《尚书·大诰》“天休于文王，兴我小邦周”、《梓材》“皇天既付中国民越厥疆土于先王”、《大盂鼎》“丕显文武，受天有大命”等，是说周人“王瑞自太王兴”[②]，周人之所以能够代殷统治中国，是因为上天保佑太王、王季、文王等先王的缘故。而商王朝灭亡，正是因为“天毒降灾荒殷邦”[③]，是上天使商王朝灭亡的。而武王伐纣的军事行动，“今予发惟恭行天之罚”[④]，正是执行上天的意志对商纣进行惩罚，因而大获全胜，建立了西周王朝的。《礼记·表记》说，

---

① 《史记·周本纪》。

② 《史记·周本纪》。

③ 《尚书·微子》。

④ 《尚书·牧誓》。

周人“事鬼敬神而远之”。西周统治阶级内部，不时流露出对天的怀疑。《尚书·康诰》“天畏棐忱，民情大可见”。《礼记·大学》引《康诰》云：“惟命不于常。”《康诰》是周公告诫封于河淇之间“故商墟”的卫康叔的文诰。在《尚书·君奭》篇中，周公向召公表示，他担心“我后嗣子孙，大弗克恭上下，遏佚前人光，在家不知天命不易，天难谌，乃其坠命”。所谓“天难谌”，即周公称人之言的“天不可信”。如此等等，天命靡常，不是固定不变的，天命也不一定可信。因此，西周统治阶级为了巩固自己的统治地位，又提倡“敬德”。《尚书·召诰》“天亦哀于四方民，其眷命用懋，王其疾敬德”。西周王朝统治阶级就是这样一方面大谈“天命”，把王权进一步神化，以增强对广大被征服地区人民的统治；另一方面又在统治阶级内部提倡“敬德”，强调统治阶级个人修养的因素，从而达到“祈天永命”的统治目的。

在西周王朝，周王是国家军队的最高统帅，有权调动中央王畿地区和各诸侯国的军队。每有重大军事行动，往往由周王帅领王畿军队并征调各诸侯国军队从征。周武王九年，“东观兵，至于盟津”之时，就曾“诸侯不期而会盟津者八百诸侯”。二年之后，周武王又遍告诸侯说“殷有重罪，不可以不毕伐”，征集天下诸侯出征。“十一年十二月戊午，师毕渡盟津，诸侯咸会”。周武王作为伐纣联军最高统帅，在牧野决战前，发布了战争动员令《牧誓》，指挥全军，并令“师尚父与百夫致师”[①]，从而取得了胜利。此后，文献也记载有穆王征犬戎、恭王灭密等军事行动。

此外，周王还通过对诸侯和卿大夫的册命，确立了严格的等级制度和君臣间的隶属关系。《礼记·祭统》说：“古者明君，爵有德而禄有功，必赐爵禄于大庙，示不敢专也。故祭之日，一献，

① 《史记·周本纪》。

君降立于阼阶之南，南向。所命北面，史由君右，执策命之。再拜稽首，受书以归，而舍奠于其庙。此爵赏之施也。”《周礼·春官·大宗伯》有“以九仪之命正邦国之位。一命受职，再命受服，三命受位，四命受器，五命赐则，六命赐官，七命赐国，八命作牧，九命作伯”的记载。《周礼·春官·典命》则有典命职“掌诸侯之五仪，诸臣之五等之命”的说法。所谓“五仪”，即公、侯、伯、子、男各有不同之礼仪。“上公九命为伯，其国家宫室车旗衣服礼仪，皆以九为节。侯伯七命，其国家宫室车旗衣服礼仪，皆以七为节。子男五命，其国家宫室车旗衣服礼仪，皆以五为节。王之三公八命，其卿六命，其大夫四命，及其出封，皆加一等，其国家宫室车旗衣服礼仪，亦如之。凡诸侯之適子誓于天子，摄其君，则下其君之礼一等。未誓，则以皮帛继子男。”所谓“五等”，即孤以下四命、三命、再命、一命、不命。“公之孤四命，以皮帛，视小国之君。其卿三命，其大夫再命，其士一命，其宫室车旗衣服礼仪，各视其命之数。侯伯之卿大夫士，亦如之。子男之卿再命，其大夫壹命，其士不命，其宫室车旗衣服礼仪，各视其命之数。”如此等等，周王通过命卿和监国，不仅使西周王朝加强了对中央和地方各级官吏的控制和监督，也使王权得到了进一步的巩固和加强。

凡此种种都说明，在西周王朝，周王拥有至高无上的权力。国家的军政大事，都由国王一人最后决断。不过，西周贵族对周王的行为或决定，可以提出意见或建议，这就是“贵族谏政”。但随着王权的日渐加强，特别是到了西周后期，贵族谏政形同虚设，往往不起任何作用，而是唯周王本人意志为是，从而给统治带来灾难。[①]

---

① 参见白钢主编，王宇信、杨升南著：《中国政治制度通史》第二卷，人民出版社，1996年版，第319—324页。

（二）西周王朝重大决策的制定和贯彻

前面说过，周王虽拥有军政大权，唯我独尊，但重大军事政治决策的制定和实行，还需要听取政治经验较为丰富的贵族的意见，取得贵族阶级的支持，这就是师、保辅政。《史记·周本纪》记载，“武王即位，太公望为师，周公旦为辅，召公、毕公之徒左右王，师修文王绪业”。武王伐纣的重大决策，就是与这些代表人物共同策划制定的。在武王“东观兵”二年以后，“武王将伐纣，卜龟兆，不吉，风雨暴至。群公尽惧，唯太公强之，劝武王，武王于是遂行”。由于气候变化，周武王及“群公”认为出师不吉利，但在师尚父的坚持之下，周武王终于形成了二月甲子与商纣决战的决策。而西周王朝建立以后，采取的一系列争取殷民的措施，诸如“散鹿台之钱，发巨桥之粟，以振贫民。封比干墓，释箕子囚。迁九鼎，修周政，与天下更始”等措施，也是“师尚父谋居多”[①]。至于周公，对西周王朝不少重要决策的制定，更是起到了旁人无法取代的重要作用。在西周灭商过程中，周公“常辅翼武王，用事居多”。武王死后，“成王少，在襁褓之中”，周公“卒相成王”[②]，并说服召公，使之解除疑虑，“于是召公乃说”[③]，得到了召公的支持。周、召二公通力合作，“召公为保，周公为师”，辅佐成王。周初平三监及武庚之乱，并“东伐淮夷，残奄，迁其君薄姑”，以及“复营洛邑”“迁殷遗民”[④]等重大军事、政治决策的制定，都与周、召二公有很大关系。直到周公返政成王以后，他还“恐成王壮，治有所淫佚，乃作《多士》，作《毋逸》”等“以诫成王”。此外，“成王

① 《史记·齐太公世家》。

② 《史记·鲁周公世家》。

③ 《史记·燕召公世家》。

④ 《史记·周本纪》。

在丰，天下已安，周之官政未次序，于是周公作《周官》，官别其宜”，并“作《立政》”。集解引孔安国说，“周公既致政成王，恐其怠忽，故以君臣立政为戒也”[①]；成王临终前，也是命朝廷重臣召公、毕公“相太子而立之”。申告以文王，武王之所以为王业之不易，务在节俭，以笃信临之，作《顾命》。康王在召公、毕公等顾命大臣的辅佐下，政绩有成，“天下安宁，刑错四十余年不用”[②]。

西周的历史说明，师保辅政集中了贵族阶级的统治经验和智慧，有利于周王正确决策的制定。此外，师、保本人往往又都是贵族阶级中资深和有影响的代表人物，他们的辅政也有利于高层统治集团的团结和周王朝政权的稳定。

周天子有多重信息渠道。据《史记·周本纪》记载，“故天子听政，使公卿至于列士献诗（即上诗‘讽刺’），瞽献曲，史献书（太史上书以谏），师箴（乐太师上箴戒之文），瞍赋（赋公卿列士所献诗），矇诵（盲人以弦歌讽诵箴谏之语），百工谏，庶人传语（庶人微贱，见时得失，不得上言，乃在街巷传语），近臣尽规（王的内臣规劝），亲戚补察（补王过失，察觉是非），瞽史教诲（乐太师，太史教诫、劝诲），耆艾修之（师傅长老把瞽史的教诲上闻于王）”等。通过以上种种途径，周天子也从民间获得了大量信息，成为制定决策或政策的依据，“而后王斟酌焉，是以事行而不悖”。

有时周王形成的决策或制定的政策失误，一些贵族大臣可以对周王“谏议”。平民（国人）也可以发表意见或评论，这就是所谓的“国人诽谤”。西周王朝后期，周王愈加独断专行。号称“中兴”之主的周宣王，就曾拒绝了虢文公关于他“不修籍于千亩”和

① 《史记·鲁周公世家》集注。

② 《史记·周本纪》。

仲山甫关于他“料民于太原”的谏议。而周厉王“暴虐侈傲，国人谤王”。既不顾舆论的反对，又拒绝了芮良夫和召公的谏议，坚持任用荣夷公“学专利”，并“得卫巫，使监谤者，以告，则杀之”。“于是国莫敢出言”，三年之后国人“乃相与畔，袭厉王”①。

此外，周王还通过巡狩、监国和诸侯述职等途径掌握地方封国的情况，以作为自己决策和制定政策的依据。“天子适诸侯曰巡狩。”②巡狩者，巡所守也。而诸侯“朝于天子曰述职”③，述职者，述所职也。诸侯朝见天子，“春见曰朝，夏见曰宗，秋见曰觐，冬见曰遇。时见曰会，殷见曰同”④。如果诸侯拒绝定期向周王述职朝觐，就要受到惩罚。“一不朝，则贬其爵。再不朝，则削其地。三不朝，则六师移之。”⑤周王通过亲自到全国各地巡狩和诸侯定期向周王的述职以及临时军事政治需要的会同，掌握了天下军事和经济的情况。而周王派往各诸侯国的“监”者，也随时把其所监之国的情况报告周王。凡此种种，也是周王作出重大决策或制定政策时的依据。

周王的重大政治军事决策，是通过发布“诰”命的形式贯彻下去的。诸如“武王乃作《太誓》”，宣布“今予发维恭行天之罚”，动员贯彻伐商决策。并于“二月甲子昧爽”，于商郊牧野发布《牧誓》，作决战动员。灭商以后，“初，管、蔡叛周，周公讨之，三年而毕定，故初作《大诰》”⑥，申明“肆朕诞以尔东征”⑦的决策。“次

① 《史记·周本纪》。

② 《孟子·告子下》。

③ 《孟子·梁惠王下》。

④ 《周礼·春官·大宗伯》。

⑤ 《孟子·告子下》。

⑥ 《史记·周本纪》。

⑦ 《尚书·大诰》。

作《微子之命》"，"以微子开代殷后，国于宋"。"次《康诰》《酒诰》《梓材》"[1]，康叔被封于殷墟故地，周公"惧康叔齿少，乃申告康叔曰：'必求殷之贤人君子长者，问其先殷所以兴，所以亡，而务爱民。'告以纣所以亡者以淫于酒，酒之失，妇人是用，故纣之乱自此始。为《梓材》，示君子可法则"。周公把有关治理卫国的政策在上述三诰中加以申明，"康叔之国，既以此命，能和集其民，民大说"[2]。此外，西周王朝营建成周和迁殷顽民等重大政治军事决策，也是通过发布《召诰》《洛诰》和《多士》等诰命加以贯彻实行的。

根据各封国情况的不同，西周王朝允许各诸侯国实行不同的统治政策。为了削弱商朝遗民的反周势力，对商遗民采取分化瓦解并加以分割的政策。把最顽固的殷顽民迁至王畿洛邑地区，"周公以王命告，作《多士》《无佚》"[3]。要求他们"比事臣我宗多逊"，只要服从周王朝，"尔乃尚有尔土，尔乃尚宁干止"。如果敢于反抗，"尔不克敬，尔不啻不有尔土，予亦致天之罚于尔躬"[4]。而其他的殷遗民，"使帅其宗氏，辑其分族，将其类丑"，整族地分封给有功诸侯。鲁公得到"殷民六族"，康叔得到了"殷民七族"，唐叔得到了"怀姓九宗"[5]等。周初各封国的情况很不相同，因此各国诸侯所实行的统治政策也不尽一致。齐国原为商诸侯薄姑故地，夷人势力很为强大，太公"修政，因其俗，简其礼，通商工之业，便鱼盐之利，而人民多归齐，齐为大国"[6]；鲁国为商奄、淮、徐故地，鲁

① 《史记 · 周本纪》。

② 《史记 · 卫康叔世家》。

③ 《史记 · 周本纪》。

④ 《尚书 · 多士》。

⑤ 《左传 · 定公四年》。

⑥ 《史记 · 齐太公世家》。

公伯禽就国，“变其俗，革其礼”[①]，用周王朝的模式和周礼来统治当地的居民；卫康叔治理卫国，“皆启以商政，疆以周索”，实行商朝旧政不变，但以周人制度疆理土地；唐叔封于故夏墟，夏遗民仍有一定势力，再加上“怀姓九宗”是戎狄人，所以唐叔“启以夏政，疆以戎索”[②]，实行夏王朝旧政，用戎人办法疆理土地。文献表明，各诸侯方国施行的不同政策，是得到西周王朝最高决策集团首肯的。太公封于齐，“五月而报政周公”。而鲁公伯禽，“三年而后报政周公”。周公对太公和伯禽实行的不同治国政策并未加干预，对齐国实行的“简其君臣礼，从其俗为也”大为欣赏，说：“呜呼，鲁后世其北面事齐矣！夫政不简不易，民不有近；平易近民，民必归之。”[③]而对鲁国的将来表示了担心。

总之，西周王朝的最高统治者在重大政策的制定与贯彻方面，有着一套比较成熟的渠道。经过周初对殷商遗民施行分化瓦解的政策，并在各诸侯国根据国情实行不同的统治政策，使周民族与广大被征服地区各民族间的矛盾逐渐缓和，西周王朝的统治终于巩固下来。周王朝的这些措施，对后世的治国理政影响很大。[④]

（三）西周王朝的中央行政体制及其运作

西周王朝的中央行政体制及其运作，由于史料残缺，目前还有许多问题搞不清楚，我们只能依靠《尚书》《诗经》《左传》《史记》等文献，结合西周金文，把有关资料归纳分析，理出其可征信的职官和政治机构，再次略加分析说明。

---

① 《史记 · 鲁周公世家》。

② 《左传 · 定公四年》。

③ 《史记 · 鲁周公世家》。

④ 参见白钢主编，王宇信、杨升南著：《中国政治制度通史》第二卷，人民出版社，1996 年版，第 325—330 页。

西周王朝的官制，反映在文献上的，有些是从克商之前原先周氏族部落内部的领袖或职官转变来的，有些则是接受了商的政治传统而继承下来的。自西王周朝建立（公元前 1027 年）到灭亡（公元前 771 年），长达数百年，政治、职官也必随着时代的发展而变化，由初期的草创到后期的完善阶段。大致表现在如下几个方面：

第一，在西周政权中，太保、太师是周天子最重要的辅臣。西周初年武王崩，成王年幼时，就有年长亲信辅佐、监护，使之长大成才，以便治理国家。《大戴礼记 · 保傅》称："昔者，周成王幼，在襁褓之中，召公为太保，周公为太傅，太公为太师。"又解释说："保，保其身体；傅，傅其德义；师，导之教顺，此三公之职也。"此篇成于汉世，其言未必尽为实录，但也必然保存一些西周史料。其中太师、太傅、太保的职责，其性质均属于保护教养之职，没有太大的分别。其官制均出于古代的监护制度。《礼记》引古文献《记》曰："虞、夏、商、周有师、保。"[①] 可见太师、太保二官在周以前早就存在。

在较早的文献和西周金文中，周初官职最高的当然是万人之上的天子，其下似乎只有太师、太保二官，还没有太傅，所以最早召公、周公同为太保之官。金文中周公的儿子明保做太保官，可能也是继承父职。太师之官在周武王征商时是以姜尚为之。《诗经 · 大雅 · 大明》说："维师尚父，时维鹰扬。"《史记 · 周本纪》也称："武王即位，太公望为师，周公旦为辅。"尚父太公望，即姜尚，师即为太师。"周公旦为辅"，周公可能也是太师，不过是在太公望之后。如《史记 · 周本纪》称成王时，"召公为保，周公为师"。这些记载可以证明：西周政治最重要的官职，最初只有师、保二官，不过每个官职可能不止一人。并且周初师、保二官的职务差不多是

① 《礼记 · 文王世子》。

相混的，都执行监护天子的职责。平时在京城，同是王室的辅佐，出征时，又都可以作为军队的统帅，只是各自有所侧重，太保近于后世的文官，太师近于武官而已。西周中期以后，太保之职已不多见，而太师作为执掌军政大权的长官延续下来。

第二，卿士在西周中央政府中的地位十分重要。西周的官职见于古文献和金文的有“卿士”（或作卿事）之职。《尚书·微子》说：“卿士师师非度。”《尚书·洪范》说：“谋及卿士”“卿士惟月”。《尚书·牧誓》说：“是以为大夫卿士。”《尚书·顾命》说：“卿士邦君，麻冕蚁裳。”由此可见，卿士的地位是不低的。《诗经·大雅·常武》说：“赫赫明明，王命卿士，南仲大祖，大师皇父：整我六师，以修我戎，既敬既戒，惠此南国。”这是周宣王册命南仲于其祖庙之辞。诗中之南仲即《诗经·小雅·出车》中之南仲，当时在卿士之位。诗义盖为宣王命卿士南仲为“太师”，整顿周王六师征伐淮夷，而惠此南方之国也。卿士之名，又见《诗经·小雅·十月之交》有“皇父卿士”。《诗经·大雅·假乐》说：“百辟卿士，媚于天子。”

周室属于卿士的诸官吏，必有一人总揽大权，辅弼天子以治国者，这个执政大臣的官职似为太宰。《左传》定公四年说：“昔武王克商，成王定之，选建明德，以藩屏周。故周公相王室，以尹天下……武王之母弟八人，周公为太宰，康叔为司寇，聃季为司空。”据此，可知周初周公是以“太宰”之职，“相王室”，以治天下。足见“太宰”是相，为群官之首。西周中央政府的诸官，其职务虽然大致各有分工，但基本上文武不甚分明，军政是合一的。[1]

第三，在西周中央政府中，官员主要可分为政务官和文史官两大类。西周的政务官最高者为太宰，周公曾一度居此要职，“总正

① 王玉哲著：《中华远古史》，上海人民出版社，2000年版，第598页。

百官，以尹天下”。与太宰地位相伯仲者为太师。《诗经 · 小雅 · 节南山》称：“尹氏大师，维周之氐，秉国之均，四方是维。”太师“秉国之均”，其重要性可想而知。太师的职务是直接掌握国家的军权。周初克商的功臣姜尚为太师，是伐商的最高统帅。《左传》襄公十四年载周王使刘定公赐齐侯命曰：“昔伯舅太公，右我先王，股肱周室，师保万民，世胙大师，以表东海。”太公即姜尚，又称尚父。《诗经 · 大雅 · 大明》说：“维师尚父，时维鹰扬，凉彼武王，肆伐大商。”可见姜尚是因勇敢善战，伐商有功，而世胙以太师。

除了太宰、太师为文武众官之首外，政务官其他较低的职官，见于西周彝器铭文的还有“宰”或“小宰”，大概为周王近臣，居王左右，地位低于太宰，有司徒、司马、司空、司寇等。政务官中的武职官员最高的是太师，如前述。其下级军职官员见于青铜器铭文的，尚有师氏、虎臣、走马、虎贲、亚旅等。

西周王朝的官职除了政治、军事诸政务官外，还有一类专管文、史、星、历职务的，我们可以称为文史官。他们实为古代文化知识的保存者与传授者，掌握着贵族的祭祀权和占卜权。文史官最高的官长是“太史”，其职务相当于《周礼》春官之职，掌管祭祀宾礼、舆服册命、筮卜吉凶、天时告朔等礼制，以及图籍保藏、历史记录等。在周初，太史之秩位属于卿士，地位很高。次于“太史”的是“内史”“作册”二官，就金文与典籍观之，“内史”“作册”皆史官，常在王左右，与太史职同，亦掌册命。《尚书 · 洛诰》有“王命作册逸祝册”等。可见“作册”亦为史官之异称。太史、内史和作册，其职均为王室记言记行及掌册命之官。此外，文史官中还有偏重于掌管宗族之典礼、祭祀及卜筮者，如“宗伯”“祝”“卜”等官，当为《周礼》春官中掌管占卜之“大卜”“卜师”和掌管事鬼神、祈福祥的祭祀者，名为“大祝”“小祝”一类之职官。[①]

综上所述，我们可以看到，西周中央机构的特点是：西周的中央政权机构，以卿事寮和太史寮为首领进行运作。西周初期由于沿用长老监护制度，卿事寮以太保或太师为其长官，太史寮以太史为其长官。自从东都成周建成，成周曾与宗周同样设有卿事寮，由召公以太保之职主管宗周卿事寮，周公以太师之职主管成周卿事寮，实行“分陕而治”。后来周公之子曾继承周公主管成周卿事寮。但是到成、康之际，成周的政务，已由毕公以太史之职兼管，并统率和管理东方诸侯；宗周的政务，仍由召公以太保之职主管，并统率和管理西方诸侯。西周中期以后，不见有太保担任执政大臣，但是太师仍然为卿事寮的长官，掌握军政大权。直到西周晚期，太师和太史仍为执政大臣。西周中央政权机构的一个重要特点是军政合一。卿事寮以太师为长官，太师就是军队的最高统帅。西周中央政权机构的另一个特点，就是史官居于重要地位，太史寮的重要性仅次于卿事寮，太史是仅次于太师的执政大臣。当时所有国家大事，包括军事行动，对诸侯的赏赐，都必须由史官起草和宣读文书，并作为档案保藏。每年秋冬之际，天子要向诸侯颁布历法，叫作“颁朔”；每月初一，要祭祀宗庙向祖先请示报告，叫作“告朔”或“朝庙”；每年元旦的“告朔”，叫作“朝正”。与此同时，要在宗庙决定一月的政令，以便在朝廷上颁布和执行，叫作“视朔”或“听朔”。所有这些“颁朔”“告朔”“视朔”之礼，都必须由太史主持。因而作为太史寮长官的太史，就掌握着朝廷行政和用人的大权，成为仅次于太师的执政大臣。[②]

---

① 参见王玉哲著：《中华远古史》，上海人民出版社，2000年版，第602、603页。

② 杨宽著：《西周史》，上海人民出版社，1999年版，第335页。

（四）中央与地方关系

西周王朝的建立，不仅仅是“一姓一家之兴亡与都邑之转移”，而且还是一场“旧制度废而新制度兴，旧文化废而新文化兴”[①]的政治与社会大变革。尤其是西周王朝建立后，持续对四土进行大规模的政治、军事经营，不仅开拓出了辽阔的疆域，而且还在四土之境创造性地推行了宗法分封制，从而在一个辽阔的国土范围内建立起我国历史上第一个封建领主制统一国家。这一变革对我国古代历史的发展曾产生了久远而深刻的影响。在分封制的总体框架之下，四土封国已萌发了颇具鲜明时代特色的中央与地方关系的若干因素。周代产生的五服之制，在调整中央和地方关系，加强西周中央政权的统治方面发挥了积极的作用。

一方面，西周王朝统治者在政治制度等诸多方面“不可不监于有夏，亦不可不监于有殷”[②]，对夏、商以来的诸多旧制略加斟酌损益。尤其对于夏、商故地遗民，分别采取“启以夏政，疆以戎索”“启以商政，疆以周索”[③]等灵活多变的统治策略。另一方面，又在夏、商旧制的基础上对辽阔的四土之境创造性地推行了大规模的宗法分封制。同时，又将殷商原来有的外服旧制加以改造和完善，将四服制发展为五服制，并在新的历史背景下赋予其崭新的政治内涵和鲜明的时代特点。宗法分封制以及作为其有效补充形式的诸监制和畿服之制相结合，使西周王朝的典章制度进一步达到“郁郁乎文哉”[④]。这也标志着中国早期的封建国家及其政治制度正日渐脱离原始性而逐步走向成熟与完备。在此特定背景下，商、周之际

① 参见王国维著：《观堂集林》卷十，《殷周制度论》，中华书局，1984 年版。

② 《尚书·召诰》。

③ 《左传·定公四年》。

④ 《论语·八佾》。

的国土结构开始发生了巨大的变化。由于商、周之际一系列重大制度的变化，西周王朝同四土诸侯国的政治隶属关系进一步加强。西周天子已不再是昔日的“诸侯之长”，而成为西周王朝天下“诸侯之君”。由此可知，西周王朝的千里邦畿及辽阔的四土之地均已成为严格意义上的政治地理的重要组成部分，[①] 所谓“溥天之下，莫非王土。率土之滨，莫非王臣”[②] 的历史局面当为西周王朝天下格局的真实写照。

西周王朝之所以强大，不仅是由于王朝拥有西六师、成周八师等强大的军队，而且由于天子能够控制和使用诸侯，从而控制四边的夷戎部族。

西周王朝建立后，陆续在辽阔的四土之境进行大规模的分封诸侯，在军事要害地区设置军监，以加强对四土封国的行政管辖。同时按照畿服之制的原则和精神，规定四土诸侯朝觐天子、贡纳方物及勤王远征等义务。在此基础上，周王朝初步建立起“天有十日，人有十等”[③] 的颇为严格的封建等级秩序和宗法分封制政体国家的模式。

随着西周王朝持续对四土进行大规模的政治、军事经营，四土之境“无数互不相同的古邦遂被制度较为划一的各国所代”[④]。与此同时，西周王朝也在其对四土进行大规模政治、军事经营过程中，在“王畿、地方以及外族三者之间的关系中，在内部与外部的种种紧张关系中，得到了发展”[⑤]。在这场史无前例的社会变革过程

---

① 李治安主编：《中国五千年中央与地方关系》（上卷），人民出版社，2010 年版，第 54 页。

② 《诗经 · 小雅 · 北山》。

③ 《左传 · 昭公七年》。

④ 李玄伯著：《中国古代社会新研》，上海文艺出版社，1988 年版，第 11 页。

⑤ 白川静著，袁林译：《西周史略》，三秦出版社，1992 年版，第 148 页。

中，西周王朝四土封国已初步萌发了早期地方行政区的若干原始因素，因而西周王室与四方诸侯之间已在政治、军事、经济、文化等方面，初步具备了宗法分封制政体下中央与地方政权之间关系的某些特征。具体说来就是：

第一，“天子经略，诸侯正封”。夏、商两代虽已进入了早期国家阶段，但在夏、商早期国家结构的诸方面仍保留有大量部落联盟制元素的残余。夏后氏及商王在当时方国林立的环境中，也仅仅是天下共主。由于未经过夏、商王朝的分封，夏、商王朝以外的诸方国长期以来皆按照自己固有的方式组织管理。诸邦只是以经济上的纳贡和政治上的朝觐，来表示对有限王权承认和服从罢了。

西周王朝建立后，“逮克殷践奄，灭国数十，而新建之国皆其功臣、昆弟、甥舅，本周之臣子，而鲁、卫、晋、齐四国，又以王室至亲，为东方大藩。夏、殷以来古国，方之蔑矣”。“有封建子弟之制，而异姓之势弱，天子之位尊”，“由是天子之尊，复非诸侯之长而为诸侯之君”[①]。正因为西周王朝统治者创造性地推行了封藩建国之制，使西周王朝的天下格局与国家结构形式发生了全新的变化，同时也使西周王朝同四土封国之间的政治关系大为加强。

西周王朝推行分封制的重要目的，显然在于使各诸侯国据守要害之地，屏藩王室，并为周室开拓一方疆土。据记载，成王封建鲁国，很重要的目的即在于使其“保彼东方”“为周室辅”[②]。齐国受封时，召公也一再对太公讲到：“五侯九伯，女实征之，以夹辅周室”[③]。西周王朝末年，宣王徙封王舅于申，亦在于使其“维周

① 参见王国维著：《观堂集林》卷十，《殷商制度论》，中华书局，1984 年版。

② 《诗经 · 鲁颂 · 閟宫》。

③ 《左传 · 僖公四年》。

之翰”，以更好地起到“式是南邦”“南土是保”[①]的作用。据《史记·鲁周公世家》记载，伯禽“初受封之鲁，三年而后报政周公”。除此之外，周初“楚子熊绎与鲁公伯禽、卫康叔子牟、晋侯燮、齐太公子吕伋俱事成王”[②]，此后“熊绎与吕伋、王孙牟、燮父、禽父并事康王”[③]。《国语·鲁语上》说：“是故先王制诸侯，使五年四王、一相朝。终则讲于会，以正班爵之义，帅长幼之序，训上下之则，制财用之节，其间无由荒怠。”这与《国语·周语》所述五服之制的原则和精神是大体吻合的。由此可知，在“天子经略，诸侯正封”[④]的制度下，确有促使西周王朝形成以王室为中心的封建等级臣属关系和政治秩序的作用。在此总体框架下，封国已萌发了一些政区因素，产生了向地方政区转化的趋势。就西周时期的情况而言，虽然西周封国在世袭、独立性以及井田制作为基础等方面为后世的地方政区制度所不容，但这些正是它的时代特色。[⑤]

西周王朝的分封制贯穿了宗法制的原则。《左传》僖公二十四年说：“其怀柔天下也，犹惧有外侮，捍御侮者，莫如亲亲，故以亲屏周。”西周王朝分封的诸侯国中，数量最多的即为姬姓之国。《左传》昭公二十八年说：“昔武王克商，光有天下，其兄弟之国者十有五人；姬姓之国者四十人，皆举亲也。”《左传》僖公二十四年说：“昔周公吊二叔之不咸，故封建亲戚，以藩屏周。管、蔡、郕、霍、鲁、卫、毛、聃、郜、雍、曹、滕、毕、原、丰、郇，文之昭也；邘、晋、应、韩，武之穆也；凡、蒋、邢、茅、胙、祭，

① 《诗经·大雅·崧高》。

② 《史记·楚世家》。

③ 《左传·昭公十二年》。

④ 《左传·昭公七年》。

⑤ 李治安主编：《中国五千年中央与地方关系》（上卷），人民出版社，2010年版，第62页。

周公之胤也。”《左传》昭公二十六年说：“昔武王克殷，武王靖四方，康王息民，并建母弟，以藩屏周。”《史记·汉兴以来诸侯王年表》说：“武王、成、康所封数百，而同姓五十五。”

除分封同姓国外，周人还分封了大量异姓亲戚之国。《国语·周语中》：“昔挚、畴之国也由大任，杞、缯由大姒，齐、许、申、吕由大姜，陈由大姬，是皆能内利亲亲者也。”以上一些国家皆因与周王室有姻亲关系而得以封建。此类国家的分封，与姬姓国的分封并无实质性的差异。其内容皆为授民授疆土，其目的皆为以藩屏周，其与殷商外服旧制不啻是天壤之别。

周室封建姻亲之国，周天子和异姓诸侯间的甥舅关系，是对宗法关系的补充，也是宗法制度的一个组成部分。西周王朝正是通过自上而下的分封制和层层相属的宗法关系，借助于血缘关系使族权和政权合一。分封制与宗法制互为表里，造成了比夏、商两代更为统一的国家和更为集中的王权。

此外，周王室还在与分封制相关的在一些军事要地设监的制度，既是对分封制的一种有效补充，也意味着西周王朝的政治制度渐趋成熟和完善。西周实行的分封制，主要是分封诸侯，已如前述。但是除了分封诸侯外，还设立了诸监。这方面的内容，却是过去讲西周史时很少论述的。

前面我们讲周武王克商，封商纣之子武庚于殷，使其继承商的祭祀，也使商遗民臣服于周。不过对武庚是否死心塌地地服从很不放心，所以又派自己的弟弟管叔、蔡叔、霍叔三人监督管理，称为三监。后来三监叛乱，周公杀管叔、放蔡叔以后，并没有废除这种监国制，而是根据社会矛盾的变化，由设监监视商遗民改为监视地方诸侯。1958 年 8 月在江西省余干县黄金埠出土一件《应监甗》，铭文共六字，为“应监乍宝隥彝”。“应”即《左传》僖公二十四年所说的“邘、晋、应、韩，武之穆也”之“应”，是武王之子，被封在应地为诸侯，而“应监”可能是周王派往应国的监国者，《应监甗》就是这监国使臣所做的铜器。穆王时《善鼎》记载周王册命善。则善可能也是一个监国者。西周青铜器《仲幾父簋》：“仲幾父史（使）于诸侯、诸监。”“这是西周时代诸侯、诸监并存的记载。过去我们只知道周初为监视朝歌殷王武庚才设置三监，而不知诸监的设置乃西周普遍存在的定制。”[①] 由此可知西周设置监国制度不仅有周初的三监，而且以后成为与分封诸侯并存的政治制度，因而才有诸侯、诸监并称的现象。这些监国者由周王派到各诸侯国去，既要对诸侯国君的活动加以监视，又要佐助诸侯国君加强对封国的管理和统治。只要诸侯国君按照周王朝的统治意图办事，按时朝觐，缴纳贡物，履行义务，维护西周王朝的统一，监国者对诸侯国并不会有所损害，甚至还能够加强地方同周王朝的联系。当时的诸监和诸侯，就是处在既矛盾又统一、相辅相成的关系中。

总之，监国制与分封制是密切联系着的。分封诸侯是为了“以藩屏周”，监国制则是为防止分封制本身所含有的分裂割据的弊病而采取的相应措施，同样是为巩固周王朝的政治制度服务的。

在宗法分封制政体下，一些诸侯国国君还出任王朝官吏。《左传》僖公五年说：“虢仲、虢叔，王季之穆也，为文王卿士，勋在王室，藏于盟府。”其他如康叔曾为周室司寇[②]，滕侯为周之卜正[③]，陈之始祖虞阏父为周武王陶正[④]，郑桓公于郑东迁前任王室司徒[⑤]。

① 参见徐中舒：《西周史论述》（上），见《四川大学学报》，1979（第3期）。

② 《左传·定公四年》。

③ 《左传·隐公十一年》。

④ 《左传·襄公二十五年》。

⑤ 《国语·郑语》。

凡此表明，西周王朝同四土封国在政治上已紧密地结为一体。那种认为周王朝的诸侯国同商朝地方小国一样，仍然是有较大自主权的地方势力的看法，似缺乏较为可靠的历史依据。

实际上，在宗法分封制政体下，西周王权逐步得到加强和巩固，“封略之内，何非君土？食土之毛，谁非君臣？”[①] 实为西周时期君臣关系的真实写照。在这种颇为严格的君臣关系下，周天子对一方诸侯可废可封，史载：“（卫）顷侯厚赂周夷王，夷王命卫为侯”[②]，“（齐）哀公时，纪侯谮之周，周烹哀公而立其弟静”[③]。由此可见，直到西周王朝晚期，周天子至高至尊的王权仍得到社会的认可。此外，与分封制关系颇为密切的畿服制、爵位制及朝聘会盟制，也使周天子同诸侯的关系进一步加强。它们对捍卫西周天子至高无上的王权与至尊的共主地位，加强西周王朝同四土封国之间在政治上的联系，巩固和完善西周王朝的国家结构与等级秩序起到了重要作用。[④]

第二，“天子班贡，轻重以列”。《左传》召公十三年说：“昔天子班贡，轻重以列，列尊贡重，周之制也。”《国语 · 鲁语下》说：“昔武王克商，能道于九夷、百蛮，使各以其方贿来贡，使无忘职业。”直到春秋末年，这种制度仍有一些历史的影子。据载，越王勾践战败曾向吴请盟，“春秋贡献，不解于王府……亦征诸侯之礼也”[⑤]。由此可知，西周王朝同四土封国之间存在颇为原始的纳贡关系。此类例子，史籍及金文中屡有记载。楚为西周王朝南土大国，

① 《左传 · 昭公七年》。

② 《史记 · 卫康叔世家》。

③ 《史记 · 齐太公世家》。

④ 参见李治安主编：《中国五千年中央与地方关系》（上卷），人民出版社，2010 年版，第 62—64 页。

⑤ 《国语 · 吴语》。

《史记·楚世家》称其一度得到周室的封建，故其有向天子贡纳方物之义务。春秋时期楚人追述周初史事时讲："昔我先王熊绎，辟在荆山，筚路蓝缕，以处草莽，跋涉山林，以事天子，惟是桃弧棘矢以共御王事。"[①] 直至春秋时期，齐桓公兴兵伐楚，管仲问罪楚人的一条理由即所谓"贡苞茅不入，王祭不共，无以缩酒"[②]，这说明楚国对周王室的贡纳方物之义务迄春秋时期虽弛犹存。

不仅楚国如此，其他一度臣服于西周王朝的周边各族，也往往依距周室远近而有不等的义务。《国语·鲁语下》提及"肃慎氏贡楛矢、石砮"。古本《竹书纪年》称："夷王二年；蜀人、吕人来献琼玉。"《国语·周语上》还提到："犬戎氏以其职来王。"韦昭注："谓其嗣子以其贵宝来见王。"凡此种种足以表明，西周时期，贡纳方物当为四土内外邦国向周天子所尽的重要义务。尽管其同夏、商王朝的情况有诸多类似之处，甚至诸多方物献纳仅仅为象征性的，且不完全带有强制性。但此种献纳义务却是周边方国纳入周王室统治的最好的手段，这正是西周王朝同四土内外诸邦国关系进一步加强的一个重要标志。

第三，"元侯作师，以承天子"。为了维护周天子的统治，西周王朝建立了强大的军事武装，以防范外部叛乱、异族入侵及镇压民众的反抗斗争。前面说过，周王室拥有自己强大的军事力量以随时准备征服产生不臣之心的诸侯国。《诗经·大雅·常武》说"赫赫明明，王命卿士，南仲大祖，大师皇父。整我六师，以修我戎"，可为佐证。

与此同时，西周各诸侯国也都各有自己的军队。例如周初封建齐国时，召康公代表周天子命太公"五侯九伯，汝实征之，以夹

① 《左传》昭公十二年。

② 《左传》僖公四年。

辅周室”[①]。可见齐国有自己的军事武装。在封建鲁国时，“成王以周公为有勋劳于天下，是以封周公于曲阜，地方七百里，革车千乘”[②]。伯禽就封后，即率师对反叛的徐、淮等东国各族大举进行武力征讨。

应该注意的是，西周时期，周天子也同时掌握诸侯国军队的组建权和指挥权。《国语·鲁语下》说：“天子作师，公帅之，以征不德。元侯作师，卿帅之，以承天子。诸侯有卿无军，帅教卫以赞元侯。自伯、子、男有大夫无卿，帅赋以从诸侯，是以上能征下，下无奸慝。”韦昭注：“元侯，大国之君。师，三军之众也。大国三卿皆命于天子。承天子，谓从王师征不义也。”尽管以上材料所出时代较晚，但其所举“元侯作师”“以承天子”，则颇为符合西周时期的历史实际。从这个意义上讲，诸侯的军队也是西周王朝军事武装力量的重要组成部分。

总之，西周时期，周王室与四方诸侯在政治、军事及经济诸方面的联系都较以前大大加强了。这种政治格局是前所未有的。虽然西周王朝政权结构的诸多方面仍基本承袭夏、商二代。即使在宗法分封制政体下，诸侯国仍然享有一定的自治权，如诸侯及封国世袭、各国有天子所授予的人口和疆土、诸侯国有自己的军队。但在新的历史条件下，通过宗法分封制、畿服制的原则和精神，西周王朝已经和四土封国结为比较紧密联系的政治、经济共同体。各个封国诸侯代表天子对其封地进行治理，同时向天子履行朝贡、从征等政治、经济、军事等方面的若干义务。西周王朝统治者正是依靠这种正在逐步确立又仍具有一定原始性的中央和地方关系，加强西周王朝与四土诸侯之间在政治、经济、军事乃至文化等诸多方面的联

---

① 《左传》僖公四年。

② 《礼记·明堂位》。

系。从而不断巩固和完善着以周天子为天下共主的等级秩序和仍在发展中的西周王朝国家结构。[①]

自夏王朝建立以来，中国古代社会由原始社会末期的氏族联盟制度逐渐演化出国家权力机构。由于夏代没有文字留存，对其政治制度的情况难知其详。商代政权机构的设置情况，则有较多的文献记载。郭沫若在《金文所无考》中指出，《尚书》中的《康诰》《酒诰》《召诰》《君奭》诸篇所说“侯甸男邦采卫”，“均商代官制之孑遗”[②]。因此，周代政权机构并不是在没有先例可循的情况下凭空产生的，而是在前代的基础上建立起来的。但是，由于夏、商时期政权机构规模较小、结构较简单，因此，周代政权机构的设置又不是对前代的简单重复。据《通典》记载，夏、商、周三代职官数为“夏百二十员，殷二百四十员，周六万三千六百七十五员”[③]。这一数据的真实性虽可怀疑，但也反映了夏商周三代国家政权机构不断扩大和完善的变化与发展的趋势。

西周政权机构的特点是“内外服”的设立。所谓“内服”，即在中央任职的各级官吏；所谓“外服”，即被分封于王畿范围以外和边远地区的贵族、侯伯。“内外服”的提法源于《尚书·酒诰》中周公对康叔的训诫：“越在外服，侯甸男卫邦伯；越在内服，百僚庶尹、惟亚惟服、宗工越百姓里居。”郭沫若曾说“《酒诰》之外服、内服即外官、内官”[④]，即“内外服”本于商制。这一看法不能说没有道理，但没有指出周公的“内外服”与商代“内外服”的

① 参见李治安主编：《中国五千年中央与地方关系》（上卷），人民出版社，2010年版，第64—66页。

② 郭沫若著：《金文丛考》，人民文学出版社，1954年版，第29页。

③ 《通典·卷十九·职官一》。

④ 郭沫若著：《金文丛考》，人民文学出版社，1954年版，第29页。

区别。

根据《国语 · 周语》记载："夫先王之制，邦内甸服，邦外侯服，侯卫宾服，蛮夷要服，戎狄荒服。"同一文献中还有"昔我先王之有天下也，规方千里以为甸服"的记载。这说明，周人在服制上确有创新，并非完全因袭殷商王朝旧制。

改革服制，建立"内外服"新体制的这个"先王"就是周公。因为在西周历史上，能够大量进行制度创新工作的人唯有周公，并且根据学界考证，周公也的确有称王的历史，因此，周王朝"内外服"改革，正是周公"制礼作乐"的一项重要内容。

商代中央政府就已具有较大规模和较严密的分工体系。在《尚书》中，就载有不少辅政大臣所司职的"尹""保衡""臣""巫"等官名，在殷商甲骨文中还有"夷"这个官名。商代主要辅政大臣也称为"相"。《史记 · 殷本纪》说，武丁时傅说被"举以为相，殷国大治"。据文献记载，伊尹、傅说、文王等商代重臣都曾为"三公"。商代的政务官员，主要有"宰""卿事""多尹""御事""事"等，已经具有相当规模和明确的分工，但尚不完善。

西周初期，成王年幼时，据传周公曾为太傅，召公曾为太保，他们作为重要辅政大臣总宰过一切政务。根据周公所制定的礼制，周朝的政务是由六官执掌的。六官的情况，根据《周礼》的记载，大致是这样的：六官按天、地和春、夏、秋、冬排列。其中，天官称冢宰，掌邦治，统百官，总揽内政；地官称司徒，掌管全国的教育；春官称宗伯，掌邦礼，主管全国宗教、文化事务；夏官称司马，掌军事；秋官称司寇，掌邦禁，主管司法事务；冬官称司空，掌百工之事，主管经济事务。

官府属员爵位分别为公、卿、大夫（中大夫、下大夫）、士（上士、中士、下士）。设具体办事的府、史、胥、徒等吏员，官府中绝大多数职位，都有固定人数。六官中的每一官，其所属官职都较多，其中地官司徒属官最多，达七十八种。如果加上后补入的冬官即《考工记》所载的属官数目，六官分职总计为三百七十八职。《周礼》所载六官官员数目，由于有一小部分未载明官员人数，以及划分官与非官的标准上的差异，后人的统计数目有很大差距。但不管采取什么方法对《周礼》中官员人数进行统计，其数字都不会下于五万人，由此可见周中央政权机构的庞大。

在地方诸侯的管理上，商代称诸侯为“外臣”，即在外之官，摆脱了夏代地方诸侯与中央政权的联盟关系。据考证，在殷商甲骨文中有侯 35 个、伯 39 个，还有子、男等，都是爵称，同时也是商王之臣。

周代在地方官体制上既继承商制，又有较大发展。这就是关于“爵”“谥”和“服”的明确规定。所谓爵，就是对统治集团成员的尊卑等级的法律规定。所谓谥，就是对官员死后所加的美称。《周礼·大宰》郑玄注说：“爵为公侯伯子男卿大夫士也。”即诸侯有公、侯、伯、子、男五等爵禄，诸侯以下还有卿、大夫、士三等爵禄。诸侯们的爵位不同，其受封土地亦不相同。《礼记·王制》说：“天子之田方千里，公侯方百里，伯七十里，子男五十里。不能五十里者，不合于天子，附属于诸侯，曰附庸。”《周礼·大司徒》则说，公方五百里，侯方四百里，伯方三百里，子方二百里，男方百里。由于孟子是赞成《礼记》的说法的，加之《周礼》记载的封土过多，不足为信，故人们一般相信《礼记》的记载。对于“爵”“谥”，郭沫若是否定西周有“五等爵”和“谥法”的，他的主要理由是不见于金文。金景芳则根据《仪礼·士冠礼》中的“古者生无爵，死无谥”及《礼记·檀弓》中的“死谥，周道也”两段话，肯定了“爵”“谥”为周人官制的史实。郭、金两位大师在研究上的分歧在于，除金文、甲骨文外，有关三代的文献是否都不足信的问题。我们认为，抛开有关文献而只用地下发掘的材料是不足取的，这等于放弃了对有关三代史料的利用，多少有点虚无主义之嫌。金景芳的观点更为接近历史真相。对于“爵”“谥”二制是由何人所制定的问题，金景芳先生认为是周公，它是周公制礼的一个组成部分。[①] 从周代有关文献来看，这是完全可能的。“爵”“谥”与周公的大分封实际上是一个整体。它是周公“制礼作乐”这个宏伟工程的重要内容之一。

商代的“外服”（亦称“外臣”）体制的详情，并无权威的规定流传下来，这极有可能是由商代服制的简单性所造成的。周代对王畿外围地方以五百里为一个单位，按距离远近分秩列等，这就是“服”。不同“服”的国家所服贡赋的轻重是不同的。关于周代服制的具体分等，有两种说法：一为“五服”，即前面引述过的祭公谋父所言的甸服、侯服、宾服、要服和荒服等；二为“九服”，即《周礼》所说“职方氏……乃辨九服之邦国，方千里曰王畿，其外方五百里曰侯服，又其外方五百里曰甸服，又其外方五百里曰男服，又其外方五百里曰采服，又其外方五百里曰镇服，又其外方五百里曰藩服”。这两种说法是否相互矛盾，谁真谁假？我们认为，它们并不矛盾，也无所谓谁真谁假。原因在于外服制是在周王朝疆域不断扩大的过程中持续推行的。祭公谋父所述之“先王之制”即“五服制”当为周初周公制礼时的疆土，而“九服”则应为西周鼎盛时期之疆土。

周代服制，确有新的创造。其制定者当为周公。此问题前面已论述过，不再重复。从“五服”到“九服”的变化来看，其具体执行情况在不同时期亦有所变化，但其基本原则仍是坚持周公制礼的

① 参见金景芳著：《中国奴隶社会史》，上海人民出版社，1993 年版，第 124—126 页。

传统。

不管怎样说，周公所制定的中央政权体制及中央与地方的管理体制，对中国后来的政治体制的形成和发展产生了深远的影响。其所开创的中央与地方关系模式对后世政治的影响是深远的。[①]

三、秦代中央集权政治模式之奠定

前章已经提到，秦代在中央实行三公九卿制，在地方实行郡县制，实行中央集权，地方服从中央。其主要特点表现为：

（一）人事大权皆在中央

在中央与地方关系上，秦代实行的是高度集中的郡县制度，“海内为郡县，法令由一统”。郡县直接受中央统辖，一切听命中央，郡县长官由中央直接任命，可随时调遣撤换。《史记·秦始皇本纪》说：“天下之事无小大皆决于上，上至以衡石量书，日夜有呈，不中呈不得休息。”在这种情况下，中央对地方集中了许多最重要的权力，如全局性大政方针的制定，对地方官吏的任用、考课、督察等。

中央集权如此，郡县之间的行政统属关系也同样十分明确。郡守与县令、长是直接的上下级统属关系，郡守是县令、长在地方上的顶头上司。郡守有权派人巡察诸县，有权考课、处分县令、丞，县令、丞有义务向郡守报告自己及属吏执行郡守命令的情况。郡守为一郡的最高行政长官，郡府是沟通中央与地方的最重要的机构，上而执行中央命令，下而监督所属各县行政事宜。县令、长又直接

① 参见辜堪生、李学林著：《周公评传》，四川大学出版社，2006 年版，第 171—176 页。

统属亭、乡啬夫、游徼及其他乡官胥吏。这些乡官胥吏办理县令、长下达的各项政务，服从其考核。总的来讲，郡、县、乡（亭）、里逐级监管，县及乡既是地方各项庶政的起点，又是承受郡府命令、分治地方的终点。秦朝地方官府如中央之手臂，必须绝对按中央意志行事。中央制定的法律、法规、方针、政策，地方政府必须坚决贯彻执行，如征兵迁豪、收缴兵器、统一货币和度量衡、车同轨、书同文、上农除末、赋税徭役、焚书坑儒、修筑长城等。这些加强中央集权的政策和措施，都由地方政府具体实施，不许打半点折扣。

郡县官吏的任用和选举，也即所谓的人事权，是中央与地方行政统属关系的重要内容。中央掌握了这项权力，实行对地方官吏较为严格的行政统属，从而保证了对地方的严密控制。秦代选官制度因史料阙如，已不可考。据《通典 · 选举一》中记载："秦自孝公讷商鞅策，富国强兵为务，仕进之途，唯辟田与胜敌而已。以至始皇，遂平天下。""辟田"就是积极开辟田地，发展农业生产，从而可以获得官爵。"胜敌"指军功，立了军功就拜爵，有了爵位便可能做官。秦统一全国后，授爵与命官开始分离，以适应广泛选拔治国人才的需要。一般而言，秦朝选官制度是靠"荐举"和"征召"来实行的。

荐举是由下向上推荐人才的选官制度，秦时普遍实行。《史记 · 淮阴侯列传》说，韩信"贫无行，不得推择为吏"，说明这一选官制度确实存在。征召是由上而下选任官吏的制度，主要有皇帝征聘与公府辟除等方式。《史记 · 叔孙通传》载，秦始皇时叔孙通"以文学征"。《史记 · 萧相国世家》亦载，萧何为泗水卒史，考课第一，"秦御史欲入言征何"，皆属于征召性质。秦廷对荐举和征召来的人，根据不同背景委以不同官职。地方官吏享受俸禄而不能世袭，官职的高低决定着俸禄的多寡，此制有利于激励官吏积极奋进，为国效力，也便于皇帝对各级官吏进行控制。秦朝地方郡县两级行政机构的主要长吏郡守、郡尉、县令（长）、县丞及其属官中百石以上的官吏，其任免权全部在中央。这样，中央就牢牢抓住了统属地方的关键，从而使地方绝对服从中央。

秦代中央对地方的统属，还体现在定期实行对地方官员的政绩考核上面，秦代考核地方官吏的制度是很完备的。秦代制定了地方各级官吏《课律》等法令。睡虎地出土的秦简《语书》《为吏之道》中明确提出了良吏、恶吏的“五善、五失”考课标准。所谓“善”，要求忠信和善治；所谓“失”，莫过于“擅制割”与“犯上弗知害”，这是地方官吏的政治品德和业绩标准，达不到这个标准，是不能为吏的。早在秦统一前，秦国就采用了“上计”考核官吏制度，秦统一后“上计制度”继续实行。“上计”的内容非常广泛，诸如户口增减，垦田多少，钱谷入出，盗贼与治狱情况等，都是考核郡、县长吏治绩好坏的内容。考核的具体办法大致是：每年年终由郡守或郡上计掾携带计簿到朝廷上计，向皇帝报告执行情况，皇帝要逐项考核，根据考核的结果，奖优罚劣，有的当场收印免职。通过考核，不仅能够促使地方官吏恪尽职守，而且也是中央统属地方的一项有力措施。秦朝在实行上计考核制度的同时，还遣使督察郡守的行政情况。《史记·秦始皇本纪》载：秦统一六国后，“分天下以为三十六郡，郡置守、尉、监”。这个“监”就是秦朝派住郡中督察郡守行政的监御史。据《汉书·百官公卿表》介绍：“监御史，秦官，掌监郡。”它隶属于中央的最高监察官御史大夫，是秦代特有的一种官员。监御史的地位并不高，排在郡守和郡尉的后面，但职务特殊，权力很大。《史记·高祖本纪》载：“秦泗川监平将兵围丰。”裴骃《集解》引文颖曰：“泗川，今沛郡也，高祖更名沛。秦时御史监郡，若今刺史。平，名也。”又《史记 · 曹相国世家》有曹参“攻秦监公军”的记载，《集解》引《汉书音义》曰：“监，御史监郡者。公，名。”上述记载证明，秦确有监御史监郡。监御史不仅代表中央督察郡守行政，而且有荐举人才、监军、将兵的权力，前引《史记》中的《高祖本纪》《萧相国世家》和《曹相国世家》有关监御史的记载，均可为证。秦朝实行郡县制，但又怕郡守权力过重，故设监御史，监察郡守，一方面使地方官不敢欺骗和违抗中央，另一方面又可使中央随时了解地方情况，以便加强对地方的监控。①

（二）撮粟尺布尽专于中

赋税是中央与地方财政分配关系中的重要内容，是政府机构维持和运作的经济基础。秦朝中央与地方的财政分配关系，也充分体现中央集权的政策取向和支配地位。主要表现在财政税收的重大决策权在中央，从中央到地方有一套垂直领导的财税管理系统，还表现在地方财政的预决算必须经中央批准方可执行。唐人杜佑在其《通典 · 食货四》中言：“始皇建守罢侯，贵以自奉，提封之内，撮粟尺布，一夫之役，尽专于己。”

秦代赋税名目繁多，归纳起来有以下几种：

田赋，即土地税。这是以土地为征收对象的赋税。田赋早在战国时期秦国就开始实行了。《史记 · 六国年表》载：秦简公七年（公元前 408 年）“初租禾”。秦统一六国前，已设有专门管理田地的“田令”②。秦统一以后，始皇三十一年（公元前 216 年）下

① 参见李治安主编：《中国五千年中央与地方关系》（上卷），人民出版社，2010 年版，第 100—103 页。

② 《睡虎地秦墓竹简 · 语书》。

令“使黔首自实田”[①]，即命令编户向政府自报占有土地的数额，国家以法律的形式承认其土地私有，从而为秦政府征收土地税提供了依据。秦朝征收土地税的方式是按照拥有土地的多少征收，主要征收实物，包括禾稼（粮食）、刍稾（禾秆）等。《淮南子·氾论训》载：“秦之时，高为台榭，大为苑囿，远为驰道。铸金人，发谪戍，入刍稾，头会箕赋，输于少府。”高诱注：“入刍稾之税，以供国用。”可见秦代的土地税是田租和刍稾并征的。睡虎地秦简《秦律十八种》中《田律》和《仓律》中都提到了收税问题，证明了粮食作为维护官府统治的必需品，作为皇帝、皇亲国戚以及各级政府官吏的生活日用品，是国家税收的主要项目。

口赋，即人头税。《睡虎地秦墓竹简·金布律》说：“官府受钱者，千钱一畚，以丞、令印印。”就是说官府收钱，每千钱用官印封存，每封为一“畚”。“畚”与“箕”同为器具，后合为“畚箕”一词。秦代所谓的“头会箕赋”，或许是每人每年要缴纳一千钱的人头税，也或许概言数量之多。总之，秦代的口赋是不会少的。

除了上述两项主要赋税外，还有市租，即商业税，盐、铁、酒经营买卖税，关税，渔税等。《汉书·张耳陈余传》载：“秦为乱政虐刑……头会箕敛，以供军费，财匮力竭。”这反映了秦统一后税收种类很多、赋税之重。

秦朝从中央到地方有一套垂直的财税管理系统，中央负责国家财政和皇帝家室财政的官员分别为治粟内史和少府，《汉书·百官公卿表上》载：“治粟内史，秦官，掌谷货，有两丞。”又曰：“少府，秦官，掌山海池泽之税，以给共养，有六丞。”治粟内史直接监管着郡县的税收和预决算；少府则管理皇帝家室的一切财富和费用。地方上的郡丞和县丞，则分别辅佐郡守和县令掌管税收，郡县

① 《史记·秦始皇本纪》，始皇三十一年《集解》。

之下直至乡，有啬夫收赋税，从而完成国家的税收征调任务。总之秦朝的地方行政体制，是郡县乡里体制，从政治角度讲，它便于管理；由财税方面看，它也便于征调赋税。[①]

（三）调兵遣将合符而动

在中央与地方的军事关系上，皇帝是军队的最高统帅，握有对全国军队的最高控制权与决定战争的战和权。

秦朝的武装力量分成中央军和地方军两个部分。中央军由皇帝的警卫部队、首都卫戍部队组成。警卫部队包括由郎中令统率的皇帝贴身侍卫，成员全为军官，负责禁中宿卫。“郎中令，秦官，掌宫殿掖门户，有丞……属官有大夫、郎、谒者，皆秦官。”[②] 还包括由卫尉统率的皇帝亲军，称卫士或卫卒，分八部屯驻于皇宫四周，负责守卫宫门及昼夜巡逻。《汉书 · 百官公卿表上》还说：“卫尉，秦官，掌宫门卫屯兵，有丞。”首都卫戍部队由中尉统率，分驻京城内外各要点，负责首都的安全和重要官署、仓库的守卫任务。中央军是国家的主力部队，数量庞大，装备精良，训练有素，战斗力极强，并带有国家战略机动部队的性质，它在保卫国家、威慑地方中起着决定作用。

秦朝的地方部队分散在各郡县，由郡守、郡尉等率领。他们除负责地方治安外，平时的主要任务是训练，以便为中央军提供兵源。秦王朝的地方军处于分散和互不统属的状态，征调权力尽在皇帝的手中。秦在边郡地方也驻有军队，并设置了不同于内地的指挥系统。边防戍守部队每百里设一都尉，重要边塞还设关都尉，并置有属吏。

---

① 参见李治安主编：《中国五千年中央与地方关系》（上卷），人民出版社，2010 年版，第 103—105 页。

② 《汉书 · 百官公卿表上》。

秦朝在制定军事领导体系时，很明确地表现出皇帝执柄、京师为重的特点。皇帝握有对全国军队的最高控制权，军队的高级将领，从国尉、卫尉、中尉及其各种类型的将军，到各郡的郡尉等高级军官，都由皇帝亲自任命；只有皇帝有权调动军队，其他高级武官仅有带兵权；调动时需要兵符，只有合符，方可行动。

（四）监御史掌监视四方

根据秦王朝的官僚制度，中央政府的许多高官显贵，都有权监察地方官员的治绩，弹劾不法地方官员。如丞相是百官之长，“掌丞天子，助理万机”[①]，自然也就有监察百官治绩的职能，而郡守每年一次向丞相上计，更是丞相对地方官吏的直接监察。再如治粟内史掌管着全国的钱、粮，直接监督郡、县的收入与支出，以此来监察、考核地方官员的政绩。丞相、治粟内史尽管有监督、考核地方官的权力，不过，他们都不是专职的监察官，监察的职能在其权限中只是很小的一部分。秦朝最高的监察官是御史大夫。

在中国古代监察制度发展与完善方面，秦王朝最大的历史性贡献是将御史体系基本上从行政体系中分离出来，而其主要措施是以御史大夫为副相，独立开府办公，从而大大提高了监察机构和职官在整个政治体系中的地位和作用。御史大夫位列三公，身居副相，有权参与立法、行政、司法、监察等各项重大政务。在权力关系上他只受皇帝的节制和法令的规范，不受包括宰相在内的其他官僚的节制。御史大夫的地位与职权充分反映了御史监察制度在整个权力体系中的相对独立性和重要性。御史大夫之设是御史体系从行政体系中分离出来的重要标志。这在中国古代政治制度史上具有划时代的意义。比较而言，在历代王朝的御史监察制度中，秦汉御史大夫的地位是最高的。《汉书 · 百官公卿表上》说：“御史大夫，秦

① 《汉书 · 百官公卿表上》。

官，位上卿，银印青绶，掌副丞相。有两丞，秩千石……受公卿奏事，举劾按章。”御史大夫虽“掌副丞相”，但有时其权力超过丞相。他单独开府办事，又与廷尉和其他官员“杂治”重大案件，拥有司法审判权，因其主管图籍秘书、四方文书，谙知法律，拥有考课、监察和弹劾百官的权力，这项权力使其成为名副其实的监察官员。在中央，御史大夫上督丞相，下察百官；在地方，他通过派往地方的监御史，监察地方行政官员，特别是郡守、县令的治绩。

特别应该注意的是，秦王朝实行郡县制后，为了防止郡守权力过大，不听从中央的命令，每郡由中央派一监御史，监察郡守和郡府官吏的言行举动。这项制度在秦朝比较严格地执行了，也正是这项制度，才构成了中央对地方郡县经常性的监察。

《汉书・百官公卿表上》说：“监御史，秦官，掌监郡。”监御史官秩不高，仅六百石，直接隶属于御史大夫，但由于他是中央派到地方的监察官，所以其任务特殊，权力很大。除了监察郡守的政绩外，还拥有统兵权、举荐人才权等。前面说过，《史记・萧相国世家》载：“秦御史监郡者与从事，常辨之。何乃给泗水卒史事，第一。秦御史欲入言征何，何固请，得毋行。”这是秦泗水郡的监御史举荐萧何到中央做官的记载。《史记・高祖本纪》载：“秦泗川监平将兵围丰，二日，出与战，破之。”又《史记・曹相国世家》载：“高祖为沛公而初起也，参以中涓从。将击胡陵、方丰，攻秦监公军，大破之。”上述史料，足可说明秦监御史还可将兵作战。此外，秦之监御史也从事一些事务性工作，如《汉书・严助传》说：“秦之时，尝使尉屠睢击越，又使监禄凿渠通道。”颜师古注引张晏曰：“监郡御史也，名禄。”就是说，秦派屠睢击百越时，使监郡御史禄负责“凿渠通道”。监御史虽身兼他事，但监察郡守是其主要职责。如此，监御史可以充当朝廷的耳目，使中央随时了解地方情况，以便加强对地方的监控，防止郡守权力过分膨胀，对中央造成威胁。总之监御史的设立，是秦王朝加强中央集权的产物，这种制度在澄清地方吏治、加强中央对地方的监管方面，确实发挥了一定的作用。①

四、汉唐明清中央集权盛衰之启示

纵观历史，中央政治权威的形成和维护主要是由其经济、政治、军事、文化、时局变化等权力的共同支撑。在中央与地方关系上则表现为政治、经济交往的互惠性、共同维系的一份情感、社会文化感以及有效的行政与社会控制等因素的共同作用上面。

有史以来的中央与地方关系，大体存在中央集权和地方分权两种基本模式。中央集权，就是大部分或全部统治权归于中央政府，地方政府没有独立性，其权力由中央政府授予，平时严格服从中央，听从中央的号令，并在中央的监督、控制下行使权力。地方分权，则是以中央集权的对立面而存在的，或者可以说是相对于中央集权而言的权力分配形式与统属关系。通常是指中央政府和地方政府各有独立的权力划分范围，中央与地方之间只是松散的政治联系。地方政府在其权限范围内有高度的裁量权及自主性，有较大的独立性，中央对地方不得随意干涉。

按照政治学原理，地方分权的概念可以进一步划分为“分割性地方分权”和“分工性地方分权”两种。“分割性地方分权”是指中央和地方权力各有独立的施用范围，地方有高度的自主权与裁量

---

① 参见李治安主编：《中国五千年中央与地方关系》(上卷)，人民出版社，2010年版，第116—118页。

权；而“分工性地方分权”，则是指中央政府以命令授权的形式，将部分权力交与地方的某些官员代为行使。从整体上讲，一切治权皆属于中央。中央在层层节制的基础上，进行有效的指挥。替中央行使权力的地方政府，只是中央的代理机构而已。依据这种说法，可以认为，凡是中央政府能够有效维护权威的时候，大致可以划归“分工性地方分权”的范围；而当中央政府不能够有效维护权威的时候，地方力量跋扈之时，针对其实质内容，则可以将之划归“分割性地方分权”的范围。

历史上，推动中国封建社会行政管理体制演变与发展的动力主要来自其内部的矛盾。大一统中央集权体制矛盾主要有二：一是皇权和相权的矛盾；二是中央集权与地方割据的矛盾。正是这两对矛盾牵动着中国传统社会专制体制的运行，促使统治集团内部不断进行权力资源的再分配。

中央政府是否强大，主要取决于三大重要因素：一是统治集团内部自身的统一与团结；二是中央政府有着强大的经济与军事力量；三是中央政府对地方政府有着超强的驾驭能力。

林尚立认为：中央对地方的分权，一般在两种情况下出现：一是中央迫于地方的压力，作为一种妥协而采取的分权；二是中央出于社会发展的总体考虑或自身的目的，将权力或职能下放给地方。不论在哪一种情况下的分权，中央分权都将可能引发一场新的社会动员，给各地方已有的愿望和要求带来新的刺激。前一种情况的分权，易于助长全面的地方主义，因为这种分权是中央政府让步的结果。中央政府在政治、财政和行政管理方面的许多让步，会在客观上进一步培养地方主义的感情，而这种感情的成长又会对中央政府形成压力。于是，地方的要求与中央的反应就形成了“互相促进”的关系。而后一种情况的分权，则常常会煽动起政治上的地方主义。也就是说，地方政府在所获权力的基础上，从自身利益出发，寻求与中央政治上的“合理化”关系。这种关系的核心，就是地方不仅在行政上自治，在政治上也应自治。[①]从中国历代中央与地方关系发展的历史轨迹来看，这种说法确实是有其一定的道理。

钱穆认为，中国历朝的皇室变动，在中国人的头脑里，只有两个途径：一是尧、舜禅让，二是汤、武革命。禅让是主动的，你好，让你做。革命是被动的，你不好，让我做。“中国帝皇新统，由东汉以下，不论禅让也好，革命也好，永远落在权相或军人的手里，很少能由社会下层平地拔起而登皇帝宝位的。有之，以前只是汉高祖，以后只是明太祖。”“汉高祖何以能以平民身份一跃而为天子呢？第一是当时东方民众普遍反对秦政权，第二是战国以来，社会大变动，贵族阶级崩溃，平民势力崛起，汉高祖正凭此两大潮流之会合而成功。明太祖又何以能以一平民身份而跃登天子大位呢？这因元朝末年，全国普遍反对蒙古人，而蒙古政府里又极少汉人势力，因此汉人的新政权，自然只有从社会下层跃起了。其余的王朝改易，大体全在政府内部，凭借社会叛乱自生变化。而这些叛乱，则多半为权奸与大军人造机会。”[②]这种看法确实有其独到之处。

在中国历史上，中央与地方的关系问题，历来是任何朝代的统治者都必须认真考虑和审慎解决的一个重大问题。历史实践证明，凡是中央与地方关系处理较好的朝代，其内部政局一般都比较稳定，行政权力运作也都比较正常，中央的政令、军令能够及时上传下达，中央与地方的关系一般都维持着“本重枝轻”的格局。如果这个局面被打破，颠倒过来，出现“本轻枝重”现象，则中央政府

① 林尚立：《国内政府间关系》，浙江人民出版社，1998 年版，第 182 页。

② 钱穆著：《国史新论》，生活 · 读书 · 新知三联书店，2001 年版，第 93—95 页。

的权力、权威一般就会下移，中央政府的政令、军令一般就不会得到顺利的贯彻、执行。当地方势力膨胀到一定程度，他们就会自然向中央问鼎，从而导致国家大乱，甚而出现改朝换代的局面。这种情况，在中国数千年历史上不胜枚举。

东周晚期，由于周王室王权衰弱、诸侯国家坐大，东周政权最终为秦国所灭。秦二世时期，由于皇权衰弱至极导致六国旧贵族复叛而亡国。西汉初年，汉高祖刘邦分封诸王，建立侯国；一旦地方诸侯力量壮大之日，便是以吴王刘濞为首的七国地方势力起兵问鼎之时。东汉末年，皇室衰微，董卓、袁绍、曹操、刘备、孙权等地方集团先后而起，最终引发军阀混战，导致汉祚移姓，形成三国鼎立。东晋八王之乱，导致五胡乱华、十余个割据政权出现，无须多提。唐玄宗因为对地方权力处置不当，导致安禄山以范阳为基地而势力坐大，起兵问鼎，盛唐从此衰落在先，藩镇割据进而最终导致唐朝灭亡、五代十国割据政权在后。宋代是中国历史上较好地解决了这一问题的一个朝代。北宋建立者宋太祖赵匡胤用“杯酒释兵权”的办法加强了中央集权，为宋代处理中央与地方的上下关系开了一个好头，但从某种程度上说也因此造成了宋代国家政治的死气沉沉与行政、军事效率的极端低下的状况。在宋代 200 多年的历史中，基本上没有出现中央权威受挫的情况。明代初年，燕王朱棣地方势力膨胀，建文帝削藩失败就被其取而代之。有清一代，中央与地方关系、满族权贵与汉人地方势力的关系一直是萦绕着这个朝代的一个中心环节问题。清初，由于康熙帝较好地处理了三藩割据，收复了台湾的郑经势力，中央权威还能很好地保持。但当西方侵略势力进入中国以后，特别是太平天国农民运动兴起以后，以此为契机，清朝中央与地方之间的关系就起了微妙的变化。以曾国藩、李鸿章为首的地方集团势力日大，并且开始逐渐影响朝局，从而打破了清代二百余年来的政治权力格局的稳定。在中外矛盾、满汉矛盾、中央与地方的矛盾夹缝中，以袁世凯为首的北洋集团奋然崛起。北洋集团在清末新政迅速膨胀，不仅打破了中央与地方关系的平衡，而且利用辛亥革命的时机吞噬了清朝政权，最终实现了从地方走向中央的目标。

再从我国历代王朝的历史长河看，处于失衡状态下的内重外轻以秦朝为典型，历两世即亡；处于失衡状态下的内轻外重以魏晋南北朝为代表，其分裂达三百年之久。与汉王朝相比，唐前期因为重内轻外，造成国家的基础薄弱，影响地方建设，也使地方不能吸引人才，所以，唐前期的地方政绩仍然不如汉代明显。但这并没有妨碍一个统一的、繁荣的、强盛的唐帝国走在当时世界的前列！然而，唐后期由于轻内重外，导致藩镇动乱与藩镇割据，造成社会动荡和国家分裂，最终使唐帝国的大厦倾倒。延及五代，动乱愈演愈烈，诸国林立，不复有统一的国家。

继魏晋南北朝之后，晚唐五代的历史又一次证明这样一个规律：外重内轻必然造成社会动乱与国家分裂。经历了魏晋南北朝与晚唐五代的巨大阵痛之后，宋元明清诸王朝莫不把加强中央集权视为头等要事，但物极必反，过于忽视地方，使国家的基础极为薄弱，于国于民自有其危害之处。①

以宋、明两代为例，宋代统治者在处理中央与地方权力分配的关系方面所采取的种种措施，均旨在强化中央集权，防止唐末五代那种藩镇割据历史的再现。两宋近三百年的历史证明，这些措施也确实达到了赵宋统治者所预期的“内外相维，上下相制”之目标。宋代以后，中国再无出现分裂割据的局面，充分证实了宋代立国之

① 参见李治安主编：《中国五千年中央与地方关系》（上卷），人民出版社，2010年版，第343页。

策对于历史发展所起到的进步作用。再看明代，明中央政府之所以能确保中央集权，主要是采取了三项策略：第一，以内制外。行省、三司都要严格按中央政令行事，行中书省、承宣布政司之类的名称本身就反映了这一点。至于督抚，本身即带有京官的性质，以巡抚节制三司正是明代以内制外的典型例子。当巡抚向地方大员转化以后，日益崛起的巡按御史又成了它的牵制者。第二，以文制武。明初重武轻文，中期以后则重文轻武。在三司中，布政使地位高于都指挥使。在三司之上，巡抚高于总兵。以文臣制武将，至少宋代已如此。统治者之所以重视文臣，是认为文臣深明君臣大义，又不易与士兵直接结成主从关系，不像武将那样跋扈难制。第三，地方分权牵制。地方官中不仅文武互相牵制，而且文官之间也互相牵制，其牵制方式有两种，一是同级分权，二是大小相制。督抚同为省级大员，总督地位高于巡抚，但其权力也受到了巡抚的掣肘；巡抚为三司的上司，可以节制三司，但有时藩、臬也可弹劾巡抚。以上三项策略贯穿于行政、财政、军事、司法、监察等各个领域，是明廷对地方实行军、政、法等全面控制的集中反映。由于明廷对地方的控制，使得地方官难以自专，地方离心倾向受到了较大限制。①

中央与地方关系的处理方式，是受国体、社会制度、时代背景、历史传统等因素的制约的。中央政府加强中央集权，保证国家的团结稳定，天经地义，无可厚非；而地方势力分权坐大，则是国家政治秩序不稳定的因子，是内乱的根源，大逆不道，应当谴责。中国是一个有着几千年君主传统的国家，中国传统王朝对中央与地方关系处理的经验与教训说明：单纯的中央集权或是过度的地方分

① 参见李治安主编：《中国五千年中央与地方关系》（上卷），人民出版社，2010 年版，第 413、596 页。

权，都不是处理中央与地方关系的最佳办法。传统的中央政府过度的集权与集利的模式已经不适合全球一体化越来越严格的发展要求；过度的放权与放利，又会因为纵容地方而出现地方割据与不服从中央政府的局面。其合理的模式应该是：中央政府既不能过分集权集利，地方政府也不能过度分权分利，双方应该平衡发展，建立一个具有中国特色体制的混合型的模式和管理机制。最理想的中央与地方的关系，应该是中央与地方的平衡与协调的关系。在权力分配上，既要能保证中央政府有足够的权威统治好全国，又要能保证地方有适度的权力建设好地方，中央集权与地方分权主辅结合，二者之间应当保持适当的"界限"，保持好一个度，尤其在军事、行政、财政、外交、司法、人事等权力的分配问题上，一定要做到中央与地方的界限不能含糊，地方一定要绝对服从中央，中央的权威要有绝对的保障，要坚决反对与防止地方主义与军人干政，否则就容易出乱子，就会造成国家的动荡与不安。这也许就是中国传统时代中央与地方关系的历史留给我们的一点启示。

古人云：以铜为鉴，可以正衣冠；以人为鉴，可以明得失；以史为鉴，可以知兴替。历史这面镜子是最公正的老师，它为后人、后世留下了许多值得吸取的经验教训。把握这一思路，也就能够更好地明了本章从加强中央集权、维护中央权威作为一个历史审视点的必要了。

中国自秦以来，就是一个中央集权体制的国家，无论是政治传统还是文化观念都已经深入人心，经过两千多年的发展，这一政治结构坚固而完整。不仅在政治制度方面影响着后来中国政治的走向，就是以中央集权为核心的大一统文化也深入人心、根深蒂固。从某种程度上讲，能否处理好中央与地方的关系，应该是关系到中国多民族国家统一发展与和平稳定的至关重要的问题，对于我们国家今日的发展，无疑也具有重要的借鉴价值。近代以来诸多热血人士千辛万苦搬来的西方的所谓先进政体如地方自治和联邦制等，事实证明，其结果并没有造就中国的强大，反而成为国家长期动乱的因素。在中国这样一个有着悠久集权传统与观念的、地大物博、幅员辽阔、人口众多的国度，如何根据自己的实际情况，既维护好中央权威，又尊重好地方利益，让中央与地方的关系保持一种上下相维、水乳交融、肝胆相照、荣辱与共的共赢关系，这应是我们总结历史，立足现实的一个重大课题。

第三章　尊崇儒术与延百家之学

一、儒家创始人孔子的治国思想

儒家的创始人孔子有着自己一套系统的“救世”理论和政治主张。

1. 提出了“克己复礼”的政治主张

为了实现其政治主张，孔子周游各国，希望得到诸侯国统治者的支持，但终究归于失败。孔子的政治主张是针对当时的“礼崩乐坏”的政治状况而提出的，绝不是无病呻吟，无的放矢。当时的政治是清明还是混乱，孔子自有他判断的标准。

孔子说：“天下有道，则礼乐征伐自天子出；天下无道，则礼乐征伐自诸侯出；自诸侯出，盖十世希不失矣；自大夫出，五世希不失矣；陪臣执国命，三世希不失矣。”①

在孔子看来，“礼乐征伐自天子出”是说政权在周天子手里，这是“天下有道”社会政治秩序正常的情况。“礼乐征伐自诸侯出”是说政权在诸侯手里，这是“天下无道”政治秩序紊乱的基本表现。春秋时期的所谓霸主，就是掌握政权的诸侯，他们“挟天子以

① 《论语·季氏》。

令诸侯”，代替周天子发号施令，孔子认为这是“天下无道”的典型表现。后来诸侯势力衰弱，政权落在卿大夫手里，如鲁国的三桓，晋国的六卿，郑国的七穆，齐国的崔、陈，卫国的孙、宁等。他们执掌国政，架空公室，时常代替诸侯与会取盟，这是礼乐征伐“自大夫出”天下更无道的情况。最坏的是“陪臣执国命”，如鲁国的阳虎窃取政权，与定公及三桓订盟，甚至要杀掉主人季桓子。自平王东迁以后，权力下移，每况愈下，到了孔子的时代，封建等级秩序混乱已极，特别是鲁国，所以孔子才会有“禄之去公室五世矣，政逮于大夫四世矣，故夫三桓之子孙微矣”① 的感叹。

“禄之去公室五世”指宣、成、襄、昭、定五公（按孔子说这话当在定公时）。自文公之死，公子遂杀嫡立庶，政权遂落在公子遂与公孙归父父子之手。自宣公十八年，归父被逐，政权又落在季孙行父手里。“政逮于大夫四世矣”指季孙氏，自文子、武子、平子、桓子，世执鲁国政权。可是政权下移的结果，必定会演成“陪臣执国命”的局面，所以孔子说：“故夫三桓之子孙微矣。”

根据孔子的理论，封建社会秩序的根本是不可僭越的等级制度，在政治上要维持天子的尊严与地位，巩固封建贵族的专政。东迁以后，政权下移，“王纲解纽”“礼崩乐坏”，诸侯兼并战争不断发生。针对这种情况，孔子提出“克己复礼”以礼治国的政治主张。

国家治理是孔子思想体系的核心，而这个核心中的各个环节则是由“礼”来贯穿起来的。可以说，在孔子整个思想体系中，遵“礼”守“礼”占据着决定作用的地位。

从历史上看，孔子“祖述尧舜，宪章文武”②，处处称道周礼。

---

① 《论语 · 季氏》。

② 《礼记 · 中庸》。

而周礼，是用严格区别亲疏、长幼、贵贱、尊卑、上下、男女等的一整套系统的封建制度、宗法制度、贵族等级制度、财产分配原则以及伦理道德规范，是维护和巩固周王朝国家统治的重要工具。维护周礼是孔子政治活动和思想学说的出发点，其目的是恢复和维护周初周公制定的一系列国家政治社会秩序。

从政治思想看，孔子主张以礼治国，是为了挽救“礼崩乐坏”，恢复西周时期的礼乐制度。从经济思想看，孔子要人们严格遵守礼的规定，接照自己的等级名分实行财产分配。从哲学思想看，孔子强调“畏天命”与“克己复礼”，他提出的仁、义、礼、智、信、忠、恕、孝悌、中庸等，显然是复礼的道德手段。从文艺思想看，孔子主张“兴于《诗》，立于礼，成于乐”[①]。以乐助礼，“礼节民心，乐和民声。”[②]从史学思想看，孔子修《春秋》，“贬天子，退诸侯，讨大夫，以达王事而已矣”，“拨乱世反之正，莫近于《春秋》”[③]。从教育思想看，礼也是孔子教育思想的基本点，强调“不学《礼》，无以立”[④]，集中到一点，“礼”就是孔子整个思想体系的中心。《论语》全书所载孔子的言行，多在“礼”的范围之内。[⑤]

孔子说：“克己复礼为仁。一日克己复礼，天下归仁焉。为仁由己，而由人乎哉？”[⑥]在这里，复礼是行仁的最终目的，而克己则是复礼之必由途径。

在《论语》里，孔子从各个角度来谈如何“克己”。

---

① 《论语·泰伯》。

② 《礼记·乐记》。

③ 《史记·太史公自序》。

④ 《论语·季氏》。

⑤ 参见蔡尚思著：《孔子思想体系　孔子哲学之真面目》，上海古籍出版社，2013年版，第227、228页。

⑥ 《论语·颜渊》。

“修己”是其中一途。子路问什么叫君子，孔子的答案是：修己以敬，修己以安人，修己以安百姓。①

“约”则是孔子提出的另一个重要方法。他说：“以约失之者鲜矣。”②意思是以礼约束自己，所犯错误就会减少。他又说：“君子博学于文，约之以礼，亦可以弗畔矣夫！”③颜渊说：“夫子循循善诱人，博我以文，约我以礼。”④颜回就是约束自己的典型，所以孔子盛赞道：“贤哉，回也！一箪食，一瓢饮，在陋巷，人不堪其忧，回也不改其乐。贤哉，回也！”⑤

“自戒”是克己的又一种方式。孔子说：“君子有三戒：少之时，血气未定，戒之在色；及其壮也，血气方刚，戒之在斗；及其老也，血气既衰，戒之在得。”⑥《论语 · 学而》里说：“君子食无求饱，居无求安，敏于事而慎于言，就有道而正焉，可谓好学也已。”这也是教人“自戒”。

孔子还提倡“自讼”“自省”和“自责”，其意仍在于克己。子曰：“见贤思齐焉，见不贤而内自省也。”⑦《论语 · 学而》里，曾子把这个问题讲得更清楚，“吾日三省吾身：为人谋而不忠乎？与朋友交而不信乎？传不习乎？”在《论语 · 卫灵公》里，孔子说：“躬自厚而薄责于人，则远怨矣。”因此，对于当时的人少有自我检讨的情形，孔子感慨良多：“已矣乎！吾未见能见其过而内自讼者也。”⑧

---

① 《论语 · 宪问》。

② 《论语 · 里仁》。

③ 《论语 · 雍也》。

④ 《论语 · 子罕》。

⑤ 《论语 · 雍也》。

⑥ 《论语 · 季氏》。

⑦ 《论语 · 里仁》。

⑧ 《论语 · 公冶长》。

除此之外，《论语》中还多次讲到“慎言”与“慎行”，这也算是克己的方式。尤其是，孔子还讲到一种极端克己的方式——“无争”。《论语·八佾》里说：“君子无所争。”《论语·卫灵公》里说：“君子矜而不争。”《论语·泰伯》里曾子说“犯而不校”，即使别人触犯自己也不去计较。

由此可见，在孔子看来，把克己的精神用于对人就是忠恕，就是爱人；用于治家，就是齐家；用于治国就是平天下。克己、爱人、复礼形成三位一体，内在精神修养与外在行为规范相互制约、相互补充。孔子由此把高尚和平庸、内美和外辱、精神满足与自我约束高度统一起来，成为统治者最理想的伦理原则。

在孔子看来，礼是治理国家的法宝，是伦理政治的实体。

孔子说：“礼，经国家，定社稷，序民人，利后嗣者也。”[①]“民之所由生，礼为大。非礼无以节事天地之神也，非礼无以辨君臣、上下、长幼之位也；非礼无以别男女、父子、兄弟之亲，婚姻、疏数之交也。”[②]孔子所要实行的礼，讲的是处理人际关系的行为规范。“在实践活动中，孔子的礼是人的界碑。”[③]孔子所要实行的礼，从大处说，又是指当时的政治与社会的正常秩序，基本是周礼。正如他自己所讲：“周监于二代，郁郁乎文哉！吾从周。”[④]孔子认为他生活的时代是“天下无道”的时代，“有道”的时代是西周。由于周礼已衰，而自己对春秋以来的“礼崩乐坏”又十分不满，故而孔子提出了“复礼”[⑤]的主张，并且以此作为他的终身使命。

---

① 《左传》隐公十一年。

② 《礼记·哀公问》。

③ 刘泽华著：《中国政治思想史集》第一集，人民出版社，2008年版，第229页。

④ 《论语·八佾》。

⑤ 《论语·颜渊》。

孔子认为，做一个合格的统治者，必须在思想上行动上符合周礼的规定。

把礼作为治国之经纬，是西周以来的传统思想。孔子的政治思想继承了这一点，认为礼是治国之本。“为国以礼”[①]集中表达了孔子对礼在政治中的地位和作用的认识。孔子一生的很大一部分时间都用在恢复周礼的上面。在他看来，恢复周礼的政治措施即是“正名”，恢复周礼的思想保证是贯彻仁的原则。孔子信而好古，对传统礼乐文化有渊博的学识和精深的研究。孔子自称“吾从周”，他关于礼的思想是对周礼的全面继承，同时又有所损益。在《论语・为政》里，子张问今后十世的礼仪制度是否可知，孔子答道：“殷因于夏礼，所损益，可知也；周因于殷礼，所损益，可知也，其或继周者，虽百世，可知也。”在实践中，他也的确有过损益。《论语・子罕》里说：“麻冕，礼也。今也纯，俭，吾从众。”意思是说，帽子用麻织，本来是礼的规定，可是现在人们都用丝织品，比用麻织品节省。我也从众，改用丝织。因为这合乎孔子所说的“与其奢也，宁俭”[②]的原则。

礼在周代，具有根本法的性质，作为人行为规范，已经具有道德准则和社会政治制度的双重含义。礼在孔子那里同样具有双重性。

一方面，礼是社会生活必须遵守的道德规则。孔子要求处处以礼为规范，“博学于文，约之以礼”，要求“非礼勿视，非礼勿听，非礼勿言，非礼勿动”。[③]因为在他看来，“不学《礼》，无以立”[④]。

---

① 《论语・先进》。

② 《论语・八佾》。

③ 《论语・颜渊》。

④ 《论语・季氏》。

“不知礼，无以立也”[①]。所以，孔子对遵礼的要求十分严格，有时甚至达到刻板和迂腐的程度。《论语·八佾》记载：“子贡欲去告朔之饩羊。子曰：‘赐也！尔爱其羊，我爱其礼。’”古代秋冬之时，周天子向诸侯颁发第二年的历书，诸侯接受历书后，把它藏于祖庙。每月初一，杀一只活羊到祖庙祭祀，然后回朝廷听政。这种仪式称“告朔”。举行这种仪式时所用的羊称“饩羊”。当时鲁国君主既不亲自去告朔，也不听政，只是让有关部门杀一只活羊应付了事。子贡想去掉这种有名无实的形式，把杀羊一事也免了。孔子则认为，尽管如此，保留这种形式还是比去掉的好。虽然是形式，但毕竟表明这种制度规范还存在，如果连这种形式都去掉了，周王朝的王纲很可能就真的会彻底“礼崩乐坏”了。所以，孔子看到子贡欲去其羊，颇为感慨。

另一方面，礼不仅是社会生活中的行为规范，而且还是个政治规范。为君者好礼，就能治理好民众，“上好礼，则民莫敢不敬”[②]；“上好礼，则民易使也”[③]。孔子甚至把礼提高到治理国家的根本政治制度的重要地位上，“为政先礼，礼，其政之本欤”[④]？把礼视为“政之本”。

2. 实现了“仁与礼”的完美结合

在仁与礼的关系问题上，孔子认为，仁为礼的内在精神，礼是仁的践行体现。

仁是基于血缘之亲而扩展的内在的道德品质，礼则是外在的行为规范和社会政治规范。两者既相互区别，又相辅相成，共同构成

① 《论语·尧曰》。
② 《论语·子路》。
③ 《论语·宪问》。
④ 《礼记·哀公问》。

孔子政治思想的两个核心概念。

首先，仁重自律，礼在他律。前者作为一种道德品性，重在自我修养，所谓“君子求诸己，小人求诸人”①。后者作为外在规范，强调遵守。

其次，仁是礼的内在精神，礼是仁的外在表现。孔子认为：“人而不仁如礼何？人而不仁如乐何？”②如果没有仁的内在品质，就不可能使自己的视听言动都符合礼的规范。仁学，是在“礼崩乐坏”的背景下产生的。三代以来的礼乐文化，到了春秋之时，已逐渐难以维系人心，礼作为外在的规范和制度也已废弛，社会陷入无序状态。孔子在这样的背景下为礼这种外在的硬性规范找到了一个内在的支撑点。

再次，仁是礼的最高境界，礼是实现仁的途径。如前所述，“克己复礼为仁，一日克己复礼，天下归仁焉”。孔子主张通过礼的节制，达到天下归仁的境界。人的言行视动，都在礼的约束下，才是归仁的途径。礼则是仁的政治目标。

最后，仁与礼结合，实际上是血缘关系与社会等级关系的结合，人道与政治的结合。仁是一种伦理观念和品德，礼是一种伦理规范和政治制度。一方面，用道德的力量来促进和约束人们遵守礼制；另一方面，又用礼制的强制力量来保证仁德的实施。复礼和归仁互为因果，最终达到维护西周以来的宗法等级秩序的政治目的。③

3. 主张践行周公“以德治国”的政治主张

孔子的政治主张是德治。他十分强调道德在政治中的作用，主

---

① 《论语 · 卫灵公》。

② 《论语 · 八佾》。

③ 参见丁小萍著：《中国古代政治智慧》，浙江大学出版社，2005 年版，第 35—39 页。

张政治应该与道德实践相结合，甚至认为政治的根本问题就是如何保证民众道德的实践问题。

首先，孔子认为，德政是统治者影响民众和获得民众支持的根本所在。在孔子看来，所谓德治，实际上就是仁、礼学说在治国方式上的具体体现。既然仁是礼的内在精神，礼是仁的外在表现，那么，礼最终归依于内在品质仁的培养。

孔子说："为政以德，譬如北辰，居其所而众星共之。"① 统治者自身有良好的道德品质，并且依据优良的道德品质治理国家，以优良的道德品质影响民众，就可以获得民众心理上的支持。孔子认为，不懂得以礼的基本精神来治理国家，礼制本身也就失去了意义。他说："能以礼让为国乎，何有？不能以礼让为国，如礼何？"礼治的关键要懂得以道德品质为基础的礼让。

其次，孔子主张以礼治国，要求以礼来辨别等级名分的差异。把正名与复礼联系起来作为治理之策，先秦诸子百家几乎都有谈论，但数孔子为最早。孔子说："君君臣臣父父子子。"② "非礼无以辨君臣、上下、长幼之位也。"③ 这就要求每个人确认其在礼仪制度中的身份地位，其视听言行合乎自身的地位身份，所谓"不在其位，不谋其政"④ 也。作为一种治国模式，孔子提出的德治所维护的社会秩序是一种上下有分、尊卑有序的等级社会。这种社会秩序以礼来维系。这就是孔子的以礼治国的主张。"为政先礼，礼，其政之本欤？"⑤ 在孔子看来，在一个秩序优良的社会中，从天子至

① 《论语·为政》。
② 《论语·颜渊》。
③ 《礼记·哀公问》。
④ 《论语·泰伯》。
⑤ 《礼记·哀公问》。

庶人，都应该忠于职守，每一个等级都应该做与自己的社会地位相应相称的事情。因此，在孔子看来，礼所规定的名分等次是绝对不可僭越的。季氏八佾舞于庭，孔子愤愤然："是可忍也，孰不可忍也？"① 因为周礼规定，天子用八佾，诸侯用六佾，大夫用四佾，士用二佾。季氏作为大夫，依礼只能用四佾，他却越级用八佾，孔子认为这是一种不能容忍的僭礼行为。

为贯彻礼治主张，孔子提出了正名思想。孔子对不同社会地位的等级制度作了集中的概括，这就是他的正名思想。

"正名"的思想是孔子在游卫时讲的。子路问他："卫君待子而为政，子将奚先？"孔子答道："必也正名乎！"子路觉得老师有些迂腐，孔子说："名不正，则言不顺；言不顺，则事不成；事不成，则礼乐不兴；礼乐不兴，则刑罚不中；刑罚不中，则民无所措手足。"② 所以，正名在政治领域中是个至关重要的问题。正名指的是按照其名分行事，确切地说就是"君君、臣臣、父父、子子"。即君的言行举止要符合君的身份，臣、父、子亦然。

4. 提出了德刑并用，先德后刑、以德去刑的治国理政主张

德与刑是政治治理中的两手。孔子主张两手并用，先德后刑、以德去刑。

在治国理政上，孔子首先强调德优于刑，强调道德感化的作用，主张先教后刑。《论语 · 为政》说："道之以政，齐之以刑，民免而无耻；道之以德，齐之以礼，有耻且格。"所谓"道之以德"，就是指统治者必须推行德治，表现为宽惠使民，轻徭薄赋，省法轻刑。同时要为人民树立道德榜样，启发民众的心理自觉。所谓"齐之以礼"，一是统治者要模范遵守礼的规定，从而感化和影响群众；

① 《论语 · 八佾》。

② 《论语 · 子路》。

二是所有的人都应该用礼来规范自己，用礼来约束自己。这样，道德教化和礼教的结合就能防止犯罪和反叛。行政命令，刑罚手段，只是一种外加的强制和威慑，可以使人畏惧、服从，免陷于罪，却不能以犯罪为耻，达不到至善的境界。

不过，应该指出的是，孔子的德治思想以德为主，当道德与法律发生冲突时，孔子的选择是舍法取德。据《论语·子路》记载："叶公语孔子曰：'吾党有直躬者，其父攘羊，而子证之。'孔子曰：'吾党之直者异于是，父为子隐，子为父隐，直在其中矣。'"其父偷了人家的羊，其子告发，这从法律角度来说是一种正直的行为；但用父慈子孝的道德规范来评价，却是一种有悖道德的行为。孔子主张父子相隐，是他德重于刑、礼重于法的思想的反映。既然仁德为治国施教之本，父慈子孝作为仁德之体现，父子之亲不能互相庇护，是不合逻辑的，也是不符合统治者的根本利益的。孔子"父子相隐"的主张，被后世封建刑律采用后，一直是封建法制的重要内容和指导原则。在封建法典中，称为"亲亲相隐不为罪"。这是中国古代法不外乎人情，情大于法的普遍法观念的源头之一。

实际上，孔子并非不重视刑罚的作用，只不过是他主张德主刑辅而已。

《孔丛子·刑论》记载了四件孔子师徒谈论刑法的事情。

第一件是仲弓问刑。书中说：

仲弓问古之刑教与今之刑教，孔子曰："古之刑省，今之刑繁。其为教，古有礼然后有刑，是以刑省；今无礼以教而齐之以刑，刑是以繁。《书》曰：'伯夷降典，折民维刑。'谓下礼以教之，然后继以刑折之也。夫无礼则民无耻，而正之以刑，故民苟免。"

仲弓向孔子请教古今的刑罚与教化。孔子说："古代的刑罚少，现在的刑罚多。在教化百姓方面，古代先用礼仪规范民众的行为，然后才用刑罚来管理，所以刑罚少；现在不用礼仪教化百姓，而只用刑罚来管制他们的行为，刑罚所以繁多。《尚书》说：'伯夷颁布法典，以刑法裁决百姓的狱讼。'称作先颁布礼仪、法则来教化百姓，然后才用刑罚来管制他们。不讲礼仪，百姓就不知有耻，只用刑罚来匡正百姓的行为，他们就只要能暂时避免触犯刑罚就行。"

第二件是子张问刑：

《书》曰："兹殷罚有伦。"子张问曰："何谓也？"孔子曰："不失其理之谓也。今诸侯不同德，国君异法，折狱无伦，以意为限，是故知法之难也。"子张曰："古之知法者与今之知法者异乎？"孔子曰："古之知法者能远，今之知法者不失有罪。不失有罪，其于怨寡矣。能远则于狱，其防深矣。寡怨近乎滥，防深治乎本。《书》曰：'维敬五刑，以成三德。'言敬刑所以为德也。"

子张与孔子讨论德刑的问题。子张问孔子："殷人的刑法有条理是什么意思？"孔子说："就是不失掉刑法本身的道理啊。现今各诸侯不同心同德，各国君主的法令也各异，裁判诉讼没有纲领，只求达到自己的目的就行，因此可知刑法很难啊。"子张说："古代的知法者能远离狱讼，现在的知法若做到不放任百姓犯法。不放任百姓犯法，这样做就缺乏宽恕。能够远离狱讼，其戒备就很深远。缺乏宽恕和放任自流差不多，戒备深远才能够从根本上进行治理。《尚书》说：'希望慎用五刑，以帮助我养成三种德行。'意思是说，谨慎地使用刑罚就是在成就德行。"

第三件是曾子问刑：

曾子问听狱之术。孔子曰："其大法有三焉，治必以宽，宽之之术归于察，察之之术归于义。是故听而不宽是乱也，宽而不察是慢也，察而不中义是私也，私则民怨。故善听者虽不越辞，辞不越情，情不越义。《书》曰：'上下比罚，无僭乱辞。'"

曾子向孔子询问审理狱讼的方法。孔子说："有三个大的法则：对待百姓要宽宏大量，宽厚的方法在于体察民情，体察民情的根本在于义。因此，裁决诉讼不宽宏会破坏法纪，有宽容之心却不体察民情会轻视法纪，体察民情却不合乎道义断案就会不公正，裁决不公百姓就会有怨恨。所以，会裁决的人审理诉讼时不会偏离讼辞，详察讼辞不脱离实情，以实情决讼不违背道义。《尚书》说：'（定罪的时候）要上下比照其罪行，不能错乱诉讼之辞。'"

第四件还是仲弓问狱：

《书》曰："哀矜折狱。"仲弓问曰："何谓也？"孔子曰："古之听讼者，察贫穷，哀孤独及鳏寡老弱不肖而无告者，虽得其情，必哀矜之。死者不可生，断者不可属。若老而刑之，谓之悖；弱而刑之，谓之剋；不赦过，谓之逆；率过以小罪，谓之枳。故宥过赦小罪，老弱不受刑，先王之道也。《书》曰：'大辟疑赦。'又曰：'与其杀不辜，宁失不经。'"

仲弓向孔子请教裁断狱讼方面的事情。他问孔子：《尚书》说，"要以同情心和严肃认真的态度裁断狱讼。"仲弓问道，"这句话是什么意思呢？"孔子说："古代审理断案的人，体察贫苦之情，怜悯那些鳏、寡、孤、独、老弱、穷苦及举目无告的人，即使知道他们所犯的罪行，也会同情他们；死去的人不能复生，砍断的肢体不可能再接上；如果对老人施以刑罚，称为悖乱；对年幼的人施以刑罚，称为凶暴；不赦免小的过失，称为违背道义；把小过失夸大追究，称为伤害。因此，宽恕过失赦免小罪，不对年老和幼小之人用刑，才是先王之道。《尚书》说：‘涉及死罪而案情有疑点，可以从轻处置。’又说：‘与其错杀无罪的人，宁可放掉有罪的人。’”

在强调德教、礼治主导作用的同时，孔子主张以刑罚辅助德教。对于不可教化之民，孔子亦主张以刑禁之，以刑治之。

《孔子家语 · 刑政》中说：“圣人之治化也，必刑政相参焉：太上以德教民，而以礼齐之；其次以政焉，导民以刑，禁之刑，不刑也；化之弗变，导之弗从，伤义以败俗，于是乎用刑矣。”孔子主张“先教后诛”。在一般情况下，孔子反对杀人。如季康子问政于孔子：“如杀无道，以就有道，何如？”他回答说：“子为政，焉用杀？子欲善而民善矣。”[①] 他还认为，“善人为邦百年，亦可以胜残去杀矣”[②]，把克服残暴，免除虐杀，作为善人治国百年的政治成果。但对于那些罪大恶极，非杀不可的人，孔子认为只有在当政者曾施行过德教，使百姓都知道什么是善，什么是恶，什么是美，什么是丑，懂得如何做人之后，对那些不接受教化，不改其恶的人，再判处死刑。

5. 注重执政者的作用

孔子把政治的实施过程看作道德化过程，十分强调领导者自己在政治实践中以身作则的表率作用。

《论语》中很多地方对此都有记载。

季康子问政于孔子。孔子对曰：“政者，正也，子帅以正，孰

---

① 《论语 · 颜渊》。

② 《论语 · 子路》。

敢不正？”又说：“子为政，焉用杀？子欲善而民善矣。君子之德风，小人之德草。草上之风，必偃。”[①]孔子还说过：“其身正，不令而行，其身不正，虽令不从。”“苟正其身矣，于从政乎何有？不能正其身，如正人何？”[②]“君子笃于亲，则民兴于仁。”[③]有人问孔子：“子奚不为政？”孔子说：“《书》云：‘孝乎惟孝，友于兄弟，施于有政。’是亦为政，奚其为为政？”[④]在孔子看来，从政不必当官，宣传孝道就是参政。所以有子说：“其为人也孝弟，而好犯上者，鲜矣；不好犯上而好作乱者，未之有也。”曾子也说：“慎终，追远，民德归厚矣。”[⑤]

在孔子看来，君臣之间不只是权力制约关系，而且要靠礼、忠、信等道德来维系。“君使臣以礼，臣事君以忠。”[⑥]这种关系维系的主要纽带便是执政者、管理者之间都要遵守道德的准则。孔子主张，培养官僚不是首先讲如何学会政治之道，而是首先从事道德训练与培养。子张学干禄，子曰：“多闻阙疑，慎言其余，则寡尤；多见阙殆，慎行其余，则寡悔。言寡尤，行寡悔，禄在其中矣。”[⑦]孔子的话包含了一部分认识和处理问题的方法，从基本精神上看是讲处世之道、官场之术，而不是讲统治之理。子张又一次问为政，子曰：“居之无倦，行之以忠。”[⑧]同样是讲道德修养。这样，孔子主张人治，把政治视为道德的延伸和外化，这一认识构成了人治的

① 《论语·颜渊》。
② 《论语·子路》。
③ 《论语·泰伯》。
④ 《论语·为政》。
⑤ 《论语·学而》。
⑥ 《论语·八佾》。
⑦ 《论语·为政》。
⑧ 《论语·颜渊》。

理论基础。[①]

6. 主张软硬兼施、德威并用、宽猛相济

《左传 · 昭公二十年》中说："政宽则民慢，慢则纠之以猛；猛则民残，残则施之以宽。宽以济猛，猛以济宽，政以是和。"孔子主张管理百姓有张有弛，"张而不弛，文武弗能也；弛而不张，文武弗为也。一张一弛，文武之道也"[②]。孔子反对苛政，认为"苛政猛于虎也"。但他并不是一味地反对重刑，据《韩非子 · 内储说上》记载，孔子认为"殷之法，刑弃灰于街者"，不算严酷，却是"知治之道"，因为弃灰易引起争斗，甚至"三族相残"的严重后果。而且"重罚者，人之所恶也；而无弃灰，人之所易也，使人行之所易，而无离所恶，此治之道"，是合乎人之常情和心理状态的，从而可以减少犯罪。

7. 重视人才在治理中的作用，提出过类似贤人政治的观点

孔子主张德治，但德治必须由人来体现、来实行，因而其政治思想必然强调人的作用。人定法，人执法。有了人，才能制定良法，执行良法，使社会安定，国家昌盛长久。"文武之道，布在方策。其人存则其政举，其人亡则其政息。"[③] 所以孔子的结论是"故为政在人"[④]。孔子认为，当政者都要以文王、武王为榜样，律己严，施仁政，言必信、行必果，要善于考察和选用官吏，用以作为治理国家的基础，才能求得统治者的长治久安。在选拔德才兼备的人才问题上，孔子说："举直错诸枉，则民服。"[⑤] 即把正直的人提

---

① 刘泽华、葛荃主编：《中国古代政治思想史》，南开大学出版社，2011 年版，第 37 页。

② 《礼记 · 杂记》。

③ 《中庸》。

④ 《中庸》。

⑤ 《论语 · 为政》。

拔到奸佞的人的上面，这样就能使百姓服从。相反，如果“举枉错诸直”，民众就不会服从。有一次，樊迟请教孔子什么叫“知人”，孔子说：“举直错诸枉，能使枉者直。”孔子认为重用正直的人，置其于奸佞之人之上，还能使奸佞之人也变得正直起来。子夏进一步解释说：“舜有天下，选于众，举皋陶，不仁者远矣，汤有天下，选于众，举伊尹，不仁者远矣。”[①]对于贤才的标准，孔子说：“志于道，据于德，依于仁，游于艺。”[②]既要有良好的道德品质，又要有一技之长。也就是德才兼备。孔子还提出了举贤之途，即“学而优则仕”。孔子反对樊迟学稼，因为他认为学稼不足以治民，只有礼义才能治民。孔子主张出仕任官一定要有礼乐知识。他认为出身于社会下层的人，首先学习了礼乐知识，然后才能入仕；而出身于卿大夫世家的贵族子弟，入仕后也必须学习礼乐知识。孔子“学而优则仕”的举贤观，明确反对商周以来的世卿世禄制度。在孔子的弟子中，孔子认为雍父为贱人，出身贫微，但有德行，“雍也可使南面”；仲弓可担任一个地方或部门的长官；子路，如果有一千辆兵车的国家，可负责兵役和军政方面的工作；冉求，可做千户人口的县的县长，或有一百辆兵军的大夫封地，可让他做总管；公西赤，可以穿着礼服，立于朝廷之中，接待外宾，办理外交；等等。他认为弟子中凡学而优者，皆可以量才而用。孔子关于选拔贤才的思想，反对商周以来的世卿世禄制度，而且强调从文化素质较高的人中选拔国家官吏的思想，在当时具有一定的进步意义，对后世影响也极为深远。

8. 强调富民、使民、教民的重要性

在经济与政治的关系上，孔子主张先经济后政治，对于民众，

---

① 《论语 · 颜渊》。

② 《论语 · 述而》。

先富而后教。子贡问政。孔子说："足食，足兵，民信之矣。"[①]孔子认为，治理一个国家，最起码得具备三个条件：食、兵、信。还是将"食"放在首要地位。

先秦诸子，一般均重视经济问题，如管仲就有"衣食足而后知荣辱，仓廪实而后知礼节"之论。孔子及其学派亦不例外。在《论语·颜渊》篇中，孔子在回答子贡关于政事的问题时，首先提到的就是"足食"问题。因为"民以食为天"，如果百姓食不果腹，时处饥馑之中，还去侈谈什么社会安定？孔子在与冉有的对话中提出，对于民众百姓，统治者不但要对之"足食"，而且要"富之"；不但要"富之"，而且要"教之"[②]。《论语·子路》里记载："子适卫，冉有仆。子曰：'庶矣哉！'冉有曰：'既庶矣，又何加焉？'(子)曰：'富之。'"富民，是孔子的一贯思想。所以，有若在答鲁哀公"年饥，用不足"的提问时说："百姓足，君孰与不足？百姓不足，君孰与足？"[③]而为了民殷国富，还须"节用而爱人，使民以时"[④]，反对聚敛。所以，当冉有帮助季氏聚敛时，孔子便十分生气，说：冉有"非吾徒也！小子鸣鼓而攻之可也。"[⑤]"使民以时"，使民要像祭祀那样慎重，"使民如承大祭"[⑥]。孔子还提出过以义使民、先惠而后使民等。针对当时统治者的横征暴敛，孔子反对厚敛，主张应取民有度，少征用民力，少收赋税。[⑦]通过调整分配关系和节用民力，达到"博施于民而能济众"，这是孔子的最高

① 《论语·颜渊》。
② 《论语·子路》。
③ 《论语·颜渊》。
④ 《论语·学而》。
⑤ 《论语·先进》。
⑥ 《论语·颜渊》。
⑦ 参见丁小萍著：《中国古代政治智慧》，浙江大学出版社，2005年版，第48—50页。

理想。

二、独尊儒术，统一官方意识形态

建元元年（公元前 140 年），汉武帝刘彻即位时，年仅 17 岁。

汉武帝虽然年少，却有胆有识，雄才大略，一心要振兴朝纲，加强中央集权，巩固汉家天下。他认为儒家思想比黄老思想更适合他的统治需要，因此即位伊始，就连续采取了三项重大措施：

第一，起用儒生。汉武帝即位的当年，即建元元年冬十月，“诏丞相、御史、列侯、中二千石、二千石、诸侯相举贤良方正直言极谏之士”。这些“方正直言极谏之士”主要是儒生。

第二，任用重视儒术的窦婴为丞相、田蚡做太尉，主持政府的要害部门。

第三，派人“束帛加璧，安车以蒲裹轮，驾驷迎申公”[1]入朝。申公是《诗》学大师，又是御史大夫赵绾、郎中令王臧的老师，名重当时。武帝迎接申公，欲议古立明堂城南，以朝诸侯，以及草拟巡狩、封禅、改历、服色等改革事项。

汉武帝的“更始”措施引起了黄老派的严重不满。

建元二年（公元前 139 年），御史大夫赵绾建议汉武帝凡军国大事“毋奏事太皇太后”，出面要求武帝不再向窦太后奏事，欲把窦太后排除在朝政之外，终于引发了汉武帝和窦太后之间的矛盾。窦太后大怒，逮捕了赵绾、王臧，令他们自裁。窦婴、田蚡被免职。在以窦太后为代表的黄老派强力反击下，汉武帝只得暂时作出让步，将申公送回家乡，诸所兴为者皆废。

---

① 《汉书·儒林传》。

但是，在挫折面前，汉武帝并没有打消“崇儒”的信念。

建元元年（公元前140年）十月，汉武帝诏举贤良方正时，丞相卫绾建议：“所举贤良，或治申、商、韩非、苏秦、张仪之言，乱国政，请皆罢。”[①] 这个建议深合汉武帝之意，从此成为朝廷选用人才的重要政策。窦太后去世后，汉武帝即开始“绌黄老、刑名百家之言”，广泛招揽儒学之士，“延文学儒者以百数”，封以官职。

汉兴，言《易》自淄川田生；言《书》自济南伏生；言《诗》，于鲁则申培公，于齐则辕固生，燕则韩太傅；言《礼》，则鲁高堂生；言《春秋》，于齐则胡母生，于赵则董仲舒。及窦太后崩，武安君田蚡为丞相，黜黄老、刑名百家之言，延文学儒者以百数，而公孙弘以治《春秋》为丞相，封侯，天下学士靡然乡风矣。

弘为学官，悼道之郁滞，乃请曰：“丞相、御史言：制曰‘盖闻导民以礼，风之以乐。婚姻者，居室之大伦也。今礼废乐崩，朕甚愍焉，故详延天下方闻之士，咸登诸朝。其令礼官劝学，讲议洽闻，举遗兴礼，以为天下先。太常议，予博士弟子，崇乡里之化，以厉贤材焉。’谨与太常臧、博士平等议，曰：闻三代之道，乡里有教，夏曰校，殷曰庠，周曰序。其劝善也，显之朝廷；其惩恶也，加之刑罚。故教化之行也，建首善自京师始，由内及外。今陛下昭至德，开大明，配天地，本人伦，劝学兴礼，崇化厉贤，以风四方，太平之原也。古者政教未洽，不备其礼，请因旧官而兴焉。为博士官置弟子五十人，复其身。太常择民年十八以上、仪状端正者，补博士弟子。郡国县官有好文学、敬长上、肃政教、顺乡里、出入不悖，所闻，令、相、长、丞上属所二千石。二千石谨察可者，常与计偕，诣太常，得受业如弟子。一岁皆辄课，能通一艺

① 《汉书·武帝纪》。

以上，补文学掌故缺；其高第可以为郎中，太常籍奏。即有秀才异等，辄以名闻。其不事学若下材，及不能通一艺，辄罢之，而请诸能称者。臣谨案诏书律令下者，明天人分际，通古今之谊，文章尔雅，训辞深厚，恩施甚美。小吏浅闻，弗能究宣，亡以明布谕下。以治礼掌故以文学礼义为官，迁留滞。请选择其秩比二百石以上及吏百石通一艺以上补左右内史、大行卒史，比百石以下补郡太守卒史，皆各二人，边郡一人。先用诵多者，不足，择掌故以补中二千石属，文学掌故补郡属，备员。请著功令。它如律令。”

制曰：“可。”自此以来，公卿大夫士吏彬彬多文学之士矣。[①]

引起朝野最大震动的是，汉武帝将布衣出身治《春秋》的公孙弘拜为丞相，封平津侯，食650户。这件事使儒学的政治地位急剧提高，学习儒术成为士人们寻求政治出路、谋取利益的最热途径，致使“天下学士靡然乡风矣”。汉武帝就是通过大量征用儒学之士的手段，在政治上促成了崇儒局面的出现。

为了实现政治指导思想的转换，汉武帝还多次下诏策问“治乱之事”。他曾满怀希望询问申公。申公说：“为治者不在多言，顾力行何如耳。”[②] 这显然不符合汉武帝的要求，汉武帝很失望。后来，公羊学大师董仲舒解决了这个疑难问题。他在对策中提出：“治乱废兴在于己。”“《春秋》大一统者，天地之常经，古今之通谊也。今师异道，人异论，百家殊方，指意不同。是以上亡以持一统。法制数变，下不知所守。臣愚以为诸不在六艺之科、孔子之术者，皆绝其道，勿使并进。邪辟之说灭息，然后统纪可一，而法度可明，

① 《汉书·儒林传》。

② 《汉书·儒林传》。

民知所从矣。"[1]在董仲舒看来，思想混乱必然导致动乱，百家"邪辟之说"不利于汉家一统天下的稳固，必须断绝其政治出路，"勿使并进"。唯有儒学讲求"大一统"，宜定为一尊。汉武帝采纳了这个建议。建元五年（公元前 136 年），"置五经博士"，儒学代替黄老之学成为官方政治学说，儒学典籍成了国家教科书。汉武帝终于举起了独崇儒术的旗帜，初步实行了汉帝国政治指导思想的顺利转换。

建元六年（公元前 135 年），窦太后病卒，汉武帝崇儒的最大障碍去掉，从此他开始逐步实现其崇儒的目标。翌年初，令郡、国荐举孝、廉各一人。元朔五年（公元前 124 年），为五经博士置弟子员。元封元年（公元前 110 年），"封泰山"。元封五年（公元前 106 年），"始拜明堂如郊礼"。太初元年（公元前 104 年），修正历法，"以正月为岁首。色上黄，数用五，定官名，协音律"，终于实现了当年"立明堂封禅改历服色"的初衷。

汉武帝经过几十年的努力，为汉朝找到较黄老之学更为适用的政治理论。他看到，儒学的尊君、礼制等级和忠孝思想有助于维护君主的权威，儒家的德治教化也是束缚人们思想的重要手段。对于专制统治者来说，严密控制人的思想意志与约束人的行为同等重要。儒家的德治仁政学说又能为君主政治进行某种修饰和补充，特别是儒家的各种仪制典章，可以将专制主义暴力统治装点得温情脉脉。因而，汉武帝之崇儒，并非以儒学政治学说作为其全部政策的出发点，而是注重儒术的"文饰"功能。正如司马光所说，汉武帝"虽好儒，好其名而不知其实，慕其华而废其质"。不过，经过汉武帝的擢升，儒学终于有了官方身份，走上了与政权治理相结合的道路。以后经过历代君主一再确认，儒学始终占据国家政治指导思

① 《汉书 · 董仲舒传》。

想的宝座，成为中国传统政治思想的主流，对于中国传统社会的政治、经济、文化等方面的发展均产生了极其深远的影响。

三、汉武帝悉延百端之学

中国文化第一次大的突破是在殷周之变上，表现在政治上是封建制、宗法制、礼乐制度的确立；在思想上是周人对殷商以来天命观念的调整与突破，实现了“天听自我民听天视自我民视”“敬德保民”的认识观转变；在文化上则由盲目崇拜鬼神认识到人在世界上的地位；在国家观上则是确立了“溥天之下莫非王土，率土之滨莫非王臣”的政治大一统观念。

中国文化第二次大的突破是春秋战国之际。雅斯贝斯认为中国文化的轴心时代的转折点是在春秋战国的百家争鸣时代，他曾在《历史的起源与目标》中说“最伟大的事件集中在这一时期。此时中国有孔子和老子，还有墨子、庄子和诸子百家，产生了中国所有的哲学流派”。春秋战国时期，天下大乱，封建制度在历史变化过程中不断出现“礼崩乐坏”的现象。中国向何处去？天下该怎样治理才能政通人和？时代课题要求人们去解决，诸子百家纷纷兴起并各自提出了他们的救世方案。

中国文化第三次大的突破是在周秦之变上。经过春秋战国数百年的兼并与统一战争，周王朝的统治秩序已经彻底坍塌，中央集权、官僚制度、郡县制度应运而生，从动乱走向和平，从分裂走向统一已经成为人们的共同追求，大秦帝国就是在周王朝封建贵族制度的废墟上建立起来的。

从西周宗法封建制度的确立到秦统一中国，中国历史的确有许多次重要的突破，这个世纪是中国思想文化的奠基时代，是中华民族能动的创造时代，也是中国政治、思想、文化价值与观念体系基本形成的时代，是中国文明史的轴心时代。春秋战国时期形成的百家争鸣，对后世统治者的统治思想具有重要的参考价值。历史发展到汉帝国对中国文化全面总结的时代，作为雄才大略的汉武帝在治国理政上当然不会真正地“罢黜百家独尊儒术”，而是在将儒家“六经”作为主流意识形态的同时，继续兼采并用百家的“救世”之术。

实际上，汉武帝通过“独尊儒术”，表彰《六经》，尊崇儒学，实现了政治指导思想的转换与定型。然而，这并不说明他一味笃奉儒学。作为一个拥有无限权力的独裁者和传统政治家，他不会拒绝任何一种有利于巩固国家政权的政治理论。只要有益于君主政治，什么样的思想、主张都会被汉武帝所采用，这是政治家与学者的区别所在。再者，汉初诸子之学有别于秦，亦不同于汉中期以后，各个流派之间的交融合流成为时尚。许多著名思想家和政治家都是杂学之士，如陆贾兼学儒道，贾谊兼及儒法，董仲舒以阴阳五行融入公羊《春秋》，主父偃“学长短纵横术，晚乃学《易》、《春秋》、百家之言”。公孙弘“少时为狱吏”，后来“乃学《春秋》杂说”。汉武帝在这样的学风熏陶下，自然不会固守一种学说。他明倡儒学，实际兼采百家，杂用王霸之术。

从建元五年（公元前 136 年）到元光元年（公元前 134 年）五月武安侯田蚡“绌黄老、刑名百家之言”，再到元朔五年（公元前 124 年）为五经博士置弟子员，这十二年是汉武帝尊儒活动的主要时期。经过汉政府的努力，儒学成为汉帝国的指导思想；国立太学成为选拔国家官员的主要阵地。不过，在尊儒的同时，汉武帝并没有对其他学派“绝其道”“灭其说”。相反，各学派的著作均可收藏、流传供人学习、研究。并且，汉武帝还把法家、道家、纵横家、杂家甚而方术之士等各家各派的人物通过公车上书、征召、任子、资选、从小吏中逐级提升等方式罗致在左右，让他们做官、出谋划策，辅佐自己治理国家。因此，可以说汉武帝实际上并没有“罢黜百家”，而是兼用百家。总之，所谓“独尊儒术”，汉武帝是确实尊了。所谓“罢黜百家”如董仲舒建议的那样“诸不在六艺之科、孔子之术者，皆绝其道”，使“邪辟之说灭息”，汉武帝并没有采纳。相反，汉武帝治国是在尊儒术的前提下，采取的是百家兼用，“悉延百端之学”[①]的方针。

《史记·龟策列传》说：

至今上（汉武帝）即位，博开艺能之路，悉延百端之学，通一伎之士咸得自效。绝伦超奇者为右，无所阿私，数年之间，太卜大集。

汉武帝即位后，广开艺能之路，延引百家之学，有一技之长的士人都可为国效力。只要有卓越的才干就能出人头地，而且公正无私。既然如此，汉武帝用人应该是包含着儒、法、道、纵横、杂家、阴阳五行、术数、方士等各家各派的。

第一，任用既学儒学又学各家之学者为官。如司马谈曾从唐都学天文，从菑川人杨何学《易经》，又追随黄生学黄老之学，在武帝建元至元封年间为太史令。汉武帝时的名儒夏侯始昌，是一位“通五经，以齐诗、尚书教授”的儒家学者，但又是一位“明于阴阳”，善推言灾异的阴阳五行家。曾任太尉、丞相的田蚡曾治“盘于诸书”。公孙弘是一位兼治儒、法两家的学者。

① 《史记·龟策列传》。

第二，直接任用各学派的人做官，如，韩安国“尝受韩子、杂说，邹田生所”。汉武帝先后任他为北地都尉、大司农、御史大夫、代丞相等职。马邑之谋时，武帝令他率三十万大军伏击匈奴。再如，张欧“孝文帝时以刑名侍太子”，景帝时位列九卿，武帝元朔年间曾“代韩安国为御史大夫”。张汤自幼学习决狱文书律令，武帝时与赵禹“共定诸律令”，汤常“决大狱”，治淮南、衡山、江都王谋反案件，“皆穷根本”。为御史大夫后，又承武帝旨“请造白金及五铢钱，笼天下盐铁，排富商大贾，出告缗令，钽（锄）豪强并兼之家”。在这一过程能以巧妙的言辞文饰法律严惩违禁者。张汤以法治国的才干深受武帝赏识，所以常奏事至日晚，使武帝忘食，并让丞相成为无用的摆设，于是出现了“天下事皆决汤”的局面。另外，与张汤“共定诸律令”的赵禹和杜周，都是武帝时重用的法家在政府任要职的官员。其中，赵禹历任御史、中大夫、廷尉、少府。杜周则历任廷尉史、廷尉、执金吾、御史大夫等。同时，崇尚法治、信奉管商的法家桑弘羊又是为武帝所重用的理财专家，筦盐铁、均输、平准等措施的有力推行者，后为御史大夫。黄霸“少学律令，喜为吏，武帝末以待诏人钱赏官，补侍郎谒者”，后补河东均输长。宣帝时曾官居颍川太守、京兆尹、丞相等职。汉武帝时期所任用的上述法家官吏，不仅在当时政治、经济生活中起了重大作用，到昭、宣时期的作用也不可忽视。

第三，汉武帝不仅从儒、法两家中选择官吏，也从其他学派中广泛选拔官吏。如主父偃“齐国临淄人也，学长短从（纵）横术，晚乃学易、春秋、百家之言”。《汉书 · 艺文志》所著录的纵横家书目中有《主父偃》二十八篇。这说明主父偃主要是学纵横术起家的，并有专门著作问世。元光元年主父偃上书汉武帝，早上上书，晚上就被召见，所言九事，其中八事均被著为律令。主父偃也深受武帝赏识，一年中四次升官，至中大夫，最后为齐王相。西汉初黄老之术是国家的指导思想。武帝即位后黄老学说的地位大大降低，但是武帝仍然任用学黄老之术的人当官。汲黯就是一例。汲黯学黄老之学起家，景帝时曾为太子洗马，武帝时先后任用为荥阳令、中大夫、东海太守，“黯学黄老言，治官民，好清静……黯多病，卧阁内不出，岁余，东海大治，称之。上闻，召为主爵都尉，列于九卿。治，务在无为而已，引大体，不拘文法”[①]。武帝对他“无为”的治理方法和直言的性格都很赞赏，称赞他是“社稷之臣”。楚元王后人刘德“修黄老术，有智略”，“常持《老子》知足之计”。武帝曾在甘泉宫召见他，因其年轻，称其为“千里驹”。另外，司马谈、司马迁父子是尊黄老的，先后被任用为太史令，司马迁还被任用为中书令。再如郎中婴齐、杨王孙等人都是当时治黄老之术有影响的社会人物。

对于杂家、兵家、术数家，只要有利于国家治理，汉武帝也照样一概任用。如东方朔就是一位杂家，他说自己“讽诵《诗》《书》百家之言不可胜数”，又说他“十六学《诗》《书》诵二十二万言。十九学孙、吴兵法……亦诵二十二万言”。他曾上书武帝陈述农战强国之计，其言专用“商鞅、韩非之语”。再如汉武帝对卫青、霍去病等杰出军事将领的发现与重用等。[②]

据刘泽华总结，汉武帝的治理之策具有下列四个特点：

第一，求变。汉武帝登上政治舞台之际，西汉王朝正处于发展的转折关头。汉武帝对形势的认识十分清楚，他反对墨守成规，多次提出要“变”。他说：“朕闻天地不变，不成施化，阴阳不变，物不畅茂。”变是事物发展的必要条件，同样，对国家政策原则作适

---

① 《汉书·汲黯传》。

② 参见杨生民著：《汉武帝传》，人民出版社，2001年版，第57—61页。

度调整，也是成就丰功伟绩的重要前提，所以“五帝不相复礼，三代不同法”。汉武帝所说的变主要是指从实际政治要求出发，根据不同情况将施政方针作灵活的调整。他对儒家的权变思想领会颇深，曾评论说：“盖孔子对定公以徕远，哀公以论臣，景公以节用，非期不同，所急异务也。”“所急异务”就是讲政策的灵活性。武帝认为在调整政策时，还要注意历史联系，于是提出“据旧以鉴新”，“稽诸往古，制宜于今”。在变的过程中，手段、方法要服务于目标，即所谓“所由殊路而建德一也”。“求变”是汉武帝变更一系列重要政策的思想基础。

第二，求治。汉武帝有着强烈的使命感，自知“任大而守重”。为了汉家天下长治久安，他“夙夜不皇康宁，永惟万事之统，犹惧有阙”。曾几次下诏策问，渴望寻找到长治久安的治国方略。

长期困扰汉武帝，使其夜不成寐的问题主要有三：

其一，政权得失兴亡的根本原因是天命还是人为？

他问：“五帝三王之道，改制作乐而天下洽和……桀、纣之行，王道大坏……三代受命，其符安在？灾异之变，何缘而起？”[①]

其二，治平天下的根本方略是什么？

他问：“三王之教所祖不同，而皆有失。或谓久而不易者道也，意岂异哉？”他说：“惟前帝王之宪，永思所以奉至尊，章洪业，皆在力本任贤。今朕亲耕籍田以为农先，劝孝弟，崇有德，使者冠盖相望，问勤劳，恤孤独。”[②]欲以此达到天下大治。

其三，如何实现政治思想的统一？

汉武帝的政治视野相当宽广，他思考的是君主政治统治如何长治久安的重大政治问题。正是在求治思想指导下，汉武帝接受了董

---

① 《汉书·董仲舒传》。

② 《汉书·董仲舒传》。

仲舒的建议，罢黜百家，独尊儒学为国家政治学说，杜绝意识形态领域的混乱现象，加强对思想的统一和专制。

第三，德刑兼用。汉武帝汲取了汉代儒学的德主刑辅思想，把德治教化和刑暴惩恶作为维护君权不可或缺的两个抓手。汉武帝说："夫本仁祖义，褒德禄贤，劝善刑暴，五帝三王所由昌也。"他特别注重德治的功能，说"扶世导民，莫善于德"。德治的主旨是"事天以礼，立身以义，事亲以孝，育民以仁"。德治是引导人民安分守己、服从统治的良方。武帝深感当今世道礼崩乐坏，设想通过宣化仁义道德，"导民以礼，风之以乐"，使民"仁行而从善，义立而俗易"①，建立稳定的统治秩序。

汉武帝正是通过选用儒学之士，设立太学，立五经博士和博士弟子，在中央政府形成仁义道德宣化中心。然后，设置专职礼官，"讲议洽闻，举遗兴礼，以为天下先"②。中央和地方各级政府官员均负有教化民众的责任，他曾告诫臣属："公卿大夫，所使总方略，一统类，广教化，美风俗也。"在社会基层，汉武帝也十分重视利用乡、县三老，孝悌、力田等地方基层官吏宣扬教化。元狩六年（公元前 117 年），武帝下诏，"谕三老、孝弟以为民师"③，希望通过自上而下的教育宣化，敦促民众自觉遵行礼法，致力农亩，安分守己做顺民，实现百姓和乐，政事宣昭。

汉武帝在宣传上重教化，在行政操作中则更重刑罚。他密织法网，亲信法术之士，强化暴力统治。班固说，武帝即位以后，"征发烦数，百姓贫耗，穷民犯法，酷吏击断，奸轨不胜。于是招进张

---

① 《汉书 · 武帝纪》。

② 《汉书 · 儒林传》。

③ 《汉书 · 武帝纪》。

汤，赵禹之属，条定法令，作‘见知放纵，监临部主’之法”[①]。又作“沉命法”，对于不能揭举罪犯者，以及镇压“盗贼”不力的地方官都要施以重刑。

以刑罚督责吏民构成汉武帝治国的特点之一。

汉武帝说：“夫刑罚所以防奸也。”刑暴和劝善一样，同为帝王之道，都是用来巩固汉家天下的重要政策原则。唐令狐德棻说：“王道任德，霸道任刑。自三王已上，皆行王道。惟秦任霸术，汉则杂而行之。”[②]汉武帝这种兼及德刑，内重刑暴，外饰德化的治术便是“汉家制度”的精髓。

第四，任贤。汉武帝颇有自知之明，十分清楚“盖有非常之功，必待非常之人”的道理，认为若想成就帝王大业，为汉家天下筑起万世不朽的根基，必须将天下英才全都罗致麾下。在汉武帝当政的几十年里，他“畴咨海内，举其俊茂，与之立功”，“求之如弗及”。任贤乃是武帝的一项基本政策。

汉武帝认为，任贤的诀窍在于知人善任。他曾感慨地说：“知人则哲，惟帝（指尧）难之。”

为了确保能选得有用之才，武帝采取了两项措施。

其一，扩大征选人才的数额，使地方举荐人才制度化和经常化。他“深诏执事，兴廉举孝”，三番五次责令郡国地方官员推举才德之士。他说：“夫十室之邑，必有忠信，三人并行，厥有我师。今或至阖郡而不荐一人，是化不下究，而积行之君壅于上闻也。”为此，武帝特别严明奖惩制度，“进贤受上赏，蔽贤蒙显戮”。如果地方官员“不举孝，不奉诏，当以不敬论。不察廉，不胜任也，当

---

① 《汉书 · 刑法志》。

② 《旧唐书 · 令狐德棻传》。

免”[①]。武帝运用行政手段广招人才，给予任贤以制度保障。

其二，放宽选贤的标准，对于“茂才异等”不计其出身或其他小节。汉武帝说：“马或奔踶而致千里，士或有负俗之累而立功名。”才能优异之人往往行为怪异，不同于世俗，或者出身低微。汉武帝认为这些都不足为虑。他说：“夫泛驾之马，跅驰之士，亦在御之而已。”[②]只要驾驭得法，行为超常之士同样能为君主所用，至于出身高低更可存而不论。

正是在博采众长的基础上，汉武帝的任贤之道收效显著，一时“群士慕向，异人并出”，“天下布衣各厉志竭精以赴阙廷自衒鬻者不可胜数”[③]。武帝时代的名臣中出身不高者大有人在，如“卜式拔于刍牧，弘羊擢于贾竖，卫青奋于奴仆，日磾出于降虏”。正是在这样的用人思想指导下，汉武帝才能将各种类型的优秀人才会聚于中央，形成以他为中心的高智能统治集团。正如班固列举的那样，“汉之得人，于兹为盛。儒雅则公孙弘、董仲舒、儿宽；笃行则石建、石庆；质直则汲黯、卜式；推贤则韩安国、郑当时；定令则赵禹、张汤；文章则司马迁、相如；滑稽则东方朔、枚皋；应对则严助、朱买臣；历数则唐都、洛下闳；协律则李延年；运筹则桑弘羊；奉使则张骞、苏武；将率则卫青、霍去病；受遗则霍光、金日磾；其余不可胜纪。是以兴造功业，制度遗文，后世莫及”[④]。

① 《汉书·武帝纪》。
② 《汉书·武帝纪》。
③ 《汉书·梅福传》。
④ 《汉书·公孙弘卜式儿宽传》。

四、“霸王道杂之”的汉家制度

“霸王道杂之”是汉宣帝刘询提出的一个著名论断。

据《汉书·元帝纪》记载：“孝元皇帝，宣帝太子也……壮大，柔仁好儒。见宣帝所用多文法吏，以刑名绳下，大臣杨恽、盖宽饶等坐刺讥辞语为罪而诛，尝侍燕从容言：‘陛下持刑太深，宜用儒生。’宣帝作色曰：‘汉家自有制度，本以霸王道杂之，奈何纯任德教，用周政乎！且俗儒不达时宜，好是古非今，使人眩于名实，不知所守，何足委任！’”这里就直接提出了汉代的治国方略——“霸王道杂之”。

虽然是宣帝明确地提出了这一治国方略，而事实上，“霸王道杂之”思想从刘邦夺取天下时就已经有了萌芽。

刘邦虽是武人，马上夺天下，但从夺天下时就不自觉地兼用霸王之道。

皇甫谧在《帝王世纪》中说：“观汉祖之取天下也，遭秦世暴乱，不偕尺土之资，不权将相之柄，发迹泗亭，奋其智谋，羁勒英雄，鞭驱天下。或以威服，或以德致，或以义成，或以权断，逆顺不常，霸王之道杂焉。”

虽然其后在惠帝、高后、文、景之世一方面皆实行黄老无为之治，重长者，但这并不意味着儒学在汉初销声匿迹。另一方面，“汉承秦制”，法家思想一直在政治实践中继续发挥作用。

事实上，从汉初开始，儒学就在民间开始逐步复兴。汉初统治者不断地受到儒家经典的熏陶，思想观念逐渐发生变化。

刘邦登上皇帝宝座后，不断在反思自己之所以得天下的原因，在执政过程中，对儒学和儒生的态度也逐渐发生了变化。最明显的事例就是他起用儒生叔孙通制定朝仪，确立君臣尊卑秩序；任用叔孙通为太子太傅，将培养汉室接班人的重任交给了儒者；礼遇儒家创始人孔子，汉十二年十一月，“过鲁，以大牢祠孔子”[①]；晚年还曾写《手敕太子》的诏书，追悔自己过去对待儒学的错误态度，承认自己“追思昔所行，多不是”[②]。到汉武帝时，国力强盛，“国家的时新派政策以更强有力的形式出现；一个虔诚的《道德经》是很难赞同国家朝积极的和扩张主义的政策方向作明显的转变的”。[③] 在这种情况下，汉武帝刘彻接受儒者董仲舒的建议，明确推行“罢黜百家，独尊儒术”的政策，将儒学作为治理国家的理论，使儒学成为汉代统治者的指导思想。汉武帝提倡儒家孝道，注重以儒家的道德标准选拔人才，重视教化。从汉代开始，尊儒政策成为此后两千多年历代封建王朝意识形态的模式。

与此同时，为了维护中央集权的大一统，汉武帝除用德治外，还必须使用法治。在汉代政治文化整合过程中，以黄老、法家、儒家为主要派别的诸学一直进行着复杂的文化调整与融合。

前面说过，汉武帝是一个儒法并用者。他内虽多欲，却注重外施仁义，追求霸主吏事却又注意缘饰以儒术。这样，在他那里，儒为外饰，法为内行；儒为虚用，法为实制。他采纳董仲舒“举孝廉”的建议，实行察举制度。元光元年（公元前 134 年），下诏“郡国举孝、廉各一人”[④]。元朔元年（公元前 128 年），汉武帝又采

---

① 《汉书 · 高帝纪下》。

② 参见徐复观著：《两汉思想史》第 2 卷，华东师范大学出版社，2001 年版，第 65 页。

③ 参见【英】崔瑞德、鲁惟一编，杨品权等译：《剑桥中国秦汉史》，中国社会科学出版社，1992 年版，第 156—157 页。

④ 《汉书 · 武帝纪》。

纳董仲舒、公孙弘的建议："兴太学、置明师，以养天下之士，数考问以尽其材，则英俊宜可得矣。"[①]在长安设太学，由郡县选择18岁以上仪表端正、爱好儒学、尊敬长者、遵守法令、行为恭顺的50人为博士，由五经博士讲授儒家经典，"一岁皆辄课，能通一艺以上，补文学掌故缺；其高第可以为郎中"[②]。这样，从中央到地方的官吏都得学习经学，儒学从此成为汉代的统治思想。

另外，汉武帝又不断强化法律制度，在实际政治运作过程中对法术酷吏的信用和放纵也于汉为烈，他"招进张汤、赵禹之属，条定法令"，颁布了苛刻的刑法，"禁罔寖密。律令凡三百五十九章，大辟四百九条，千八百八十二事，死罪决事比万三千四百七十二事。文书盈于几阁，典者不能遍睹"[③]。

有一次，汉武帝招来文学儒者，对着儒生们大谈要准备怎样推行儒道，而这时憨直的汲黯当面顶撞了汉武帝："陛下内多欲而外施仁义，奈何欲效唐、虞之治乎！"武帝"怒，变色而罢朝"[④]。原因就是汲黯说到了他的痛处。这里的"内多欲"乃武帝与法家心理上的共振，"外施仁义"是武帝对儒家的思想上的采用。武帝名曰尊儒，但所信用的乃张汤、杜周、赵禹一班文法酷吏，这些人以经术古义附会当今狱事。即使他所器重的董仲舒、公孙弘、兒宽，虽为儒者，但也是因为他们"通于世务，明习文法，以经术润饰吏事"，所以，"天子器之"[⑤]。司马迁对当时的情况描述得更为详细。他说："自公孙弘以《春秋》之义绳臣下取汉相，张汤以峻文决理

① 《汉书 · 董仲舒传》。

② 《汉书 · 儒林传》。

③ 《汉书 · 刑法志》。

④ 《汉书 · 汲黯列传》。

⑤ 《汉书 · 循吏传》。

为廷尉，于是见知之法生，而废格沮诽穷治之狱用矣。其明年，淮南、衡山、江都王谋反迹见，而公卿寻端治之，竟其党与，而坐死者数万人，长吏益惨急而法令明察。当是之时，招尊方正贤良文学之士，或至公卿大夫。公孙弘以汉相，布被，食不重味，为天下先。然无益于俗，稍骛于功利矣。”①

这也难怪汉武帝。因为，在实际政治生活中，儒家的文化政策远不及法家的严刑峻法来得更为立竿见影，见效迅速，“更为主要的原因，是在中国古代君主专制的体制背景之下，道德和法都不过是统治者的为政之具而已。”②

范文澜说：“武帝表面上尊崇儒家，实际上杀人很多，用的是法家的刑名之学。《公羊传》说：‘君亲无将，将而被诛。’意思是说，臣子对君父不能有弑逆的念头，如果有的话，就可以把他杀死。这个论点很合乎武帝随便杀人的意思。”③

实际上，对于汉武帝阳儒阴法的这一套做法，历史上很多学者都看得一清二楚。司马光直接批评“孝武穷奢极欲，繁刑重敛，内侈宫室，外事四夷，信惑神怪，巡游无度，使百姓疲敝，起为盗贼，其所以异于秦始皇者无几矣”。但他同时也肯定汉武帝“能尊先王之道，知所统守，受忠直之言，恶人欺蔽，好贤不倦，诛赏严明，晚而改过，顾托得人”，认为这就是“其所以有亡秦之失而免亡秦之祸”，“秦以之亡，汉以之兴”④ 的根本原因。司马光之论，一分为二，客观精当。

到了汉宣帝时期，统治者在政治实践中更是自觉地奉行“霸王

---

① 《史记 · 平准书》。

② 关健英著：《先秦秦汉德治法治关系思想研究》，人民出版社，2011 年版，第 188 页。

③ 《范文澜历史论文选集》，中国社会科学出版社，1979 年版，第 310 页，

④ 《资治通鉴》卷第二十二，《汉纪第十四》。

道杂之”这一汉家制度，进一步实现霸道与王道的相互配合。

宣帝少时，受《诗》《论语》《孝经》，因卫太子好《穀梁春秋》而崇其学。他承武帝而尊儒，“宣帝时修武帝故事，讲论六艺群书”[①]，“招选名儒俊材置左右”[②]。不仅继续擢进经术之士，而且亲自主持、参与经术活动，曾召诸儒讲五经同异于石渠阁，立大小夏侯《尚书》、大小戴《礼》、施、孟、梁丘《易》《穀梁春秋》博士。宣帝显然充分认识到经术在道德培养、文化教育上的功用和价值，并乐于推行此道。在他的统治时期，儒生的地位进一步上升。但这并不意味着他必然将国家政治生活领域全面地向经术开放。在他看来，经术自有其划定的适应范围，不能够也不应该对文法刑政越俎代庖。宣帝在政治上并不纯用儒生、儒术，他因太子“柔仁好儒”，而欲用“明察好法”的淮阳宪王，“乃叹曰：‘乱我家者，太子也！’由是疏太子而爱淮阳王，曰：‘淮阳王明察好法，宜为吾子。’”[③]关于淮阳宪王，《汉书 · 韦玄成传》说他“好政事，通法律，上奇其材，有意欲以为嗣”。同书《淮阳宪王刘钦传》说：“宪王壮大，好经书法律，聪达有材，帝甚爱之。太子宽仁，喜儒术，上数嗟叹宪王，曰：‘真我子也！’常有意欲立张婕妤与宪王。”太子专好儒术，而刘钦兼好“经书法律”，宣帝的偏爱清楚地反映他的思想倾向。又《汉书 · 王吉传》说：“宣帝颇修武帝故事，宫室车服盛于昭帝。时外戚许、史、王氏贵宠，而上躬亲政事，任用能吏。”他的这种态度和立场，让人觉得空立尊儒之名，实则重用刑法之吏，对此，《汉书》上多有批评，“宣帝不甚用儒”[④]，“宣

① 《汉书 · 王褒传》。

② 《汉书 · 刘向传》。

③ 《汉书 · 元帝纪》。

④ 《汉书 · 匡衡传》。

帝不甚从儒术，任用法律”[①]，“宣帝所用多文法吏，以刑名绳下”[②]，“孝先之治，信赏必罚，综核名实”[③]，以至于被臣下讥为“方今圣道寖废，儒术不行，以刑余为周、召，以法律为《诗》《书》”[④]。不过，考诸史实，宣帝对文法吏的重用也是当时社会政治事务日趋复杂，行政管理的广度和难度增加的需要。所谓“文吏”，即主管“文史法律”方面事务的吏员，他们负责案治律令、考核狱讼、办理文书簿记，乃至处理与官场逢迎、对答等有关的日常公务。其中法律事务占据着核心、要害的位置，“文吏治事，必问法家。县官事务，莫大法令。必以吏职程高，是则法令之家宜最为上”[⑤]。文吏可以说是汉代政治运作过程中所一直依靠的主要力量，也是汉初国家政治——法律制度建设的主要力量。统治者不得不依赖他们来进行具体的政治操作。不过，与汉武帝重用文吏中的酷者相比较起来，汉宣帝虽也多用文法吏，却不像武帝那样纵滥法术。无论是从思想渊源还是文化素养、人格修养、处世方式、个性气质，文吏与儒生都形成了鲜明的对照，在参与政治过程中，也往往形成了对立。文吏中的极端者就成为酷吏，儒生中进入政治实践的官吏往往就转变成为循吏。汉初随着儒学的复兴，越来越多的儒生进入官僚机构，为汉代政治注入了新鲜血液，提高了官僚队伍的基本素质，更新了汉代吏治的面貌，这实质是在实践上运用儒法治国进行政治文化整合的主要途径。

汉宣帝还专门昭示天下，称：“夫婚姻之礼，人伦之大者也；

---

① 《汉书·萧望之传》。

② 《汉书·元帝纪》。

③ 《汉书·宣帝纪》。

④ 《汉书·盖宽饶传》。

⑤ 《论衡·程材》。

酒食之会，所以行礼乐也。今郡国二千石或擅为苛禁，禁民嫁娶不得具酒食相贺召。由是废乡党之礼，令民亡所乐，非所以导民也。”这在强调王道。但王道作为儒家的政治理想和王者的向往，其实效却只能在与霸道的配合中实现。所以，复有言曰：“盖闻有功不赏，有罪不诛，虽唐虞犹不能以化天下……或以不禁奸邪为宽大，纵释有罪为不苛，或以酷恶为贤，皆失其中。”①

综上可见，汉宣帝的治国理念是赏刑并用，法治与德治相配合，走中道。这样看来，宣帝说“汉家自有制度”确实是洞见，以儒、法思想为主体兼用霸王之道，是从汉兴以来一直在积极进行政治文化整合的基本思路，其最终成果就是在武、宣时期基本形成的“霸王道杂之”的政治文化模式。宣帝上述一番话，反映了中国上古文化经春秋战国的社会变革和秦汉之际的文化变迁，逐步地完成了转型，步入了新的历史航道。

西汉至元帝时，政治又为之一变，由武、宣的儒、法并用转为专意尊儒。元帝“少而好儒，及即位，征用儒生，委之以政，贡、薛、韦、匡迭为宰相。而上牵制文义，优游不断，孝宣之业衰焉”。②元帝所用宰相贡禹、薛广德、韦玄成、匡衡皆一时名儒。元帝以迄成、哀、平帝四朝，尊儒之风愈来愈盛，王莽即借此风势获得社会赞誉，得到儒生的支持，篡位登上中国政治的舞台。《汉书 · 王莽传》曰：“莽意以为制定则天下自平，故锐思于地理，制礼作乐，讲合《六经》之说。公卿旦入暮出，议论连年不决，不暇省狱讼冤结民之急务。”

为了模仿周公制礼作乐，王莽让大臣们旷日费时地展开讨论，为了表示对制礼作乐的重视以显现升平气象，更不惜耗费民脂民

① 《汉书 · 宣帝纪》。

② 《汉书 · 元帝纪》。

膏。他还在京师大兴土木，建筑豪华的九庙，“功费数百巨万，卒徒死者万数”[①]。

事实表明，王莽改制，实际上是儒家思想运用于现实政治的一次十分极端的行为，它与秦王朝以法家思想为主导而走极端之例构成了遥遥相对的两极。

王夫之在论及汉代政治文化整合过程中这一段历史曲折时，充分地估计了思想学术对政治变革的影响。他说：“宣、元之季，士大夫以鄙夫之心，挟儒术以饰其贪顽。故莽自以为周公，则周公矣；自以为舜，则舜矣；周公矣，舜矣，无惑乎其相骛如狂而戴之也。当伪之初起也，匡衡、贡禹不度德、不相时，舍本逐末，与明堂辟雍，仿周官，饰学校于衰淫之世；孔光继起为伪之魁，而刘歆诸人鼓吹以播其淫响；而且经术之变，溢为五行灾祥之说；阳九百六之数，易姓受命之符，甘忠可虽死而言传，天下翕然信天命而废人事，乃至走传王母之筹而禁不能止。故莽可以白雉、黄龙、哀章铜匮惑天下，而愚民畏天以媚莽。则刘向实为之俑，而京房、李寻益导之以浸灌人心，使疾化于妖也。”[②]

在王夫之看来，西汉政权的移鼎是儒者挟儒术变乱风俗、蛊惑人心导致的恶果。这也让我们深刻反思王莽改制的失败原因。无论是儒者还是王莽，可以说都怀有私心，违背了思想学术发展和政治变革的规律。他们都在本质上背离了儒家中道原则，因而失败不可避免。[③]

纵览汉史，从汉惠帝至景帝，德、刑基本适中；汉武帝元光五

---

① 《汉书 · 王莽传》。

② （清）王夫之著：《读通鉴论》（上册），中华书局，1975 年版，第 134 页。

③ 参见韩星著：《儒法整合——秦汉政治文化论》，中国社会科学出版社，2005 年版，第 237—244 页。

年（公元前 130 年）至征和四年（公元前 89 年），德、刑失衡；征和四年，汉武帝颁布《轮台诏》，德、刑又趋适中；昭、宣两朝，德、刑也较为适中，从而出现了“昭宣中兴”的局面。由此观之，从汉武帝时开始确立的“霸王道杂之”的“汉家制度”可以说是一种行之有效的治国方式，因此为后世所称颂和遵循。

从秦孝公时代公孙鞅变法到汉武帝时代董仲舒的理论构建和实践探索，以儒、法思想为主的各家思想经过长期的“磨合”，此时告一段落。“秦汉政治文化整合的结果形成了礼法并用、德刑兼备、王霸结合的基本构架，这其中王霸结合是整体的概括，礼法并用、德刑兼备是其不同侧面的展开和延伸。它们之间的关系是：王与霸、礼与法、德与刑是双双对应的，相反相成，结构为一体，而王霸是涵盖礼法、德刑的。言王霸可以指礼法，也可以指德刑，当然可以指代自己。言礼法或德刑，在特定情况下，也可指代王霸。这一基本构架在儒法两家思想体系上，王道、礼治、德治和霸道、法治、刑罚又分别是两家思想体系主要支柱的借用。而这种‘借用’又不是绝对一一对应的，虽不能说王、礼、德就绝对是儒家的，而霸、法、刑又确乎可以说完全是法家的。也就是说，儒家在思路上是两点论，法家是一点论。儒家的两点论无法家一点论的配合又落不到实处，是悬空的。法家的一点论任其发展会走向极端，造成很多弊端，它必须回过头去受儒家的制约。这样，一虚一实，一高一下，便可以构成立体网状，相反相成、相互对立、相维相济的结构体。”[1] 这一政治文化模式，为造就雄浑、质朴、开放、刚柔相济的中国政治文明作出了独特的贡献，奠定了中华民族此后两千年历朝历代治国理政模式的基础。

---

① 参见韩星著:《儒法整合——秦汉政治文化论》，中国社会科学出版社，2005 年版，第 244—245 页。

第四章　家国同构

一、血缘向地域转变之枢机

周人在古公亶父之前，还是一个弱小的族群。自古公亶父迁岐以后，励精图治，团结族众，为周人日后的崛起奠定了基础。武王克商后，回顾历史，认为周人取天下的基础肇始于古公亶父时期，因而追封他为“太王”。自古公亶父开始，接着是季历和周文王，连续三代自强不息，到文王时，弱小的周人已经开始强大起来。恰在此时，威震天下数百年之久的“大邦殷”由于几代殷王的昏庸无道，以及其他种种主客观因素，国势开始江河日下。骤然强大起来的周人利用殷人专力对付东方反叛邦国的时机，联合“友邦冢君”，率领服从周的各方国、部落联军突然发难，一举取殷鼎而代之。这样，地处西陲的“小邦周”便取代了“大邦殷”在早期中国的统治地位。

周人之所以能够打败殷人，除了通过自身不懈的努力外，实有种种偶然的因素。殷人虽然因朝歌一役战败，然而积威日久，力量尚存。而且殷遗民人数众多，势力依然雄厚。所以周人代殷之初，在心理上对于能否成功地统治天下并无充分的自信。只是到了周公东征胜利以后，随着周人统治的巩固，这种自信心与治理国家的雄心壮志才随之增强起来。

正是由于在代殷之初周人对拥有与治理天下尚无充分的自信，故殷人作为数百年盟主的威望所具有的强者启示的作用，以及对历史惯例的遵循及受传统习俗的影响，使周人在代殷之后最初试图建立的国家体制，仍旧是效仿殷商政治模式的、以周为领袖国的方国联盟王朝。以往的大量研究成果告诉我们，周初大规模分封诸侯是在成王时代。周武王在推翻商纣王政权以后，所做主要不过是“释百姓之囚，表商容之闾，命南宫括散鹿台之财，发巨桥之粟……封比干之墓”，其后不久便“罢兵西归”。对于作为亡国遗民的殷人，反而是“封商纣子禄父殷之馀民”[1]。这说明一开始周统治者还是按照夏商以来的惯例，在打败敌国之后令其服从即可，并没有从根本上认识到消灭殷商国家的重要性，也没有在政治体制上有创新的欲望，而仅仅让殷人作为邦国联合体之一员服从于周即可，正如“小邦周”曾经长期作为邦国联合体之一员服从于“大邦殷”一样。这种处理的方法，正是部族社会时代的典型做法。倘若失败的殷人能够从此甘心屈居于从属臣服的地位，那么周政权未必不会像殷商对待夏政权那样，全盘复制旧有的统治模式。如果真是这样的话，周王朝也还仍然是一个众多方国林立、维持松散方国联合体的时代。

然而，形势总是在发生变化，企图复兴祖业的商纣王之子武庚，联合被周政权派来监视他、却因对周公摄政不满而与之勾结的管叔和蔡叔，想乘武王新死、成王年幼而周公大权在握的“主少臣疑”之机起而叛周，这就使立足未稳的周王朝立即面临被颠覆的危险。大政治家周公旦于危急存亡之时坚决果断地力排众议，毅然率师东征平叛，挫败殷人的复国阴谋，彻底粉碎了殷人重登盟主宝座

① 《史记 · 周本纪》。

的梦想。

东征平叛后，周公总结教训，深感殷人的霸主地位积数百年之久，势力尚在，余威犹存，而周族则乍然兴起，力量有限，倘若治国方略完全依照殷代制度，那么殷人一旦被猝然打击之后的失败中复苏，由于其人口众多，旧土广大，周政权能否巩固统治将吉凶难料。基于此种考虑，挟再胜之威而又具有雄才大略的周公旦亲自规划设计，对国家制度进行了具有极其深远意义的重大改革，彻底实行了“封建亲戚，以藩屏周”[①]的分封制度，将同姓诸侯与周室勋臣封派到原先周人势力不及的地区进行统治；同时，又通过“制礼作乐”，使周系诸侯与其他文化落后的部族方国截然区分开来，而周系诸侯之间则具有了共同的文化观念与制度约束的同一性基础。这就改变了周初那种不平等方国联盟的松散的政治格局，把周王朝改造成为一个宗法政治化，以共同的政治利益为基础，以礼乐制度和文化观念为纽带，以周王为宗主的宗族诸侯为主、异姓诸侯为辅的、以地缘政治为核心，以家国同构为模式的强大的新的统一王朝。这在中国政治史上，应该是一个巨大的飞跃和进步。

二、家国同构中的封邦建国

周克商后，周族便以镐京、洛邑等王畿地域为中心。王畿之外的东西南北，分散着附属于周王朝的半独立的无数诸侯小国。当时这些小的邦国确如星罗棋布，错落其间。在诸侯各国之间还夹杂着为数不少的完全独立的戎狄少数民族部落。一直到春秋时，还可见到这种痕迹。当时的邦国，面积都不大，其中最大的亦不过相当于

① 《左传·僖公二十四年》。

今天的一县或几县之地，而最小者或仅一村落。所以，传说周封四百余国，附八百余国。可见殷周之际，封邦小国之为数众多了。周室所封同姓如鲁、卫、晋、燕、郑、蔡等，异姓如齐、许、申、吕等，都是周的宗室及姻亲或功臣诸侯，替周室震慑各地之土著异族居民，起到“藩屏周室”的作用。还有原自由独立的部落，在周东征时臣属于周，如楚、杞、徐、莱等国。它们实际上是时服时叛，构成了在东方的不稳定因素。这些附属于周的众多封邦小国，分布在相当于今天的陕西、河南、山西、山东之全部和甘肃、江苏、湖北、河北之一部分，这便是周王朝统治的大致势力范围。这个具体的地理环境，构成了西周政治的广泛性和分散性。①

不过，作为周王朝立国之本的分封制度，其大规模地分封诸侯是在周公当政和成康时期进行的。

周王朝诸侯国数量很多。《吕氏春秋 · 观世》篇谓“周之所封四百余，服国八百余”②；《荀子 · 儒效》篇谓周公“兼制天下，立七十一国，姬姓独居五十三人”；《左传》昭公二十八年谓“兄弟之国十有五人，姬姓之国者四十人”。姬姓诸侯多是文王、武王、周公的后裔。异姓诸侯许多是周人的亲戚，还有一些是归附周朝方国部落的首领。西周时期最重要的封国有武王弟康叔的封国卫、商王室贵族微子启的封国宋、协助武王灭商的吕尚的封国齐、成王弟叔虞的封国晋、周王室贵族召公的封国燕、周公子伯禽的封国鲁等。

分封诸侯时要举行隆重的册命仪式。以周天子封鲁国的情况为例：“分鲁公以大路、大旂，夏后氏之璜，封父之繁弱，殷民六族：条氏、徐氏、萧氏、索氏、长勺氏、尾勺氏，使帅其宗氏，辑其分族，将其类丑，以法则周公，用即命于周。是使之职事于鲁，以昭

① 参见王玉哲著：《中华远古史》，上海人民出版社，2000 年版，第 560、561 页。

② 《吕氏春秋 · 先识览 · 观世》。

周公之明德。分之土田陪敦、祝、宗、卜、史，备物、典策，官司、彝器，因商奄之民，命以《伯禽》而封于少皞之虚。”[①] 封赐东西虽多，但其中最重要的是土地和民众两项，因此在仪式上要由专门的官员来“授土”“授民”。在分封制度下，赏赐和受封都是主从关系的体现，诸侯对于周天子有捍卫王室、镇守疆土、朝觐述职、缴纳贡物、奉命征伐等义务。在诸侯国内，诸侯可以将本封国的土地和民众封赐给卿大夫，卿大夫也可以再将土地和民众分封给自己的子弟和家臣，从而形成了不同层次的分封现象，但最主要的还是周王对诸侯的分封。[②]

牧野大战以后，商王朝被周王朝代替，但殷人和殷人在东方同盟国中反周的力量仍然还很强大。虽然武王初封了太公、周公、召公在齐、鲁、燕等地，但他们的力量还远远不能控制这些地区，所以迟迟不能到他们的受封地区去建立诸侯国家。周公第二次东征以后，才彻底消灭了东方的反周势力，逐渐实现了对徐奄、薄姑等地的控制。

为了加强周王朝对广大地区的控制，成王在周公等人的建议下，又在武王分封的基础上，进行了第二次的大规模分封诸侯，进一步“众建亲戚”，把大片的土地连同民众一起赏赐给自己的亲戚和功臣。这种分封行动，一直持续到康王的时候。这一批又一批新建立的诸侯国，实际是周王朝将自己的统治力量真正延伸到全国各地的标志。

随着分封制度的彻底实施，原来夏商时代的方国联盟制度不得不退出历史的舞台。

---

① 《左传 · 定公四年》。

② 参见晁福林主编:《中国古代史》(上册)，北京师范大学出版社，1994 年版，第 94 页。

据传，在周公分封的七十二国之中，姬姓子弟就占了五十三个之多。这些被封的大小姬姓诸侯，都是文王、武王、周公的后人。如：文王的弟弟被封在东虢、西虢。文王的儿子们被封在管、蔡、郕、霍、鲁、卫、毛、聃、郜、雍、曹、滕、毕、原、酆、郇；武王的儿子被封在邘、晋、应、韩；周公的儿子被封在凡、蒋、邢、茅、胙、祭。这些在广大新征服土地上星罗棋布的大小封国，既是一个个相对独立的政治中心，又是保卫周王朝的大小据点。

周公杀掉武庚以后，首先选择了对周人比较驯顺并在殷人中有一定影响力的微子，将他封于宋地，让他统治一部分殷王朝的遗民。接着就又大规模地分封自己的兄弟和亲戚到被征服的广大地区去建立诸侯国家。

据司马迁记载：

卫康叔名封，周武王同母少弟也。其次尚有冉季，冉季最少。武王已克殷纣，复以殷馀民封纣子武庚禄父，比诸侯，以奉其先祀勿绝。为武庚未集，恐其有贼心，武王乃令其弟管叔、蔡叔傅相武庚禄父，以和其民。武王既崩，成王少。周公旦代成王治，当国。管叔、蔡叔疑周公，乃与武庚禄父作乱，欲攻成周。周公旦以成王命兴师伐殷，杀武庚禄父、管叔，放蔡叔，以武庚殷馀民封康叔为卫君，居河、淇间故商墟。[①]

康叔是武王和周公最小的弟弟，被封在黄河、淇水之间的殷墟，建立了卫国。康叔分得大批殷商遗民，主要有陶氏、施氏、繁氏、锜氏、樊氏、饥氏、终葵氏等“殷民七族”。卫国过去是商王朝活动的中心地带，康叔为了巩固自己的统治，因地制宜，实行的

① 《史记·卫康叔世家》。

是维持殷商王朝旧有的政策，并继续使用商朝的原有法律。在经济政策方面，康叔则改变了原来的所有制关系，把卫国的大片土地都按照周朝的办法重新分配，从而使自己的子弟——大、小贵族都获得了很多土地并由被征服的殷商移民为之耕种。康叔实行的这一套政治和经济措施，就是《左传·定公四年》等古文献所记载的“启以商政，疆以戎索”的政策。

周公很担心康叔因为年纪较轻，没有统治经验而治理不好殷墟故地，因而一再告诫康叔。康叔尊奉周公的指示，兢兢业业，在治理国家上取得了一定的成绩，因而得到了周成王的表彰。《史记》说：

周公旦惧康叔齿少，乃申告康叔曰：“必求殷之贤人君子长者，问其先殷所以兴，所以亡，而务爱民。”告以纣所以亡者以淫于酒，酒之失，妇人是用，故纣之乱自此始。为《梓材》，示君子可法则。故谓之《康诰》《酒诰》《梓材》以命之。康叔之国，既以此命，能和集其民，民大说。

成王长，用事，举康叔为周司寇，赐卫宝祭器，以章有德。[①]

周公告诫康叔：治理国家应当苦身劳形，谨慎地对待每一件事情。你到了卫地以后，一定要向殷朝遗民中有威望的贤人请教，询问他们殷朝是怎样兴起的，又是怎样灭亡的。要经常吸取这些教训，但最根本的一条是要爱惜民力。周公还用商纣王沉湎酒色、宠幸妲己以致国破身亡的例子告诫康叔，要他治国理政时要小心谨慎，革新殷民。

在记载周公对康叔的训诫诰命如《康诰》《酒诰》《梓材》等

① 《史记·卫康叔世家》。

资料中，周公对康叔谆谆教导，希望他能明德慎刑、牢固地统治卫国的殷切心情跃然于纸上。周公让康叔到卫国以后，要大力传布周王朝的德音，以便用周族的道德规范去改造那些被征服殷民的旧俗陈习。周公还吸取了商纣王严刑峻法失去民心的教训，告诫康叔在卫地执行刑罚时一定要宽、猛结合。对那些虽然罪责不重，但明知故犯而坚决不改的人，要毫不客气地杀一儆百。而对那些虽犯大罪，但不是出于故意而又有所悔罪的人，要适当地减轻其惩罚。此外，周公还教导康叔，让他选取殷民中有才能的人当官，通过取得这些人的支持，实现对广大殷遗民的统治。如此等等。

康叔经过周公的一番耳提面命，茅塞顿开。他到了卫国以后，按照周公的办法小心行事，得到了不少殷朝旧贵族的支持。由于康叔治理卫国很有起色，成王亲政以后，康叔被提拔为周王朝的司寇，并得到了周王朝车、帛、旗、钟等许多礼、乐器和财宝的赏赐。

唐叔虞是成王的弟弟，被封在黄河、汾水以东方圆百里多地的唐。

司马迁说：

晋唐叔虞者，周武王子而成王弟。初，武王与叔虞母会时，梦天谓武王曰："余命女生子，名虞，余与之唐。"及生子，文在其手曰"虞"，故遂因命之曰虞。

武王崩，成王立，唐有乱，周公诛灭唐。成王与叔虞戏，削桐叶为珪以与叔虞，曰："以此封若。"史佚因请择日立叔虞。成王曰："吾与之戏耳。"史佚曰："天子无戏言。言则史书之，礼成之，乐歌之。"于是遂封叔虞于唐。唐在河、汾之东，方百里，故曰唐叔虞。姓姬氏，字子于。[1]

唐地一带原是夏人活动的中心，虽然夏王朝早已被商王朝灭掉，但仍有一部分世代居住在这里的夏族人还保持着不少夏代的风俗。唐叔不仅占有了夏墟的民众和土地，还获得了周王朝赏赐的大量被征服的殷人——“怀姓九宗”。唐叔在这里因其旧俗，在政治方面“启以夏政”，实行夏人传统的比商王朝要略为温和的做法，从而使夏民族对新征服者的敌对情绪有所缓和。在经济方面，因为“怀姓九宗”本来就是近于戎狄的商族遗民，所以唐叔把土地按照戎狄的制度在怀姓九宗中进行分配，并由他们每年向唐侯交纳一定数额的贡纳物，这就是《左传》里所记载的“疆以戎索”的措施。唐叔死后，他的儿子燮父迁居到晋水旁，改国号为晋。

太公望是周王朝的三朝元老，他足智多谋，能征善战，为周王朝的建立立下了汗马功劳，初封于吕（今河南南阳）。武庚发动叛乱以后，他又与周公、召公等人一起辅佐成王进行第二次东征，为周王朝统治的巩固又做出了贡献。成王将新征服的薄姑氏土地和百姓封给了太公望，太公望建立了齐国，建都于营丘（今山东临淄以北）。

此外，太公望受成王之命与召公奭一起，可以代表周王室征服那些敢于反抗的五侯、九伯的权力。太公望控制了山东北部的大片地区，其后又经过连年对夷人地区的征战，成为周初实力强大、面积辽阔的一个诸侯国家。

《史记》中说：

太公至国，修政，因其俗，简其礼，通商工之业，便鱼盐之

① 《史记 · 晋世家》。

利，而人民多归齐，齐为大国。及周成王少时，管蔡作乱，淮夷畔同。乃使召康公命太公曰："东至海，西至河，南至穆陵，北至无棣，五侯九伯，实得征之。"齐由此得征伐，为大国。都营丘。[①]

太公望在齐国"简其君臣礼"，重视政治成效。对从殷商以来就以商工为业的齐地居民，太公"从其俗"，继续对他们"劝以女工之业，通鱼盐之利"。据说由于工商业的发展，齐国统治阶级只要从工商业贵族那里收取十分之三的税，就可以应付日常的开销了。太公望在齐国实行的这一套简单易行、亲民的政策，使齐国的工商业有了很大的发展。在太公望的治理下，齐国很快就成为各诸侯国都向往的富庶地区。

前面提到，周公是武王的弟弟，曾为武王治理周国和翦灭殷商做出了重要的贡献。据记载，武王历数商纣罪恶，鼓舞士卒斗志的《牧誓》，就是出自周公的手笔。武王死后，周公又辅佐年幼的成王代行国政，对安定初建的周王朝起了很大作用。特别是他与太公望、召公奭等率兵东征，伐夷践奄，实现了周王朝对东方的实际控制。武庚叛乱平定以后，周公继续留在成王身边为相，他的儿子伯禽从河南鲁山受封到奄国故地，在今天的山东曲阜建立了鲁国，成为鲁公。鲁公伯禽由于父亲周公与成王的特殊关系和卓著功勋，所以得到了特别优厚的赏赐。鲁公不仅得到了条氏、徐氏、萧氏、索氏、长勺氏、尾勺氏等"殷民六族"作为奴隶，还得到了大路之车、旗、夏代传下来的美玉、有名的封父宝弓等仪仗和带有城郭的土地以及大量的礼器。我们从鲁公不仅像卫、唐等国一样得到了大批殷商遗民的赏赐，还被特别授予使用周天子专用的礼乐和典章制度的优待等等中可以看出，鲁国在周初各封国中占有较为特殊的地

① 《史记 · 齐太公世家》。

位。鲁国之封，其分器之多，土地之广，人口之众，在周初诸封国中，除了卫、唐二国外，实非其他国所可比。只要鲁国能站稳脚跟，周王朝在东方便无边防之忧了。

鲁国建立后，鲁公伯禽继续对鲁国周围的淮夷、徐戎等少数民族用兵，这在《尚书·费誓》里有所记载。

嗟！人无哗，听命。徂兹淮夷、徐戎并兴。善敹乃甲胄，敿乃干，无敢不吊！备乃弓矢，锻乃戈矛，砺乃锋刃，无敢不善！今惟淫舍牿牛马，杜乃擭，敜乃阱，无敢伤牿。牿之伤，汝则有常刑！马牛其风，臣妾逋逃，勿敢越逐，祗复之，我商赉汝。乃越逐不复，汝则有常刑！无敢寇攘，踰垣墙，窃马牛，诱臣妾，汝则有常刑！

甲戌，我惟征徐戎。峙乃糗粮，无敢不逮；汝则有大刑！鲁人三郊三遂，峙乃桢干。甲戌，我惟筑，无敢不供；汝则有无余刑，非杀。鲁人三郊三遂，峙乃刍茭，无敢不多；汝则有大刑！

在发兵淮夷、徐戎前，伯禽在将士面前起誓说："现在这些淮夷、徐戎同时起来作乱。好好准备你们的军服头盔，系结你们的盾牌，不许不准备好！准备你们的弓箭，制造你们的戈矛，磨利你们的锋刃，不许不准备好弩！在战斗过程中不准伤害牛马，也不准乘乱抓走散的牛马，或者偷窃别人的牛马，你们必须把这些战利品都归还原主。战斗胜利以后，更不准私自闯入别人的家里去抢劫财物，如果有谁敢违犯我的命令，就要受到严厉的惩罚。鲁国郊外的人们，你们要准备好干粮和版筑用的木柱、木板，早日要建筑与徐戎对垒用的城墙，谁要是耽误了我的大事，我就把他处以死刑！"经过征战，淮夷、徐戎被打败以后，鲁国在奄国旧地的统治更加巩固了。

另外，北燕也为周初封国。召公奭始封于河南召陵，武王灭商以后，被改封在远离岐周的北燕，都城设在今天北京西南一带。《史记 · 燕召公世家》说："周武王之灭纣，封召公于北燕。"召公奭本人未就封，《史记索隐》说："召者畿内采地，奭始食于召……后武王封之北燕……以元子就封，而次子留周室，代为召公。"这是说北燕始封于武王灭纣之后。然而，这种说法是不对的。因为已证实北燕在今河北省的北部，周武王克商时该地当仍系商人的势力范围，非周人所能控制。所以，封北燕只能在周公平武庚乱之后。[①]

《逸周书 · 作雒解》记载周公东征，管、蔡败亡，"王子禄父北奔"。大概当时武庚禄父见大势已去，乃逃奔属于商的北方同族方国。周公擒杀武庚于北土，于是这一带才真正纳入周朝的统治范围。召公的大儿子到燕地主持国政，为第一代燕侯，而召公仍留在镐京身居三公要职。周公摄政时，召公为太保，负责管理西部地区，周公负责管理东部地区。周公权力增大，曾引起召公的怀疑。周公为召公列举商朝太戊时有伊陟、臣扈和巫咸，祖乙时有巫贤，武丁时有甘盘等贤臣良佐的例子以剖明自己的心迹，恳切地为他讲解历史上的这些大臣虽然权力很大，但并没有危害这几位商王的地位，反而使商王朝大治的道理。周公向召公表示：自己也要像这些人一样帮助成王治理好天下。这一切，消除了召公对周公的疑虑。在第二次东征的过程中，召公与周公、太公一起，对平定武庚的叛乱和徐、奄等国的反抗起到了很大的作用。关于这段历史，《史记》中曾有如下记载：

① 王玉哲著：《中华远古史》，上海人民出版社，2000 年版，第 534 页。

召公奭与周同姓，姓姬氏。周武王之灭纣，封召公于北燕。

其在成王时，召公为三公：自陕以西，召公主之；自陕以东，周公主之。成王既幼，周公摄政，当国践祚，召公疑之，作《君奭》。《君奭》不说周公。周公乃称“汤时有伊尹，假于皇天；在太戊时，则有若伊陟、臣扈，假于上帝，巫咸治王家；在祖乙时，则有若巫贤；在武丁时，则有若甘般：率维兹有陈，保乂有殷”。于是召公乃说。

召公之治西方，甚得兆民和。召公巡行乡邑，有棠树，决狱政事其下，自侯伯至庶人各得其所，无失职者。召公卒，而民人思召公之政，怀棠树不敢伐，哥咏之，作《甘棠》之诗。[1]

总之，周公第二次克商后，为了巩固周王朝的政权，在其军事到达的广大东方和北方，建立了鲁、齐、卫、唐和燕等众多诸侯国家，遥相呼应，呈掎角之势。这种分封措施，一方面用以镇抚远方的异族，一方面也作为周王朝的藩屏，“为周室辅”。由此而奠定了周王朝八百年的统治天下。通过大规模的分封，周王朝将原来商王朝的统治地区分割为星罗棋布的大小诸侯国。原来的殷商遗民，也被成族地赏赐给各主要诸侯国的统治阶级，成为周王朝诸侯国的新居民，从而使反周力量被瓦解。在难以控制的东部与北部地区，随着徐、奄、薄姑等商遗民反抗的失败，也逐渐被周公、太公望、召公奭这些拥有强大政治和军事力量的大臣所控制。东方的齐、鲁两国和北方的燕国，成为保卫西方周王朝中心地区的一道屏障。自此，周王朝改变了在武王灭商后一段时间“天下未集”的统治不巩固的局面，成为一个疆域超过商王朝的疆域辽阔“溥天之下，莫非王土；率土之滨，莫非王臣”的泱泱大国。

---

① 《史记·燕召公世家》。

周朝政治制度是由以封建制为基础的一整套庞大的政治体系构建而成的。这套政治制度主要包括分封制、礼乐制以及在二者基础上建立起来的一整套详细而庞杂的宗法制度。封建制的意义，主要体现在“大邦维屏，大宗维翰，怀德维宁，宗子维城”①上面。也就是说，诸侯国是天下的屏障，宗族是天下的栋梁，德政是安定的保证，嫡子是天下的城墙。这种通过封建制度，将周政权与整个国家牢固地连接在一起的政治体系，“较好地解决了中央与地方之间的关系问题，弥补了夏、商两代所暴露出来的中央对地方控制十分薄弱的缺陷。对于维护一姓之天下在一定时期内的有效统治而言，也不失为一种较为明智的选择”②。

西周原是一个西方小国，推翻商王朝以后，面临着要统治一个文化比自己高，潜力较自己大的种族的问题。一方面是西周王朝兵力单薄，另一方面则是新征服地区地域的辽阔和人口的众多。新降服的种族大都保持了原有的部落血缘集团的组织形式，随时可利用聚族而居的特点进行反抗。在这样一种形势下，西周王朝一方面吸取了殷人内服制统治的经验教训，即采取打乱商人的原有行政组织系列，派官员直接进行管理；另一方面把这种统治方式推广到外服地区。如西周初年大分封时就将殷遗民所在的方国组织形式打乱，以更小的宗族或家室为单位分赐给受封诸侯。

在地方行政体制上，西周王朝实行分封制度。分封制度并不为西周王朝所独有，而是中国早期社会中一种为协调统治阶级利益而建立的制度，即一种君王向诸侯、诸侯向卿大夫“授民授疆土”以建立邦国的政治制度。但这一制度到西周时期发展到成熟、严密和完善的水准，并有宗法制度、礼乐制度等与之配套，加以保证，成

① 《诗经 · 大雅 · 板》。

② 辜堪生、李学林著：《周公评传》，四川大学出版社，2006 年版，第 129 页。

为一种新型的中央与地方的关系。

西周王朝除留下王畿的一部分地区由王室直接管理外，将王畿以外地区实行分封，即为王族成员、功臣姻亲和传统贵族“授民授疆土”。诸侯接受土地和人口后，也将其中一部分划归自己作为自己家族“公族”的财产，而将其余部分分封给卿大夫。卿大夫接受土地和人口后，便不一定再行分封，而是仅将一部分土地依次分给自己的子弟、亲属和家臣作为份地。经过不同层次的分封，西周王朝形成了等级结构的国家群。分封制不仅在王畿以外推行，而且也在王畿以内贯彻。西周王畿很大，周王为调动朝官的积极性，常将王畿空地作为职田，连同其人口分封给内服高级官员。

分封诸侯的目的是拱卫中央王朝，故天子和诸侯之间存在着一定的权利义务关系。诸侯尊周王为天下共主，周王则赐给诸侯一定的爵位。诸侯要承担各种义务，如镇守疆土，缴纳贡赋、随王出征、定期朝觐，派人为王室服役等。诸侯国的内部事务，如重要官员的设置，城堡的大小等方面仍受周王约束。反过来看，周王也要对诸侯提供保护，解决列国之间的争端，协调各级封君之间的关系。从以上诸方面看，诸侯兼有地方行政长官的性质，但是，西周诸侯也保留有相当的独立性。他们在自己的封地内可以设官分职，征收赋税，并且拥有自己的武装力量，在民政、军务、人事诸方面均有相当大的自主权。

西周时期分封制度达到成熟和完善。一方面是分封制度本身趋于成熟和完善，即对分封的范围、仪式、依据和原则等方面规定得十分详细。另一方面则是宗法制度、礼乐制度等配套制度的成熟和完善。分封制度所表现出来的是以周天子为首的等级名分制度，宗法制度从血缘关系、文化习惯、思想观念价值上去维护这种制度，礼乐制度则从行为上去维护这种制度。[①]

成康之世，才是西周王朝大规模封邦建国的时期。东方的叛乱平定了，姬姜的诸侯在东方巩固了周公东征的成果。“昔武王克殷，成王靖四方，康王息民，并建母弟以藩屏周。亦曰吾无专享文武之功，且为后人之迷败倾覆而溺入于难，则振救之。”[②] 由这段话看，成康之时实为周人“封建亲戚”的时代。在政权用国家力量实行封邦建国这一改造过程中，周人以长治久安为目的，以分封制为基石，创建了发达的、打破夏商以来部族方国结构的社会桎梏政治文明新时代。

成康之世，周人的封建，大约只用在中原，亦即殷商旧地，加上在东方与北方开拓的疆土，如齐燕诸国，往南则不过到淮汉一带，所谓汉上诸姬。周室封建事业大成于成康，则说明了所谓封建亲戚，以藩屏周室，属于周初建国工作的一部分，并不是在后世仍继续推广进行的常制。周人与姜族的封君中，大部分在成康之世已经建国了。即使后世仍有少量新封国出现，如郑国，其数量实不能与周初所封的等量齐观。这一现象特有的时间性，对于封邦建国的性质当应有所启示。[③]

前面说过，夏、殷两代，天下众多的方国邦族大都采取亲族聚居的形式，所谓的一国其实就是一族，兼有血缘部族与早期地缘国家的特点。殷人的方国在当时是最为强大的，自称“大邑商”“大邦殷”。与它同时并立的还有众多的大小方国，这些方国包括大邑商自己在内，都是自然生长起来的。它们于各自直接控制的辖土范围之内，均采取血缘聚居的方式。“大邦殷”虽然征服过许许多多

---

① 参见虞崇胜主编：《中国行政史》，高等教育出版社，1999 年版，第 24、25 页。

② 《左传 · 昭公二十六年》。

③ 参见许倬云著：《西周史》，生活 · 读书 · 新知三联书店，2018 年版，第 160 页。

的方国，但并没有把这些异姓方国从政治制度上融化为自己邦族的一部分，而仅仅是用强力迫使他们处于附属、服从的地位。因此，所谓的殷商王朝，实际上不过是以“大邑商”为领袖的、由众多方国组成的一个松散的方国联合体，这与周王朝在地域、政治、文化上全方位的大一统有着天壤之别。殷商王朝直接控制的“四土”不过为今天黄河中下游的冀南、豫中一带。其他的邦族方国，基本上都是独立的，它们有着各自的宗教信仰、神灵崇拜、文化传统、风俗习惯。它们和“大邑商”之间的关系，仅仅是一种首领和从属的关系。它们之所以奉“大邑商”为领袖，听从“大邑商”的调遣与指挥，仅仅是因为“大邑商”的实力强大而不是什么其他更重要的共同政治与文化因素。舍武力震慑外，二者关系中并无其他以制度和信仰为基础的、具有强大影响力和制约力的恒久性因素。

周初封建制则与殷商的方国政治联合实体不同。它是在打破旧式部族方国血缘界限的基础上，以周王授土授民的名义赐予，由姬姓或异姓功臣建立的、以周人为统治族的新型国家。在分封整合过程中，原来的“殷民七族”“殷民六族”，以及其他一些商代强大方国的贵族和遗民，整族被迁往各周人封国，由封国统治者“帅其宗氏，辑其分族，将其类丑，以法则周公，用即命于周”[①]。进行分化式管理。这样做的结果，使得殷人的旧有势力脱离本土，云散四方，被分别羁绊，已不可能重新聚合，死灰复燃。所以，经过周公二度分封之后的殷人实力，已没有了重温复国旧梦的可能。更为重要的是，通过周初的封建制过程，这些由周王授土授民新建的国家，已经不再是旧式的血缘聚居的方国性质，而是由周人、本地土著以及外迁而来的殷人和其他方国各部族混合、以周人为统治者的新型国家。过去那种一族即是一国的情况在周系诸侯（至少是其主

① 《左传·定公四年》。

要诸侯国）里已经不复存在，兼具血缘与地缘特征的早期国家时代向以地缘划分居民的成熟国家过渡的发展过程已经开始。同时，这些分封的诸侯国家在名义上属于周王所有，在实际政治生活中也必须听从周王的指挥，并承担各种责任与义务。它们与周王室的关系，已不再是方国联合体中的那种松散的成员与首领的胁从关系，而是臣属与君主的政治利害统一关系，同时，也是中央与地方之间的关系，这使得王权大大得到强化。这种变化，正如王国维所言："由是天子之尊，非复诸侯之长，而为诸侯之君。"[①] 中华民族"天下一体"的观念也由此产生。

封邦建国在中国历史上具有重要的地位与作用，对后世也影响甚大。

秦始皇统一中国以后，朝廷内就推行分封制还是郡县制展开了激烈争论。其中多数官员坚持继周制实行分封制的立场，李斯则力排众议，坚持推行郡县制。他从周代分封，最终导致"诸侯更相诛伐，周天子弗能禁止"的事实，说明分封制不可行。但推行郡县制的秦王朝却是一个历两代即亡的短命王朝。秦的速亡，导致汉高祖刘邦在消灭了异姓王之后，大量地分封自己的子侄为同姓王。汉初同时又推行郡县制，形成了郡国并行的局面。到汉武帝时，一些同姓封国强盛起来，爆发了"七国之乱"。平息叛乱以后，汉武帝削去了分封诸侯王的全部权力，规定他们不得"治国"。这种分土不治民的做法，使分封国变成了郡县。汉武帝采纳主父偃的建议，推行"推恩令"，允许国王分城邑给自己的子弟，使大国变成很多小国。这样，中央集权得到了加强。

西晋王朝建立以后，晋武帝司马炎也认为魏亡是由于帝室孤立，没有力量制约权臣的结果。加之陆机等人也强调"古之王者，

① 周锡山编校：《王国维集》第四册，中国社会科学出版社，2008 年版，第 131 页。

必封同姓，以明亲亲，必树异姓，以明贤贤”，这就导致西晋大封同姓王，先后共有五十七人被封。结果事与愿违，晋武帝死后不久，就爆发了历时四年之久的“八王之乱”。这次大动乱造成了社会经济的极大破坏，并由此引发了以后中国长达三百年的大分裂。因此，西晋的宗法式分封，并未带来当年周公分封的那种理想的效果，相反，却带来了十分严重的恶果。

唐代初期，在推行分封制还是郡县制上也有过激烈争论。宰相萧瑀认为，“三代封建而长久，秦孤立而亡”，建议实行分封制，但遭到大多数官员反对。唐太宗本想推行分封制，但碍于群臣的反对无法立即付诸实施。不过，在公元 631 年 2 月，他还是分封了一批皇室宗亲为王，此后又陆续分封了几十人为王。武则天建立武周政权以后，也大封武氏亲戚为郡王。唐代中后期，藩镇割据势力壮大，于是分封论再度出现。柳宗元写下《封建论》，总结秦汉以来关于地方分权和中央集权的争论，批驳了分封论。

明朝初年，朱元璋出于对异姓功臣的猜忌，提出了一个分封诸子为王的冠冕堂皇的理由，即“天下之大，必建藩屏，上卫国家，下安生民。今诸子既长，宜各有爵封……为久安长治之计”[①]，前后封皇子二十三人为亲王，叔父、侄子十五人为王，共三十八王。诸王在封地设王府，并设置官属，护卫甲士少者三千，多至一万九千人。诸王地位高于朝中大臣，公侯、大臣见了他们都要下拜。明代规定皇子都封为亲王，受封亲王共计六十二人。亲王嫡长子立为王世子，长孙立为世孙，世代承袭亲王之位，其余诸子封郡王。郡王嫡长子承袭郡王之位，其余诸子封镇国公。其下依次封为辅国公、奉国公、镇国将军、辅国将军、奉国将军、镇国中尉、辅国中尉、奉国中尉等，都按嫡长子继承，次子以低一等分封的办法延续

① 《明太祖实录》卷 51。

下去。由此可见，明初朱元璋对周公的宗法式分封的仿效已达到极为神似的程度。朱元璋把自己最信任的儿子分封到边防重镇，让他们手握重兵。朱元璋死后，当继位的建文帝打算削藩时，燕王朱棣已是“尾大不掉”，终于举兵反叛中央王朝，经过三年的“靖难之役”，推翻了建文帝政权。朱棣上台以后，对藩王的权力加以限制，削除了藩王的兵权。有明一代，规定这些皇族不能参加科举考试，做官吏，也不许他们务农经商，他们完全变成了“寄生虫”。一些地位高的皇族，不受法律约束，几乎无恶不作，完全成了社会的祸害。虽然明代分封制在宗法统系上与周公时代几乎完全一致，但并没有全面恢复到周公时代的水平。在政治权利、地位上，受封诸侯根本无法与周代诸侯们相提并论。相反，其恶果很多。这表明，宗法式分封制在高度君主专制的中央集权的封建社会后期已经愈来愈不合乎时代的潮流，分封制由此从中国政治舞台上逐渐消失。

然而不管怎样说，周初大规模的分封不但使中国早期的国家制度向前发展了一大步，而且又因为宗法关系的政治化而导致了宗法制度的完善与发达，这深刻地影响了后来中国的历史与民族的文化习性。

三、宗法礼乐制在家国同构中的作用

（一）宗法制度在家国同构中的作用

原始社会末期，随着生产力的发展，剩余产品的出现和阶级的分化，氏族的民主管理制度走到了尽头，需要一种超越社会之上、具有强制性的公共权力机关来重新调节人们的行为，这便是国家。

夏王朝是在部落联盟的基础上将部落联盟的管理体制加以改造

而建立起来的一种新型国家。这种改造的关键环节是将部落联盟领导集团通过民主推选军事首长的“禅让制”变为王位继承制，从而把原先民主制基础上的“公共权力”变为一种凌驾于社会之上的强制性“公共权力”。

不过，有夏一代，中国政治虽然已经步入了国家门槛，但因为处于草创与探索阶段，国家机器尚十分简单，中央政府并不向归属于它的氏族组织直接派遣官吏，而是利用原有氏族和部落的血缘关系，由原来的酋长治理。其余部落与夏国的关系，由部落联盟关系转变为朝贡关系，即一种名义上的隶属关系，实际上各部落与夏国之间的纽带十分松散，并不是如今日之中央与地方的政治体制。因此，夏代政治具有相当浓厚的血缘关系色彩，也兼具一定的宗法政治的特点，但中央与地方的关系极为松散，地方对中央王朝的关系主要表现为纳贡。

与刚刚迈入文明时代门槛的夏王朝相比，商王朝的政治管理水平明显有所提高。商王朝在政治体制上采取了“内服”和“外服”相结合的统治方式。“内服”是指王畿以内的地区，由商王直接进行统治，设有“百僚”和“百辟”等官职，具有较多的地缘关系特征。“外服”，是指王畿之外的分封地区。受封者有商王诸子，也有功臣和夷族首领。分封诸侯有自己的统治机构和地方武装，他们接受商王的统治与封号，其封国可以世袭。他们有为商王戍边、随王出征、纳贡服役、朝觐祭祀等义务。同时，分封诸侯们在其领地上有高度自治权。商代政治带有一定的宗法色彩，特别是在商代后期更为明显。只是由于商王朝最高统治者们始终相信君权神授，动辄以上帝的意志作为镇压方国反抗的依据，因此，他们并不把血缘关系这个维系统治集团内部团结的特殊纽带作为政治生活的第一要素。这样一来，商代政治表现为只具有宗法制度的初级形式，还远未达到成熟的阶段。

夏王朝开创了“家天下”的局面，建立了王位世袭继承制度。但据《史记 · 夏本纪》载，夏朝王位继承顺序并无严格规定，基本是以传子为主，辅之以传弟。商朝前期，其行政体制基本上沿袭夏朝，在王位继承上缺少详细的规定，基本上是一种兄终弟及制，兄死弟继，直到同辈之弟全不在世时，再由长兄之子继承，以此类推。这一继承方式中潜伏着动乱因素，造成商朝前期“废嫡而更立诸弟子，弟子或争相代立”[①]的王位争夺，即商前期历史上的“九世之乱”。盘庚迁殷后，吸取前朝有关经验和教训，变“兄终弟及”制为王位王子继承制，即由家族占有王位缩小到王的直系占有王位。有关王位继承顺序的这一演变，较好地解决了最高统治权顺利地交接，避免因内部权力斗争而危害整个王朝的统治。[②]

宗法起源于商代，在殷墟卜辞中，我们可以见到“大宗”“小宗”的说法，这些“大宗”“小宗”是指宗庙，而且是专指合祭先王神主所设的宗庙。另外卜辞中还有“大示”“小示”“下示”“上示”。大示、小示与大宗、小宗是不同的。大示与上示义同，是指上甲与大乙、大丁、大甲、大庚、大戊五个日名前冠以“大”字的先王神主，而小示是旁系先王的神主，下示是指中丁以后的直系先王。在这种集合神主宗庙中，对神主按位置次序进行排列分类。这些现象说明了在殷商时代已基本产生了宗法制度的雏形，因为宗法制首先要严格区分嫡庶关系。殷商时代多少做到了这一点，因为区别直系先王与旁系先王也就是区别了嫡庶关系。

但是，商代并无像周代那样的严格意义上的宗法制度。因为周代宗法制度的“亲亲”观念是实行依亲属血缘关系的远近来排列亲

---

① 《史记 · 殷本纪》。

② 虞崇胜主编：《中国行政史》，高等教育出版社，1999 年版，第 19 页。

疏的。《孟子 · 离娄下》说：“君子之泽，五世而斩；小人之泽，五世而斩。”谓君子小人恩泽福利，满五世则除尽。《礼记 · 丧服小记》亦说：“亲亲以三为五，以五为九，上杀、下杀、旁杀而亲毕矣。”“杀”是递除、递减之义。所谓“以三为五，以五为九”是说直属亲属关系，从自己开始，上父、中己、下子，合起来为三；上父与祖父，下子与孙，合则为五；上父、祖父、曾祖父、高祖父，下子、孙、曾孙、玄孙，合则为九。向上则亲属关系越来越远，向下亲属关系也是越来越远。周人的这种亲属关系丧服制度显然与商代不同。因为依《礼记 · 王制》等文献记载，体现宗法关系的周人丧葬制度规定“天子七庙”，而卜辞中所见殷人直系先王的宗庙可以世代保留，未见有毁庙之制。如武丁宾组卜辞有唐宗（大乙宗），大丁、祖丁宗。说明武丁时代先王诸宗同时存在，直系先王的宗庙并未用毁庙迁主之制。依此看来，商代的宗法制度并未完全建立起来，仅仅是出现了宗法关系的一些萌芽而已。

西周初期，周人的血缘组织基本上没有解体。“小邦周”战胜“大邑商”以后，周人难以对辽阔的疆土进行牢固的统治。在这种危急的局势之下，周武王和周公选择了以维护血缘关系为目的的宗法制度。

周公之所以选择宗法政治，也是在怀疑天命论之后所产生的必然结果。由于把上帝与祖先神灵分开，神的地位和作用大大下降，于是氏族、部落间的血缘关系就成了政治生活中的最高权威。因此，维系人们原有的血缘关系，就有助于“保民”。为了达到这一目的，周公把商代后期已得到初步发展的宗法制度加以完善，使之最终定型，确立为周代政治制度的核心内容之一。

今天，我们已不可能直接找到周公对于宗法制度的原始论述资料。但在《左传 · 文公十八年》中，鲁人提到“先君周公制周礼”，并引用了周公所制周礼中的一句话。由此可知，周礼确为周公所创。虽然我们已知流传下来的《周礼》《仪礼》《礼记》等书并非周公当年亲自编订，但它们的确又源于周公，这已是不争的事实。这些典籍中关于宗法制度的记载，大体上反映了周公当初的治理思想，成为我们研究周公宗法政治思想的主要资料来源之一。

所谓宗法，就是以家族为中心，按血缘关系远近区别嫡庶和亲疏的法则。周公所制定的宗法政治制度主要包括嫡长子继承制、分封制和宗庙继承制等。

商代后期确立的王子王位继承制并未完全解决王位继承的顺序问题，真正解决这一问题的是西周时期确立的嫡长子继承制。商代后期已出现嫡庶分别，但仅是萌芽而已。周文王之时正式确立世子之制，即文王在位期间就指定武王作为自己的继承人。在这以后，逐渐出现了一些成文制度，即“立嫡以长不以贤，立子以贵不以长”①的原则。这一原则通过西周初年加以完善的宗法制度最后被确定下来。

事实上，宗法制度的核心问题就是通过血缘亲疏及长幼辈分的家族观，保证嫡长子继承王位。即在嫡庶所生诸子中，必须确定嫡正所生之子的优先继承地位，而在诸嫡子之中，又必须确定长子的优先继承地位。这一客观的标准使继承人的资格被限制在一个人身上，其他诸王子不敢冒天下之大不韪而争夺王位。这为统治集团提供了权力的继承和更迭原则，降低了权力转移时政治震荡的频率。

嫡长子继承制确立了嫡长子在继承权力、财产和主持祭祀等方面相对于其他兄弟的优先权。按今天的观点看，它所反映的是一种法律关系。但在周初，平民和奴隶是没有什么东西可以传给后代的，因此它主要是周代贵族在进行权力分配时的一种政治规则，尤

① 《公羊传 · 隐公元年》。

其是处理周天子与诸侯之间的关系时所必须遵守的规则。

在周代的分封制中，就充分地体现了这一点。

在周初主要由周公所大力推行的分封制，其实际意图就在于以宗法为核心，按照血缘关系的亲疏远近“封藩建卫”。按照分封规则，周天子是天下大宗，他的嫡长子为宗子，是王位继承者。庶子是小宗，但在其封国内又是大宗。庶子的嫡长子继承封国，其余诸子被封为卿大夫。卿大夫分得土地作为采邑（同时也得到附属于土地上的民众）。卿大夫的嫡长子继承其采邑，其余诸子又被封为士。卿大夫对诸侯而言为小宗，对其所封之士而言又为大宗。这样，逐级分封，确立彼此间的隶属关系，由下对上承担一定义务。比如，诸侯向周天子尽镇守疆土、捍卫王室、缴纳贡赋、朝觐述职等义务。

从表面上看，商、周分封制是相同的，其实二者是不同的。周公所推行的分封制是建立在相当完备的宗法制度基础之上的。从政治关系看，周天子成为天下共主，对诸侯直接进行控制，不同于商朝商王与封国诸侯的宗主式关系。从宗法关系看，周天子是天下的大宗，君主之位由嫡长子世代继承，永葆大宗地位，这就避免了商代在王位继承权上的混乱状况。这样一来，通过宗法式分封，周代最高统治者就实现了政权、族权和神权三者的紧密结合，这不能不说比之于商王朝又高明了许多。

另外，从西周分封的实际情况来看，周王朝也的确体现了宗法政治的基本原则。

周代分封，以周公东征胜利以后的规模为最大。周公所分封的诸侯，有同姓、异姓和黄帝等古帝王之后三种。据《荀子 · 儒效》记载，共封七十一国，其中姬姓独属五十三个。姬姓受封者为周文王、武王、周公之后，或为周王之兄弟，皆为同族。异姓功臣主要为姜姓。姜子牙（吕尚）不仅为功臣，也是周王室的姻亲，与周王室有深厚的血缘关系。如此看来，受封的绝大部分诸侯，均与周天子有血缘关系。

分封制度的基本原则，使周族的成员及其亲属在政治权力以及其他利益的分配中都依据其宗法血缘关系的亲疏远近而不同程度地得到了好处，他们几乎都成了整个统治集团的一员。这样，他们之间的血缘关系不但没有因为胜利后的利益分配不均而遭到削弱，反而因共同利害关系而得到了较为巩固的维系。周公通过封邦建国，达到了增强周人内部凝聚力的目的，成功地巩固了政权。周天子在较长时期内始终保持着很高的权威，成为全国土地的最终所有者和王畿之地的实际拥有者。周天子有极大的权力，凡政治、经济、军事、宗教、司法、礼仪诸方面的大事，都由周天子决定，即“礼乐征伐自天子出”。周王对不履行义务的诸侯，可以采取削减封地、降爵，甚至以武力消灭等措施。这种以血缘关系为基础而建立起来的天子权威，在西周建立以后的较长时间里都未受到过真正的挑战。

宗法政治的意义，正如周公后人凡伯所说，就是“大邦维屏，大宗维翰，怀德维宁，宗子维城”[1]。也就是说，诸侯国是天下的屏障，宗族是天下的栋梁，德政是安定的保证，嫡子就是天下的城墙。一张以血缘为纽带紧密编织而成的宗法网络，使得周王室与整个国家牢固地联结在了一起，较好地解决了中央与地方的关系问题，弥补了夏、商两代所暴露出来的中央对地方控制十分薄弱的缺陷。它对于维护一姓之天下在一定时期内的有效统治而言，也不失为一种较为明智的选择。

一方面，宗法制度不仅解决了嫡长子继承王位的问题，为周王

① 《诗经 · 大雅 · 板》。

朝统治集团提供了权力的继承和更迭规则，降低了权力转移时政治震荡的频率，而且还协调了各级封君之间的关系，起到稳定整个王朝统治秩序的作用。即将嫡长子继承王位的原则扩展到所有封君（诸侯、卿大夫）中去，以此理顺各级封君的关系、明确宗子与别子，大宗与小宗之间主干与枝叶的宗法系统。这样就增强了统治集团政治上的认同感，提高了统治的效能，在家族的认同中形成国家的认同，以便达到对国家的有效治理。宗法制度反映了周代统治阶级亲族内部的等级秩序与继承制度，它是一种家国同构的政治模式。

另一方面，宗法政治也存在着明显的弱点。随着时间的推移，受封诸侯们与天子之间的血缘关系越来越疏远，这就势必导致血缘纽带的松弛。自春秋以来，周王室对诸侯逐渐失去约束力，昔日威风八面的天子已不再是天下共主，而一些强大的诸侯国，却“挟天子以令诸侯”，打着“尊王攘夷”的旗号，争夺霸主的地位，迫使各国向霸主交纳贡赋，获取本应由周天子享受的政治和经济特权。自周平王东迁之后，在长达五个世纪之久的时期内，周王朝已名存实亡。其军队由六师减少到两师、一师，直到不足一师王畿之地不足原来的一半，从实力和地位上已衰落为一个诸侯小国。公元前256年，周王朝终于彻底灭亡。这表明，仅仅依靠以血缘纽带为基础而进行的宗法式分封，是不可能使一姓之天下世世代代永远传下去的。

然而，我们必须看到，周公的宗法政治思想及其实践，对中国古代社会产生了长期的影响。祖述周公的儒家学派始终倡导对宗法制度的维护。自汉武帝“罢黜百家，独尊儒术”以后，儒家思想长期居于正统学术思想的地位。这就使宗法制度在民间得到更为广泛的推行，在中国社会中形成了始终是由血缘纽带维系着的宗法组织——家族，家族充当着中国社会的基石。在西汉至南北朝时期，由于推行了保护门阀世族的九品中正制和占田制，一些宗法豪强势力崛起，在全国各地形成了一大批豪门世族。特别是在魏晋南北朝时期，因战乱频繁，统一的中央政权长期缺位，造成世家大族横行乡里独霸一方，形成了一个个集宗法权力和政治权力于一体的血缘组织。隋唐以来，随着科举制与均田制的推行，门阀世族遭到毁灭性打击，并逐渐绝迹。但从北宋以后，在宋明理学的大力倡导下，宗法制度又在新形势下卷土重来。宋儒把周公所确定的宗法制度理想化，主张重建古代宗族组织，于是在中国民间自发组成了以男系血统为中心的宗族共同体。这种新的宗法组织既不同于西周时期的政治关系、血缘关系和人神关系高度统一的宗法制度，也不同于东汉以后的门阀世族及宗法豪强的那种政治形态，而是普遍在民间形成的宗法家族，它更具有大众性、普及性、文化性、长久性。这种民间宗法家族在宋以后的中国封建社会后期存在了七八百年的时间，成为传统中国社会政治生活中的一种基本社会单元。①

（二）礼乐制度在家国同构中的作用

礼制是维护宗法关系和政权运转的一系列等级制度。从西周开始，统治者依照血缘的亲疏远近及政治地位的高低不同而分成许多等级，反映这种等级关系的便是礼制。周代把夏商以来的不平等原则法律化、神圣化，普遍推广开来，用来调整人与人之间的社会关系，另外把这些仪式固定化，形成一系列的制度，显得更加森严、庄重，并行之于各种场合，这就是礼制。

“礼”字在殷商甲骨文中就已出现，它的字形象征以豆（盘）盛玉祭祀祖先、上帝，以示敬意。许慎《说文解字》说：“礼，履也，所以事神致福也。”殷人的“礼”，实际上就是“尊神”的仪

① 辜堪生、李学林著：《周公评传》，四川大学出版社，2006 年版，第 126—130 页。

式。因此，殷人的“礼”，就是与神权和宗法密切联系的行为规范。在天命论盛行的殷商时期，“礼”的宗旨是为神权服务的，殷人之“礼”虽也含有宗法成分，但其宗法色彩并不浓厚。商人奉行的是神权法思想，因此，“礼”的法律功能是相当薄弱的。

在先秦文献中，礼和仪二字常常连用。《诗经·小雅·楚茨》有“礼仪卒度”“礼仪既备”。因礼和仪常连用以至于有人认为“礼”“仪”同义，这是不对的。周礼中礼、仪区别甚严，仪是形式，礼是本质内容。《左传·昭公五年》说：“晋侯谓女叔齐曰：‘鲁侯不亦善于礼乎？’对曰：‘鲁侯焉知礼！’公曰：‘何为？自郊劳至于赠贿，礼无违者，何故不知？’对曰：‘是仪也，不可谓礼。’”这就是说，“郊劳”和“赠贿”只是仪，也就是礼的形式，而不是礼的内容。

那么，礼的内容是什么呢？《礼记·郊特牲》说：“礼之所尊，尊其义也。失其义，陈其数，祝史之事也。故其数可陈也，其义难知也。知其义而敬守之，天子之所以治天下也。”由此可知，在周礼中，礼的“义”是很难了解的；而一旦了解礼的义——内容，并且牢牢地遵守它，天子便可以治理天下了。

周礼实际上包含两个方面的内容，一是亲族血缘方面的关系，前人称为“亲亲”；二是社会政治方面的关系，前人称为“尊尊”。在礼仪等级制度中，“亲亲”讲的是亲族宗法制度；“尊尊”讲的是贵族爵禄制度。前者是亲属关系，后者是政治关系。前者是宗统，后者是君统。“亲亲”与“尊尊”贯彻着严格的等级制原则，它是周代统治者维护统治的工具。凭此工具，统治阶级可以维护从士到天子卿大夫范围之内整个统治阶级的利益和秩序。《礼记·中庸》说“亲亲之杀，尊贤之等，礼所生也”，讲的就是这个道理。因为礼只对贵族阶级而言，庶人以下的阶层则无礼可言，故《礼记·曲礼上》说："礼不下庶人，刑不上大夫。"就是说，礼与刑都各有应用的范围，礼只在庶人以上阶层运用，庶人阶层以下则不用礼义；刑法只用在大夫阶层以下，大夫阶层以上则不用刑法。这也与"劳心者治人，劳力者治于人"的价值原则基本一致。

周礼中宗法关系与政治关系是结合在一起的，也就是说，宗统与君统是合二为一的。《诗经 · 大雅 · 板》云："大邦维屏，大宗维翰。""大邦"指的是诸侯，"大宗"，郑注云："王之同姓之適（嫡）子也。"前者说的是政治关系，后者说的是宗法关系。可见天子是以宗法关系来统率同姓诸侯的，并把这些同姓诸侯国作为周天子王畿的屏障来看待，反映了宗统与君统的高度统一。汉儒曾把君统与宗统分开，谓"诸侯不敢祖天子，大夫不敢祖诸侯"[①]，是不对的。《左传 · 文公二年》说："宋祖帝乙，郑祖厉王"，《左传 · 襄公十二年》又说："是故鲁为诸姬，临于周庙；为邢、凡、蒋、茅、胙、祭，临于周公之庙"，正是诸侯以天子为祖的例子。在周人眼中，周天子是天下共主，也就是同姓诸侯与王朝卿士的大宗；而诸侯在其封国之中，也是同姓各宗族枝叶的大宗主干。周人之所以称镐京为宗周，大概是认为姬姓诸侯的大宗是在这里命名的。陕西出土的盠驹尊铭文中说："万年保我万宗，"而盠作的另一盠方彝铭文中则说："万年保我万邦。""万宗"是对宗统而言，"万邦"是对君统而言，由此亦可见周代宗法关系与君臣关系之统一。[②]

周代以宗法与礼制为典型特征的家国同构的政治模式，在实行了三百多年后也遇到了不可克服的危机。这就是随着亲戚血缘关系的疏远与变化，这种"亲亲""尊尊"的统治方式已经无法再像从

① 《礼记 · 郊特牲》。

② 参见郑师渠总主编，王冠英主编：《中国文化通史》（先秦卷），中共中央党校出版社，2000 年版，第 257—260 页。

前那样维持下去了。公元前 770 年周平王迁都洛邑以后，周天子的至高无上的统治地位开始下降，诸侯一天天强大起来。“礼乐征伐自天子出”的时代已经一去不复返了。

春秋战国时期，天下大乱，礼崩乐坏。由于诸侯在经济军事方面的力量越来越强，可以吞并小国，征伐其他诸侯国家，天子无力干涉，天子统治天下的时代成为过去。随着卿大夫在经济、军事方面的力量越来越强大，依附卿大夫的民众越来越多，于是诸侯大权旁落，大夫专政的局面便形成了。随着君不君、臣不臣、父不父、子不子的不正常现象的出现，以宗法制度及礼乐制度为特征的家国同构的政治模式在政治实践中被迫中断。然而，在文化意义上，家国同构则成为中华民族生生不息的重要基础。卫国即是保家，国与家休戚相关互为依存。正是在这种文化观念的作用下，“修齐治平”深入人心，凭借这种家国一体的文化理念，中华民族迎来了一个又一个的盛世辉煌。

第五章　推崇德治精神

一、以德治国的政治意识

德政之始，始于周朝。

周公的政治文化改革，开启了中国社会政治和文化思想的崭新发展历程。以周公为代表的西周初年统治者，在创建巩固新兴政权的政治活动中，基于对历史与现实、政治与文化的理性反思，创立了封建宗法制度的政治、社会与文化结构，确立了礼乐文化的秩序规范，推进了中国文化道德精神特征的兴起与发展。特别是周公提出的“以德配天”“敬德保民”“明德慎罚”的德治主张，使得作为西周初年中国政治文化的道德精神，不仅内化为政治策略和文化意识巩固了周政权的统治，而且展示了当时中国文化对于人的存在的自觉认识和人文主义主动构建的时代轨迹。周公的“德政”，对于中国传统社会文化的更新递进，以及民族生存方式的抉择完善，无疑具有影响深远的政治意义及其重要的文化价值。

周初统治者的德治思想与实践，是在创建巩固西周政权的特定历史条件下，通过周公等人对于社会文化的反思认识和总结阐发而形成的。它不仅概括了夏商以来中国政治思想的精华，而且开启了中国政治文化对于人的存在的自觉认识新的历程。

从周人历史上看，周族长期作为臣服于夏、商两代的一个地方政权，为了谋求自身的生存与发展，从公刘开始，历经古公亶父、季历、文王等首领，在其创业过程中，皆能积德行义，笃仁行孝，敬老慈少，礼贤下士，注重倡导道德，管理教化民众。特别是文王，尤能遵后稷、公刘之业，守古公亶父、季历之法，积善累德，诸侯皆向之。周公也是“自文王在时，旦为子孝，笃仁，异于群子”[①]。应该说，周代德政，是周人重德文化长期熏陶与发展的必然结果。

不过，周王朝以德治国思想的升华与贯彻落实则是经周公之手完成的。探讨政治策略与政权兴亡的内在关系，是充分了解周公德治思想的一个重要途径。

西周以前，殷商文化基本上是一种神本文化。“殷人尊神，率民以事神，先鬼而后礼，先罚而后赏。”[②] 殷墟卜辞所见，商王无论大事小事皆决于占卜，各种祭祀活动无日不有，包括对上帝、为数众多的祖先神、各种天神地祇的迷信笼罩着商代社会。然而，对于民众，商朝执政者却不加爱惜。在处理现实中人事与鬼神的关系时，他们首先考虑的是鬼神的意旨。为此，他们不惜花费大量的人力物力去从事敬奉鬼神的活动，甚至残民以事神。商王朝的灭亡，宣告了神权政治的失败。周人眼见受殷人顶礼膜拜的上帝及各色神祇并未能保住商政权的统治，相反，倒是因为统治者对各种人事关系的处理不善，尤其是对民情的漠视，导致了商王朝的覆灭。严酷的现实让周初统治者明白了这样一个道理：绝对相信上帝的庇护是不行的，仅仅依靠对鬼神的祭祀和匍匐跪拜也是不能保住自己的统

① 《史记·鲁周公世家》。

② 《礼记·表记》。

治的，要想巩固自己的统治，必须注重民众对自己的支持。周公对其弟康叔封教诲说："天畏棐忱，民情大可见，小人难保。"[①] 他说，天的威势并非一定可靠，民情才是大可让人重视的，民众的利益应该得到有效的保障。如果不注意这些，那就会"早坠厥命"，失去统治的能力。正是在这种情况下，以周公为代表的周初统治者提出了"德""礼"并行的主张，注意在政治实践中贯彻以德礼治国的政治理念。

在周初统治者的眼中，"德"是为了"保民"而对执政者提出的一种硬性政治要求。周人认为："皇天无亲，惟德是辅。民心无常，惟惠之怀。"[②] 上帝只将天命交给有德、爱民之人。

总之，在以周公为代表的周初执政者的认识中，统治者只有"从民欲""迪民康"，与民"胥保惠"，也才能达知天命，进而保有自己的统治。为此，周公不惮艰辛，以身作则，并致力将敬德保民思想一步步制度化与实践化。

前人称颂周公"制礼作乐"，说礼乐全部出自周公一人之手，那自然是一种理想夸大之语，但西周以周公为首的政治家确实曾以很大精力致力于对夏、商旧礼的改造，使之适应于周朝的德治和宗法统治，则是毋庸置疑的。孟子说："禹恶旨酒而好善言。汤执中，立贤无方。文王视民如伤，望道而未之见。武王不泄迩，不忘远。周公思兼三王，以施四事，其有不合者，仰而思之，夜以继日，幸而得之，坐以待旦。"[③]"思兼三王"，就是对三代礼制进行综合损益；"施四事"，即施行禹汤文武所行道德之事。周公谥称为"文"，周朝以"尚文"即崇尚礼节著称，其后孔子称赞"周监于二代，郁

① 《尚书 · 康诰》。

② 《尚书 · 蔡仲之命》。

③ 《孟子 · 离娄下》。

郁乎文哉，吾从周”[①]。所有这些，都表明了以周公为首的周初统治者对于礼乐的倾注。周初统治者从专注于鬼神世界转向专注于现实社会和体察民情，从神权政治转向德治与礼制，这不能不说是商周之际中国思想观念的一大变化，是中国政治思想史上一次大的飞跃。可以认为，西周的制度与文化奠定了后世中国传统政治与文化的基础。

历史表明，周人对天帝的崇拜，并非消极地供奉一个消灾祈福的神灵，而是赋予它主宰人间万物的神性。在周初统治者看来，他们宣扬的天命思想就是天帝神性的表现。这样，周人的宗教思维经过天神的中介便出现了一道神秘的幽光，反过来照射着自己在探索治国理政奥秘的心路历程。在这个探索过程中，周人丰富了自己的宗教理论，这就是以天命无常与有常相统一为其基本内涵的天命思想。

天命思想从来都是统治阶级解释历史演进和现实治道的理论工具。在周初统治者看来，历史的发展、王朝的更替，都是由天命即天帝的意志所决定的。历史上夏王朝的建立是由于接受了天命，后来天命转移，殷革夏命，于是夏王朝灭亡，商王朝兴起。迄至殷末，“天惟式教我用休，简畀殷命，尹尔多方”[②]。有周代殷作“民主”，也是因为天命转移到了周人身上，是上帝所作的公正裁定。《诗经·大雅·文王》说：“穆穆文王，于缉熙敬止。假哉天命，有商孙子。商之孙子，其丽不亿，上帝既命，侯于周服。侯服于周，天命靡常。殷士肤敏，祼将于京。厥作祼将，常服黼冔。王之荩臣，无念尔祖。”此处的“天命靡常”与《尚书·康诰》中的“惟命不于常”，都是说天命并非一成不变，永远归付一姓一王。殷人

① 《论语·八佾》。

② 《尚书·多方》。

“侯服于周”乃是“上帝既命”即天命变化转移的结果，故“殷士肤敏”，只得恭承天意“祼将于京”。可见“天命靡常”并不表明周人在根本上怀疑天的意志，也不表明周人对殷遗民忌讳这个说法，它实际上不过是周人天命转移论的别义语而已。

“天命靡常”固然强化了周人对“汤武革命”的合理性解释，然而这个命题本身却隐含着一个新的疑问：“天命靡常”是否对周人也适用？亦即代殷作“民主”的周人是否同样会面临天命转移的危机？“侯服于周”的殷士不曾问及这个问题，或因“此辈殷多士中似鲜忠烈之人，方救死之不暇，不特不敢作此问，恐亦无心作此想”[①]。但在这个问题上，周公却表现出一种难能可贵的自觉的忧患意识，进而提出了“天命不易”“天不可信”的思想。这在《尚书 · 君奭》篇中有比较集中的反映。周公认为，“皇天无亲，惟德是辅”[②]。天命的转移依据一个“德”字来进行，“敬德”者得天下，“丧德”者失天下。天命既以德为依归，周人要确保自己膺受的天命，自然就不能不高扬“敬德”的旗帜。

值得注意的是：西周文献中反复强调的“德”主要指的是周王的政行。如《周书》中强调天子要敬德、用德，否则天命难保。《尚书 · 召诰》说：“肆惟王其疾敬德，王其德之用，祈天永命。”而有夏与有殷皆因“惟不敬厥德，乃早坠厥命”[③]。周人在这个意义上应用的“德”主要涵盖王的行为，把周王的德视为导致政治得失的根源，在逻辑上使德与王融为一体，因此《召诰》有“其惟王位在德元”，意为居王位必须首先有德。

周初统治者在对夏、商、周三代政权变革的反思中，认识到了

① 傅斯年著：《性命古训辨证》（下），商务印书馆，1947 年版，第 12 页。

② 《左传》僖公五年。

③ 《尚书 · 召诰》。

统治者自身行为得失才是政权转移的关键因素。夏亡商兴，是由于夏朝统治者为政不行善德所致。夏朝“自孔甲以来而诸侯多畔夏，桀不务德而武伤百姓，百姓弗堪”。[①] 商汤从夏代灭亡的教训中，认识到了为政要勤于民事，有功于民，才能持有天命，巩固政权，故他说：“毋不有功于民，勤力乃事”，“古禹、皋陶久劳于外，其有功乎民，民乃有安”，“后稷降播，农殖百谷。三公咸有功于民，故后有立。昔蚩尤与其大夫作乱百姓，帝乃弗予，有状。先王言不可不勉”。[②] 由此可见，统治者能否实行有德于民的政治策略，才是一个政权兴亡的根本因素。周公在总结商亡周兴的原因时认识到，商朝的灭亡是由于其统治者为政实行残暴统治和腐败淫虐所致。商朝先王盘庚和武丁，由于为政不敢“自荒兹德”“不敢动用非德”，注重“用德彰厥善”，[③]“式敷民德，永肩一心”，[④] 所以商代政权得以稳固兴盛。但是，自商王祖甲以后，“不知稼穑之艰难，不闻小人之劳，惟耽乐之从”，政权因以衰落。特别是商纣王，为政重用奸佞，残害贤人，滥施酷刑，不闻民苦，横征暴敛，荒淫无度，最终导致政权的覆灭。而周王朝的兴立，在于周人实施了重视德治的政治策略。特别是周朝的奠基者周文王，在其政治活动中，提倡惠和，选贤任能，注重民生，减轻税负，奠定了灭商的基础。故周公说：“文王卑服，即康功田功，徽柔懿恭，怀保小民，惠鲜鳏寡。自朝至于日中昃，不遑暇食，用咸和万民。文王不敢盘于游田，以庶邦惟正之供。”[⑤] 由于文王为政“礼下贤者，日中不暇食以待士”，“积

① 《史记 · 夏本纪》。
② 《史记 · 殷本纪》。
③ 《尚书 · 盘庚上》。
④ 《尚书 · 盘庚下》。
⑤ 《尚书 · 无逸》。

善累德，诸侯皆向之”①，最终武王得以推翻商朝政权。“纣作淫虐，文王惠和。殷是以郧，周是以兴。”②

周初统治者的“敬德”为政观念，主要可以概括为如下几个方面：

第一，“知小民之依”。《尚书·无逸》篇载周公说祖甲“爰知小人之依，能保惠于庶民，不敢侮鳏寡”。此“依”同衣，隐也，义为隐痛。周公是说人君要能够体察民生隐痛，爱护民众，并惠及那些穷苦无依的人。要“迪民康”③，即引导民众走上安康的生活道路。《尚书·泰誓》说：“天视自我民视，天听自我民听。”又说：“民之所欲，天必从之。”④此以民意为天意的主张正是周人德治观念的精髓。

第二，“明德慎罚”。《尚书·多方》说：“乃惟成汤……以至于帝乙，罔不明德慎罚。”《尚书·康诰》说：“惟乃丕显考文王，克明德慎罚，不敢侮鳏寡，庸庸，祗祗，威威，显民。”《尚书·吕刑》说：“惟敬五刑，以成三德。”由此可知慎罚乃是明德最重要的体现。周人主张依法办事，不把统治者的个人意志强加于法律之上。同时统治者本身的行为也不能脱离法律的轨道，此即所谓“罔不克敬典”。谨守法律还要求“勿用非谋非彝蔽时忱”⑤。“非谋”指不善之谋，“非彝”谓不法之事。是说在执行法律的问题上人君一定要谨慎，不得采用不善之谋，不得做非法之事，以致蔽塞了国家贯彻法制精神的真实情形。周人坚持“慎罚”的原则，不仅有利于

---

① 《史记·周本纪》。

② 《左传·昭公四年》。

③ 《尚书·大诰》。

④ 《国语·周语中》。

⑤ 《尚书·康诰》。

形成政治上的宽松环境，保障民众的生命安全，而且要求统治者不得恣意枉法，加强了对人君行为的规范化约束，有利于社会沿着健康的方向发展。

第三，“君子所其无逸”。这句话出自《尚书 · 无逸》篇。时成王年壮，周公恐其安于逸乐，荒废政事，所以告诫成王，劝其不可逸豫。史官记其言，命曰《无逸》。在周公看来，逸则国祚难保，如商王自祖甲之后，“立王生则逸，生则逸，不知稼穑之艰难，不闻小人之劳，惟耽乐之从。自时厥后，亦罔或克寿。或十年，或七八年，或五六年，或四三年”。相反，“昔在殷王中宗，严恭寅畏，天命自度，治民祗惧，不敢荒宁，肆中宗之享国七十有五年”。所以，周公要求“继自今嗣王，则其无淫于观、于逸、于田，以万民惟正之供”，宵旰勤政，以民事为务。

第四，“立政其惟克用常人”。此语见于《尚书 · 立政》篇，为周公告成王官人之道的主旨。在周公看来，用人是否得当，实为关系国家兴亡的大事。夏桀“弗作往任，是惟暴德，罔后”；商纣“惟妇言是用，昏弃厥肆祀弗答，昏弃厥遗王父母弟不迪（用），乃惟四方之多罪逋逃，是崇是长，是信是使，是以为大夫卿士。俾暴虐于百姓，以奸宄于商邑”[①]。结果人神共怨，天命归周。故当政者应注重自己的道德修养。“继自今立政，其勿以憸（佞）人，其惟吉士，用劢（勉力）相（治）我国家。”这是“祈天永命”的正确路径[②]。

以周公为代表的周初统治者，在对历史的认识总结中，在亲身经历了殷周变革的社会变迁中，深刻认识到了德治政策与政权兴亡

① 《尚书 · 牧誓》。

② 参见杜勇著：《〈尚书〉周初八诰研究》，中国社会科学出版社，2017 年版，第 206—208 页。

的直接关系，这就决定了他们为了巩固新兴的周朝政权，必然吸取历史与现实的经验教训，实施以德治国的大政方针。

周公以德治国的实践主要表现在以下几个方面：

1. 规范君德

在周人看来，王之德具有多方面的要求，刘泽华将其归纳为10项内容：（1）敬天。（2）敬祖。（3）尊王命。（4）虚心地接受先哲的遗教。（5）怜小民。（6）慎行政，尽心治民。（7）无逸。（8）行教化。（9）做新民，即改造殷民，使其改邪归正。（10）慎刑罚。① 这10项内容全面概括了周人之君“德”的内涵，从中可知，周人的王德主要在于处理好与天的关系、与民的关系、与祖先的关系以及处理好君主自身的修养关系。

2. 运用尊卑有序的政治道德原则，维护人们的社会等级关系地位

宗法制度和礼乐文化的创建形成，确立了西周社会的政治道德原则，它将人们纳入了上下一统的尊卑有分、贵贱有等、长幼有序、轻重有别的社会存在关系之中。为了维护这一社会结构的巩固和运行，周政权依据人们尊卑有分的地位关系，进行了制礼作乐的文化建构，确定了人们的社会职能和行为规范。

周代制礼作乐的文化建构，其内容主要有：畿服之制，规定了周朝中央与地方政权的等级关系；爵位之制，规定了贵族之间的等级关系；田赋之制，确定了西周的经济制度；礼仪之制，规范了人们的日常行为准则。礼乐制度的形成，不仅对人们的社会职能进行了严格的等级规定，而且对人们的行为准则进行了严格的规范。无论是在为国尽职的社会政治职能上，还是在祭祀、婚丧、服饰、宫室等生活行为上，不同的社会地位关系，皆有不同的等级规范准

① 参见刘泽华著：《中国古代政治思想史》，南开大学出版社，1995年版，第9页。

则，都贯穿体现了尊卑有分、贵贱有等的政治道德原则。礼乐文化制度的确立，是对人的存在的行为方式的主动设制，周初统治者智慧地运用了宗法制度和礼乐文化的尊卑有分的政治道德原则，明贵贱，辨等列，顺少长，维护了西周政权的巩固，推动了中国早期社会和谐有序的发展。

3. 推行慈孝友恭的伦理道德规范，规正人们的社会行为准则

推行慈孝友恭的伦理道德规范，是周初统治者德治思想的重要内容，它的目的在于维护宗法社会的和谐运行。由于西周初年天命神学的观念意识影响着人们对于社会的认识和行为，周政权的德治思想并没能完全超越天命神学的束缚制约，依旧运用天命神学的观念意识来论证并规正由现实社会体制所决定的人的伦理道德规范的至上合理性和神圣权威性。在周初执政者看来，父慈、子孝、兄友、弟恭等伦理道德规范，是上天对人们行为准则的合理规范，具有不可违背的天赋神圣性和至上公正性。亦即人道来源于天道，天道决定了人道。周政权推行慈孝友恭的伦理道德规范，在于将人们的行为纳入统一的准则之内，人们只有绝对地遵循这些天赋的道德规范，规正自身的社会行为，才是合乎上天的意旨。不遵守慈孝友恭的伦理道德规范，就要受到代天行道的统治者“刑兹无赦”的严厉惩罚。

4. 实施敬德保民的政治统治策略，保证政权的稳固与发展

敬德保民的政治统治策略，是周代统治者德治思想的集中体现。作为社会政治和文化思想更新递进的时代精华，它的形成和实施，具体展示了周政权对于人的存在意义的积极追求。

周代以德治国思想与主张以周公为代表。他主张执政者治理百姓，应该恭敬谨慎，具有“徽柔懿恭，怀保小民，惠鲜鳏寡”[①]的

① 《尚书·无逸》。

仁德意识，在为政中要以慈仁宽厚、惠和恭义的道德来规范自身的行为。统治者要能够了解民众的困苦，保证民众的基本生存。周公指出："我有周既受。我不敢知曰：厥基永孚于休。若天棐忱，我亦不敢知曰：其终出于不祥。"周公明智地意识到，天命的转移并不以统治者的意志为根据，而以是否合于民心为尺度。他说："弗永远念天威越我民；罔尤违，惟人。"如想稳固政权，执政者就要"克敬德，明我俊民"①，"王其德之用，祈天永命"②。由于民心向背决定政权的兴亡，所以执政者只有不贪图享乐，"往尽乃心，无康好逸豫，乃其乂民"③。故周公称赞商王祖甲"爰知小人之依，能保惠于庶民，不敢侮鳏寡"，告诫成王要"先知稼穑之艰难，乃逸，则知小人之依"，要求为政要"无淫于观、于逸、于游、于田"，不要过分贪图安逸享乐，而要学"殷王中宗，严恭寅畏，天命自度，治民祗惧，不敢荒宁"；要学"文王卑服，即康功田功"，与民众打成一片；对于臣民不可横征暴敛，而要减轻贡赋负担，"以庶邦惟正之供"④；只有勤于政事，体恤民情，才能拥有天命政权。更重要的是，官吏的选用，也要以是否有德为标准。尽管西周的宗法制度有着世禄世职的规定，但周公仍然指出要选用有德之人。周公在总结历史经验与教训中认识到，桀、纣政权的覆灭，在于他们的统治集团多无德之吏，不能为政以德，"不克明保享于民，乃胥惟虐于民，至于百为，大不克开"⑤，因而"是惟暴德，罔后"。而文王之所以能够创立灭殷根基，就在于"文王惟克厥宅心，乃克立

---

① 《尚书·君奭》。

② 《尚书·召诰》。

③ 《尚书·康诰》。

④ 《尚书·无逸》。

⑤ 《尚书·多方》。

兹常事司牧人，以克俊有德”，所以散宜生、姜太公等一大批贤臣能够以德辅助周王朝的创建。因此，周公指出，从今以后，继位君王设立官员，必须任用贤能善良的人，“继自今后王立政，其惟克用常人”，凡是“克俊有德”的贵族贤明之人，都要“用劢相我国家”①。以德治国，统治者还要实施明德慎罚的策略。周公多次指出，文王之所以能够拥有天命，就在于他实行了“明德慎罚”的统治策略。周公强调，执政者要加强自身的道德修养，“王敬作，所不可不敬德”②；要多学习多思考，“惟圣罔念作狂，惟狂克念作圣”③，只有修养道德，有德于民，才能巩固政权。只有推行德教，民众才能认识到自身的行为规范，遵守伦理道德准则，社会才能和谐有序地运行发展。唯有明德慎罚、恩威并施、宽严并济的重德策略，民众才能服从管理，自觉规范自身的行为，国家才会得以稳固发展。

周公德治思想及其实践，开启了中国政治以德治国的先河，开启了中国文化对于人的存在的自觉认识历程，表明了周初统治者在对天、人、德、政的关系认识中，发现与运用了人的存在的道德特征，认识到了人的道德存在在国家政权兴衰存亡中的重要作用。

周政中的德治思想，在中国政治和文化的发展史上具有十分重要的价值。它推进了中国传统社会和文化道德精神特征的形成，促成了中国政治体制与道德规范的融汇合一，构筑了中国社会的政治与伦理相结合的治理范式，形成了天下一家、社会一统的结构特征，

① 《尚书·立政》。

② 《尚书·召诰》。

③ 《尚书·多方》。

这对于中华民族的融合和发展，无疑产生了深远的凝聚向心作用。[①]

继周公四百年后，受鲁国浓厚周文化的熏陶，一代大思想家孔子应运而生。他在全面系统学习周政治制度及文化的基础上，对周公学说及西周政治思想进行了批判性的继承与发展，从而奠定了后世各朝用儒家思想治国的基础。

历史发展到春秋战国时期，礼乐制度所存在的问题集中爆发，礼崩乐坏的局面不可避免地出现。孔子正是在这样的局面中脱颖而出。他力图克己复礼，劝说诸侯们从仁德上恢复西周初期那种以德治国的礼乐秩序。

"孔子一身，直为中国政教之原，中国之历史，即孔子一人之历史而已。故谈历史者，不可不知孔子。"[②]孔子所处的春秋时代，与周公旦曾经所处的社会环境相比，已经发生了翻天覆地的变化，出现了所谓"礼崩乐坏"的社会状况，在这种情况下，孔子提倡先代文明尤其是周公旦时代的社会文明许多已不为统治者所重视，但孔子绝非提倡时时处处遵从周礼而行，而是想要在周代政治制度的基础上探索如何增进自我修养、改善人际关系以及保持社会和谐的本质，"仁""德"即是他在学习周文化基础上长期探索的最终结果。所以，孔子"仁德"观念的形成并非建立在复周礼的前提下，而是有着与时俱进的丰富内涵，符合历史发展规律。

在西周而后，礼乐制度主要保存在周公的封国——鲁国。作为儒家创始人的孔子生在鲁国，使他最有条件继承周公的"德""礼"思想。先秦大量文献记载了孔子对周礼执着的追求。自儿时起，孔

---

① 参见孙聚友著:《论周公的德治思想及其文化价值》,《天津社会科学》1997 年第 6 期。

② 杨琥编:《夏曾佑集》(下)，上海古籍出版社，2011 年版，第 824 页。

子在和别的孩子游戏时就“常陈俎豆，设礼容”[①]。有志于学以后，更以钻研礼乐为乐事。为了了解有关祭祀的礼仪，他“入太庙，每事问”[②]；为研习音乐，他曾学琴于鲁乐官师襄子；为了解殷礼的底细，他甚至跑到自己祖宗的老家宋国去观察“殷道”；他还到过周都洛邑，“观先王之遗制，考礼乐之所极”[③]；并向周大夫苌弘学习古代的乐舞。这一切，使他很早就成了鲁国懂礼的“闻人”，以至于当时鲁国著名贵族孟僖子临终前一定要立下遗嘱送自己的两个儿子到孔子门下去学习礼仪。后来鲁定公前往齐国赴夹谷之会，也任命孔子担任自己的相仪。孔子在他多年的教学生涯中，更是不遗余力地宣传礼乐文化，要求学生“兴于《诗》，立于礼，成于乐”[④]，“非礼勿视，非礼勿听，非礼勿言，非礼勿动”[⑤]。然而孔子对于《礼》的把握更在于其精神实质上。像周公及其所代表的周初进步思想家一样，他强调的是《礼》的人文精神，并不在乎《礼》的外表仪节。如他提出的“祭如在，祭神如神在”；“礼，与其奢也，宁俭；丧，与其易也，宁戚”[⑥]；“麻冕，礼也；今也纯，俭，吾从众”[⑦]。对于天道，他亦主张：“天何言哉？四时行焉，百物兴焉，天何言哉？”[⑧]“务民之义，敬鬼神而远之，可谓知矣”[⑨]；“未能事人，焉能事鬼”[⑩]；等等。孔子的主张实是对周公“敬天保民”和

① 《史记·孔子世家》。
② 《论语·八佾》。
③ 《孔子家语·观周》。
④ 《论语·泰伯》。
⑤ 《论语·颜渊》。
⑥ 《论语·八佾》。
⑦ 《论语·子罕》。
⑧ 《论语·阳货》。
⑨ 《论语·雍也》。
⑩ 《论语·先进》。

“以德配天”思想的继承和发展。孔子同样把握住了周公将礼制作为道德之手段这一精神，要求对人们“道之以德，齐之以礼”[①]。在记录孔子言论的1.3万余字的《论语》中，就有30余处提到“德”字，如“君子怀德”“为政以德”等，可见孔子对道德行为的重视程度。

“德”在西周统治者那里主要与维护自身的统治有关。它在很大程度上是为了治理民众、维护统治的角度而提出来的。但在孔子那里，“德”已变成了纯粹个人道德修养的范畴，成了“君子”所应遵守的各种伦理道德的准则。这些伦理道德表现在处理各种人际关系上，包括对父母的孝，对兄弟的友，对朋友的信，对上司及一切与己交往之人的忠，对民众的宽、惠，个人独处时的恭，执事时的敬，等等。而其要旨，或所有道德行为围绕的一个中心，则是所谓“仁”。“仁”是君子所追求的价值观和人生观的综合体现，是“至德”，即君子最高的道德境界。按照孔子的解释，“仁”要求具有多种优秀的德行，如樊迟问仁，子曰：“居处恭，执事敬，与人忠。”[②]子张问仁，孔子曰，“能行五者于天下为仁矣”，“恭、宽、信、敏、惠”[③]。但所有这些德行，必须有一个根本出发点，这就是“爱人”，同时对自己还必须有所克制。故樊迟问仁，孔子复答之以“爱人”。颜渊问仁，孔子又答以“克己复礼为仁”[④]。“爱人”与“克己”都是“仁”的基本要求。对于此，必须在任何场合，做所有事情时都坚持：“君子无终食之间违仁，造次必于是，颠沛必

① 《论语 · 为政》。

② 《论语 · 子路》。

③ 《论语 · 阳货》。

④ 《论语 · 颜渊》。

于是。”[①]“仁”是仁人志士一生追求的目标：“士不可不弘毅，任重而道远。仁以为己任，不亦重乎？死而后已，不亦远乎？”[②]这样，孔子就为我中华民族，凡有道德追求之人树立了一个明确的道德终极目标。这是周初以周公为首的统治者未能企及的。

孔子也强调“礼”。

孔子语录中，提到礼的地方很多。这是因为，孔子仍把“守礼”当作对个人道德行为的约束，即当作“克己”的一种手段。但是纵观孔子的“礼”，可以明显察觉到，它是从属于“仁德”这个崇高的道德目标之下的。“仁”是“礼”所追求的人生最高境界，是“礼”价值观的集中体现，礼不过是“仁”得以实现的一种具体途径。

如上所述，孔子对“礼”已经进行了自我的改造。经过孔子改造过的“礼”，已不纯在乎其繁缛的外在礼节，而在强调其内涵的精神。这个精神就是对仁德的要求。对于传统的礼仪，只要不关乎人的大节行为，孔子似乎也容许人们不去严格遵守。如管仲在自己家中“树塞门”，用“反坫”，两项行为都违反了卿大大所应遵守的礼仪，孔子因而批评管仲“不知礼”[③]，但这并未妨碍孔子在总体上仍给予管仲高度评价。他在另一场合称：“桓公九合诸侯，不以兵车，管仲之力也，如其仁！如其仁！”一再称许管仲的“仁”。甚至说“民到于今受其赐，微管仲，吾其被发左衽矣”[④]。联系到孔子很少以“仁”许人，连自己欣赏的学生子路、冉求、公西赤等，孔子也都未承认其达到了“仁”的标准，可见孔子对管仲的评价不

---

① 《论语·里仁》。

② 《论语·泰伯》。

③ 《论语·八佾》。

④ 《论语·宪问》。

是斤斤计较于其个别失礼的行为的。[①] 由此可见，周朝的礼乐文明，尤其是周公的思想，深深地影响了孔子。但是作为一位伟大的思想家，孔子并没有单纯地继承先哲们的思想，而是汲取了其中最有营养的成分，并以之为立足点，从自己所处的现实社会的多方面、多角度出发，以“仁”为本，以“中庸”为德，以“修己安人”为人生目标，建立了一整套完整的儒家学说体系，为春秋战国时期“百家争鸣”的学术园地增添了一朵耀眼的奇葩，并影响了此后中国社会几千年的发展。

从周公到孔子，是中国早期儒家重要的初始发展阶段。在这一时期，早期儒家按照自身的政治理想设定，结合现实政治局势的风云变幻，树立了伦理政治特质与民本政治理念两大政治哲学主题。围绕这两大主题，早期儒家进行了不遗余力的论证与实践，为后来王朝执政者资治通鉴提供了养料。

二、孝悌友爱的伦理精神

孝悌友爱是中国文化中最悠久、最基本、最重要，而且影响最为深远的传统伦理观念，被称作“德之本”和“教之所由生”[②]。在中国传统社会，孝悌不仅是维系家族生存，解决家庭内部父子、兄弟之间矛盾的基本规范，更是维护社会稳定、统治秩序的根基。孝悌发端于个人生活，又升华为人的社会生活的开端。随着社会的不断进步与发展，它与现代文明不断发生着碰撞、融合与嬗变，作为

① 参见沈长云著:《论孔子对周公“德”“礼”思想的继承和发展》,《河北师范大学学报》(社会科学版)2000年第1期。

② 《孝经 · 开宗明义》。

“德之本”，仍然有许多宝贵的现代价值。

孝悌友爱是中国传统伦理的重要内容。孔子伦理思想的核心是仁，而仁的根本是孝悌，“孝”指孝顺、赡养父母，即“善事父母”，对父母要顺从、尊敬、赡养。“悌”则是指兄弟之间相互友爱，就是“善事兄长”。“其为人也孝弟，而好犯上者，鲜矣；不好犯上，而好作乱者，未之有也。君子务本，本立而道生。孝弟也者，其为仁之本欤！”既然“孝悌”是仁的基础，“孝悌”所亲爱的对象，就是一个人家庭生活中所发生关系的最基本的家庭成员。一个善事父兄的人，才能有“老吾老以及人之老，幼吾幼以及人之幼”的仁者情怀；一个善事父兄的人，必定怀有一个宽厚的爱人心理。儒家的孝悌就是所谓的父慈子孝，兄友弟恭，“弟子入则孝，出则悌，谨而信，泛爱众，而亲仁”[①]。孝悌敬爱作为古代文明的道德标准，是以个人的品行要求为导向，以调整家庭、宗族内部关系为出发点，推而广之，是将其作为臣民的普通规范和道德要求，以其作为协和万民、治理国家的巧妙手段和最佳途径。

《礼记·祭义》说：“身也者，父母之遗体也，行父母之遗体，敢不敬乎？”《诗经·蓼莪》说：“蓼蓼者莪，匪莪伊蒿。哀哀父母，生我劬劳。蓼蓼者莪，匪莪伊蔚。哀哀父母，生我劳瘁。瓶之罄矣，维罍之耻。鲜民之生，不如死之久矣！无父何怙，无母何恃。出则衔恤，入则靡至。父兮生我，母兮鞠我。拊我畜我，长我育我，顾我复我，出入腹我。欲报之德，昊天罔极。”诗中所表露的对父母劳作之苦、抚育呵护之德的赞颂，反映着古代人们普遍的心理认知。蕴含着“人伦之大本，穷理之要道”的《孝经》中开宗明义地写道：“夫孝，德之本也，教之所由生也”，“身体发肤，受之父母。不敢毁伤，孝之始也。立身行道，扬名于后世，以显父

① 《论语·学而》。

母，孝之终也”[①]。人们立身处世能本着孝道行事。把自己的名声显扬于后世，使父母得到光耀，这是尽孝道的较高境界。

在推崇践履孝的同时，古人也提倡悌。《说文》：“悌，善兄弟也。”兄弟间相亲相爱是悌的基本要求。孔子说：“教民亲爱，莫善于孝。教民礼顺，莫善于悌。”[②]“君子之教以孝也，非家至而日见之也，教以孝，所以敬天下之为人父者也。教以悌，所以敬天下之为人兄者也”[③]。教人为悌之道是让天下为兄长的人都能受到尊敬，“孝弟者，仁之祖也；忠信者，交之庆也”[④]。荀子说：“请问为人兄？曰：‘慈爱而见友。’请问为人弟？曰：‘敬诎而不苟。’”[⑤]悌要求兄友弟悌，特别是为弟的要处处尊重、礼让于兄，做到长幼有序，如雁之行。孟子说：“仁人之于弟也，不藏怒焉，不宿怨焉，亲爱之而已矣。”[⑥]父早逝，长兄须担负起抚养、教育弟妹的任务，弟妹则须“事兄如父”。传统悌的道德中凸显了为弟的对兄长的尊敬与顺从，但更多包含着兄长对弟妹的责任与义务，正是因为兄长责无旁贷地承担起了抚养、照顾、教育弟妹的家庭责任，在生活中给予弟妹的是关心与爱护，在兄友弟恭的双向道德责任关系中，情感交流仍然是兄弟姊妹之间责任与权利的特质所在。

与提倡孝悌相呼应的是反对不孝的行为，“罪莫大于不孝”，孟子总结不孝有五：“惰其四支，不顾父母之养，一不孝也；博弈好饮酒，不顾父母之养，二不孝也；好货财，私妻子，不顾父母之养，三不孝也；从耳目之欲，以为父母戮，四不孝也；好勇斗狠，

---

① 《孝经 · 开宗明义》。

② 《孝经 · 广要道》。

③ 《孝经 · 广至德》。

④ 《官子 · 戒第二十六》。

⑤ 《荀子 · 君道》。

⑥ 《孟子 · 万章上》。

以危父母，五不孝也。”[①]四肢懒惰，博弈饮酒，好钱财，偏爱妻子、儿女，不管父母的生活，放纵声色欲望，连累父母受辱，逞勇好斗危及父母，此五种行为皆为忤逆不孝。孔子认为在墨、劓、刵、宫、大辟等五种严重刑罚中，不孝为罪过之尤，“五刑之属三千，而罪莫大于不孝，要君者无上，非圣人者无法，非孝者无亲，此大乱之道也”[②]。对于不孝的行为，不仅伦理道德为不齿，被宗族社会所唾弃，而且在“德主刑辅”的德治国度里，孝的伦理思想已经固化到法律之中强制施行，《唐律疏议》规定“祖父母、父母在，子孙就养无方，出告反面，无自专之道。而有异财、别籍，情无至孝之心，名义以之俱沦，情节于兹并弃，稽之典礼，罪恶难容。二事既不相须，违者并当十恶”[③]，按封建法律，十恶不赦。先贤明哲的思想上升为国家意志强行天下，真正实现了孝治天下百行之首的宗旨。[④]

在中国传统社会，孝悌友爱的道德规范和理性实践是从个人行为和家庭亲人开始推行的，但这仅是孝的低级形式，在家国同构、宗法政治特色的伦理社会里，统治者将其推广至统治秩序上，正如《孝经 · 开宗明义》章所明言“夫孝，始于事亲，中于事君，终于立身”，即从侍奉父母开始的孝道，旨在效力国君社稷，最终建功立业，功成名就。《吕氏春秋 · 孝行》说：“人主孝，则名章荣，下服听，天下誉；人臣孝，则事君忠，处官廉，临难死；士民孝，则耕芸疾，守战固，不罢北。夫孝，三皇五帝之本务，而万事之纪

① 《孟子 · 离娄下》。

② 《孝经 · 五刑》。

③ 《唐律疏议》卷一。

④ 参见吴毅、朱世广、刘治立著：《中华人文精神论纲》，人民出版社，2011 年版，第 296—305 页。

也。夫执一术而百善至，百邪去，天下从者，其惟孝也。”先哲们总结上古历史得出孝悌不仅为百善之本，且其是忠、廉、固、死之道德修养的渊源，乃万事之纲纪，因此曾子嗟叹“甚哉，孝之大也”①。道理很简单，“君子之事亲孝，故忠可移于君；事兄悌，故顺可移于长。居家理，故治可移于官”②。孝在家中为人伦关系，对父母而言，治孝可达到和睦九族、长幼有序的状态，走上社会为官作吏，便可移父为君，变孝为忠，“事君不忠非孝也。莅官不敬非孝也。朋友不信非孝也。战阵无勇非孝也。五者不遂，灾及于亲，敢不敬乎”③。提倡事功孝的关键在于移孝于社会，对君忠，莅官敬，对友信，战阵勇，否则非但不符合孝的本意，而且会因为不忠、不敬、不勇、不信，而受到刑罚或受到谴责而附累父母名誉，毁父母之名本身也为不孝，就违反“孝悌慈惠，以养亲戚；恭敬忠信，以事君上；中正比宜，以行礼节”④的目的，董仲舒进而讲“事父孝，故事天明。事天与父，同礼也”⑤。孝悌作为君子修身之德，能修成此德，自然可达到教上化下之效果。“所谓治国必先齐其家者，其家不可教而能教人者，无之。故君子不出家而成教于国；孝者，所以事君也；弟者，所以事长也；慈者，所以使众也”⑥，“身修，则家可教矣；孝、弟、慈，所以修身而教于家者也；然而国之所以事君事长使众之道不外乎此。此所以家齐于上，而教成于下也。”⑦所以，从天子到庶民都要行孝道。“爱敬尽于事亲，

---

① 《孝经·三才》。

② 《孝经·广扬名》。

③ 《礼记·祭义》。

④ 《管子·五辅》。

⑤ 董仲舒著:《春秋繁露·尧舜不擅移汤武不专杀》。

⑥ 《礼记·大学》

⑦ 《大学章句·右传之八》。

而德教加于百姓，刑于四海，盖天子之孝也。”[①]“在上不骄，高而不危，制节谨度，满而不溢”，“富贵不离其身，然后能保其社稷，而和其民人，盖诸侯之孝也”[②]。“非先王之法服不敢服，非先王之法言不敢道，非先王之德行不敢行……盖卿大夫之孝也”[③]，“忠顺不失，以事其上，然后能保其禄位，而守其祭祀，盖士之孝也”[④]，“谨身节用，以养父母，此庶人之孝也，故自天子至于庶人，孝无终始，而患不及者，未之有也”。[⑤]由此可见，孝从个体子女渗透到家庭内，并从此起步，进入士卿大夫诸侯乃至天子，各个阶层皆有孝的职守，但只要以孝的本义精神行事，就会万民和睦，士、农、工、商各色人等统合孝悌忠信之中，唯此，就高度有机地将“为人君止于仁，为人臣止于敬，为人子止于孝，为人父止于慈，与国人交止于信”[⑥]的多种需求统合起来，将“夫家足食，为子则孝，为父则慈，为兄则友，为弟则悌。天下足食，则仁义之教可不令而行也”[⑦]的多重政治目标有机结合在一起，从而实现“尧舜之道，孝悌而矣。是故克俊明德，以亲九族。九族既睦，平章百姓，百姓昭明，协和万之邦”[⑧]的理想政治境界。

---

① 《孝经 · 天子》。

② 《孝经 · 诸侯》。

③ 《孝经 · 卿大夫》。

④ 《孝经 · 士》。

⑤ 《孝经 · 庶人》。

⑥ 《大学 · 第四章》。

⑦ 《晋书 · 傅玄传》。

⑧ 顾炎武著：《日知录 · 孝弟为仁之本》，甘肃民族出版社，1997 年版，第 331 页。

第六章　以法治国的历史传统

一、管子以法治国思想

管仲，春秋时期齐国人，姬姓，名夷吾，字仲，谥敬仲。由于先秦时期姓、氏有别，男子一般称氏而不称姓，故称管仲。在中国法律思想史上，管仲是最早提出“以法治国”治理智慧的政治人物。管仲认为，“以法治国”是统治者的根本权威，运用它就犹如人举手投足，很容易就能够把国家治理成功。

1. 法为治国理政的大本

法出乎道具有至高无上性，但是法又生于君。那么法与君之间又是什么关系呢?《管子》说：“威不两错（措），政不二门。以法治国则举错（措）而已。”[①] 君主出法制令，而一旦法令制定之后它就凌驾于君主之上，具有至高无上性。只有实行法治，国家才能安定、富强。法是君主安邦定国的重要手段，是否实行法治是国家治乱兴衰的关键。

《管子・任法》说：

---

① 《管子・明法》。

法者，天下之至道也，圣君之实用也。

《管子·法法》说：

明王在上，道法行于国。

《管子·明法解》说：

故法度行则国治，私意行则国乱。

《管子·明法解》又说：

故治国使众莫如法，禁淫止暴莫如刑。

2. 实行法治有助于建立君主至德至尊的权威地位

在君主专制的传统社会里，君主的绝对权威、地位是不可动摇的。动摇了君主的绝对权威就等于动摇了国家政治稳定的基础。对此，中国封建社会的政治家、思想家们有着共同的认识。但对于法与君之间的关系，儒家主张君主以德治天下，君主应是有德之君，德是建立君主权威的第一要素。法家则主张应当“法、术、势”相结合，以此作为维护君主权威的有效工具。《管子》一书中的治理思想特别强调法对君主治国理政过程中的重要性。

《管子·正世》说：

为人君者，莫贵于胜。所谓胜者，法立令行之谓胜。

《管子 · 重令》说：

凡君国之重器，莫重于令。令重则君尊，君尊则国安。令轻则君卑，君卑则国危。

君主立法行令可以约束群臣百官，使群臣百官忠于职守，这样才能使君主居于至尊之位，更好地驱使群臣、控制百官。所以《正世》又说："法立令行，故群臣奉法守职，百官有常。"有了法律才可以使百官有所遵循，办事才有章程可遵。如果不行法治，则群臣各行其是，是非善恶就会失去衡量的标准。这样君主也就无从任用和管理群臣百官，国家必然混乱而不堪。因此，只有实行法治才可以有效地制约权贵，强化君权。

《管子 · 明法解》说：

明主者，使下尽力而守法分。故群臣务尊主而不敢顾其家。臣主之分明，上下之位审，故大臣各处其位而不敢相贵。

法废而私行，则人主孤特而独立，人臣群党而成朋。如此则主弱而臣强，此之谓乱国。

只有以法治国，才能使群臣守法安分，不敢以权谋私，从而树立君主的权威。

《管子 · 重令》篇说：

凡君国之重器，莫重于令。令重则君尊，君尊则国安；令轻则君卑，君卑则国危。故安国在乎尊君，尊君在乎行令，行令在乎严罚。罚严令行，则百吏皆恐；罚不严，令不行，则百吏皆喜。故明君察于治民之本，本莫要于令。故曰：亏令者死，益令者死，不行令者死，留令者死，不从令者死。五者死而无赦，唯令是视。故曰：令重而下恐。

君主治理国家的重要工具，没有比法令更重要的了。法令有力量君主就尊严，君主尊严国家就安全；法令没有力量君主就卑微，君主卑微国家就危险。所以要使国家安全，在于使君主尊严；要使君主尊严，在于施行法令；要施行法令，在于严明刑罚。刑罚严明，法令施行，百官就都恐惧谨慎；刑罚不严明，法令不施行，百官就都对工作懈怠。所以圣明君主认识到治民的根本，没有比法令更重要的了。因此说：减少法令的处死，增添法令的处死，不执行法令的处死，扣留法令的处死，不服从法令的处死。有以上五种情况的处死，绝无赦免，一切都只看法令。所以说：法令受重视，下面就敬畏了。

3. 以法治国是维护社会正常秩序的重要保障

《管子》认为，以法治国可以除暴安民，稳定社会秩序，巩固君主的统治。

《管子·正世》说：

夫盗贼不胜，邪乱不止，强劫弱，众暴寡，此天下之所忧，万民之所患也。忧患不除，则民不安其居；民不安其居，则民望绝于上矣。

为了达到除暴安民的目的，就必须实行法治。

《管子·明法解》说：

凡人主莫不欲其民之用也。使民用者必法立而令行也。故治国使众莫如法，禁淫止暴莫如刑。

实行法治可以使平民百姓安分守己，竭诚为国效力，也更有利于对百姓的统治。

《管子 · 禁藏》说：

法者，天下之仪也，所以决疑而明是非也。

这里所谓的“仪”，也就是规矩的意思。《管子 · 形势解》说：“仪者，万物之程式也。法度者，万民之仪表也；礼义者，尊卑之仪表也。”所谓“决疑而明是非”，主要不是说人在认识上的对与错，而是指人的行为是否合乎规范。法是君主用以规范人们行为的工具，是判断人们行为是否合乎规范的标准。因此，《管子 · 七臣七主》说：“法律政令者，吏民规矩绳墨也。”只有实行法治国家才能得到治理，才能富强。如果舍弃法治国家就会动乱。正如《管子 · 法法》说的那样：“虽有巧目利手，不如拙规矩之正方圆也。故巧者能生规矩，不能废规矩而正方圆。虽圣人能生法，不能废法而治国。”“法者，天下之至道也。”①

《管子》不仅强调法治的重要作用，而且还从法律形式的三种类型上强调了法的规范意义。

夫法者所以兴功惧暴也；律者所以定分止争也；令者所以令人知事也。②

① 《管子 · 任法》

② 《管子 · 七臣七主》。

《管子》这种对法的规范性的认识是和后来的秦、晋法家一致的。《商君书 · 修权》说："先王县权衡，立尺寸，而至今法之，其分明也。夫释权衡而断轻重，废尺寸而意长短，虽察，商贾不用，为其不必也。"《韩非子 · 有度》也说："巧匠目意中绳，然必先以规矩为度；上智捷举中事，必以先王之法为比。故绳直而枉木断，准夷而高科削，权衡县而重益轻，斗石设而多益少，故以法治国，举措而已矣。"这与《管子》对法的观点是一致的。

4. 法治贵在落实

法贵严明，令在必行。《管子 · 任法》说："黄帝之治也，置法而不变，使民安其法者也。"治国安邦，不仅要制定出合理的法令制度，更重要的是要将国家的法令落在实处，这也就是《管子 · 重令》中所言："安国在乎尊君，尊君在乎行令，行令在乎严罚。"

第一，"君臣上下贵贱皆从法"[①]。《管子》认为法具有至高无上的权威性，因此它主张"君臣上下贵贱皆从法"。法律高于一切。无论是君主还是官员，无论是上层还是下层，无论是高贵者还是卑贱者，都必须遵守国家法律，违反了都应该受到法律的制裁。这一观点和商鞅提出的"刑无等级"思想是一致的，但它比商鞅的观点更具有彻底性。商鞅在《赏刑》篇中指出，统一刑罚就是执行法律不论等级，从卿相将军直到大夫平民，凡有不服从君主命令、违犯国家法令、破坏法制的，一律判处死刑，决不赦免。这虽然超越了儒家的"刑不上大夫"的宗法观念，但商鞅讲遵行法律却是把君主排除在外的。《管子》的"君臣上下贵贱皆从法"，将君主也包括在内，主张君主也必须按照法律办事，这显然比商鞅的观点更具有彻底性。

① 《管子 · 任法》

第二，执法必严，违法必究。《管子》认为，严明的号令、严厉的刑罚、丰厚的赏赐是君主推行法治的三大法宝。“有功不必赏，有罪不必诛，令焉不必行，禁焉不必止，在上位无以使下，而求民之必用，不可得也。”① 所以明君执法必须“如天地之坚，如列星之固，如日月之明，如四时之信，然故令往而民从之”。只有严于执法才能使臣民奉法唯谨，收到令行禁止的效果。如果有法不依，执法不严，那么“以法治国”就成了一句空话。为了做到赏罚分明，《管子》认为执法者必须公正无私，“不知亲疏远近，贵贱美恶，以度量断之，其杀戮人者不怨也，其赏赐人者不德也，以法制行之如天地之无私也”②。《管子》反复告诫人们“私”字在执法中的危害性：“私道行则法度侵。”③ “法度行则国治，私意行则国乱。”④ “私”是公正执法的大敌，必须彻底清除。

第三，执法重在治吏。《管子》认为，各级官吏对于法律的维护与执行起着无可替代的重要作用，因此，必须以法治官，严以治吏。⑤ 官吏的本分就是“奉主之法，行主之令”，奉公守法，廉洁勤政。各级官吏的执法严明与否直接影响着国家的安危。因此《管子》强调必须以法治官。“有法度之制，故群臣皆出于方正之治而不敢为奸。”“百官之事，案之以法，则奸不生；暴慢之人，诛之以刑，则祸不起。”⑥ “法立令行，故群臣奉法守职、百官有常。”⑦ 可

---

① 《管子 · 重令》。

② 《管子 · 任法》。

③ 《管子 · 七臣七主》。

④ 《管子 · 明法解》。

⑤ 参见池万兴著：《论〈管子〉的法家思想》，见《先秦文化和〈管子〉研究》，人民出版社，2015 年版。

⑥ 《管子 · 明法解》。

⑦ 《管子 · 正世》。

见，以法治官对于官吏奉法守职、廉洁勤政的重要作用。因此，对于违法的官员必须严厉处罚。对于那些为政无政绩致使土地荒废、办案骄横轻惩者“有罪无赦”[①]。对于“言而无实者，诛；吏而乱官者，诛”[②]。对于“断狱，情与义易、义与禄易；易禄可无敛，有罪无赦”[③]。对于贯彻法令不力的官吏杀无赦。对于“亏令者死，益令者死，不行令者死，留令者死，不从令者死。五者死而无赦，唯令是视”。“罚严令行，则百吏皆恐。”[④]《管子》的这些以法治吏的措施，对于督促官吏奉公守法无疑具有重要的促进作用。

第四，立法行令要合乎民心。管子认为，立法行令只有合乎民心、顺应民意才能畅通无阻。《管子·形势解》说，君主所以能做到令行禁止，在于他的命令符合民众所喜好的，而他的禁止也正符合民众所厌恶的。民众的性情，无不是喜生存而怕死亡，好谋利而惧祸害。因而君主的命令有利于促进民众的生存、谋利，就能推行；君主禁止的有利于防止民众的死亡、祸害，就能实现。政令之所以能推行，必然是民众乐于君主的政治，因而才能够顺利推行。“明主之动静得理义，号令顺民心，诛杀当其罪，赏赐当其功，故……鬼神助之，天地与之，举事而有福。”“法立而民乐之，令出而民衔之，法令之合于民心，如符节之相得也，则主尊显。”[⑤]君主推行法治，固然带有强制性，但是仅仅靠暴力及强制手段是不行的。只有合乎民心的法律才能取得令行禁止的效果，从而树立君主的权威。立法行令合乎民心的关键就是以民之好恶为出发点。

---

① 《管子·大匡》。

② 《管子·明法解》。

③ 《管子·大匡》。

④ 《管子·重令》。

⑤ 《管子·形势解》。

二、商鞅的“治法三要”

商鞅，战国时期卫国人，姓公孙，名鞅，因在秦变法有功，被封在商地，故史称商鞅。在他主政秦国期间，改法为律，主张以法治国，迅速让秦国富强起来。

商鞅治国，“法”“术”“势”兼讲。不过，商鞅治理秦国，虽然“法”“术”“势”兼用，但明显偏重于用“法”，“法”是商鞅治理国家时所使用的利器。

商鞅的法治理论与实践主要集中在“壹刑”“壹赏”“壹教”等方面。

（一）“壹刑则令行”

商鞅治国，以“定法”为要，贵在“壹刑”，贵在“任法”[①]。

首先，为何“定法”？商鞅指出：“法者所以爱民也。”[②] 国家设立法度，是用来爱护民众的。

其次，为何“壹刑”？为何“任法”？

最后，如何“壹刑”？如何“任法”？

对此，商鞅都有着自己的考量与运用。

第一，商鞅认为，成功的国家治理，一定要靠“壹刑”“任法”来作为保障。商鞅强调，只有统一刑罚制度，治理国家者才能做到令行禁止。“圣人之为国也……壹刑则令行。”[③] 智慧的人治国理政，一定会统一刑罚，令出一孔；只有统一刑罚，令出一孔，国家的法

① 《商君书 · 修权》。

② 《商君书 · 更法》。

③ 《商君书 · 赏刑》。

令制度才能真正地得到认真贯彻执行。

第二，定分尚公是商鞅“壹刑”的理论主旨。商鞅立法行法，其出发点是治理国家，是为了秦国富国强兵，一切为了国家利益。商鞅认为，历史上的圣君，都是公私“分明”，公高于私，这是立法化俗的历史依据。商鞅说：

尧、舜之位天下也，非私天下之利也，为天下位天下也；论贤举能而传焉，非疏父子亲越人也，明于治乱之道也。故三王以义亲，五霸以法正诸侯，皆非私天下之利也，为天下治天下。是故擅其名而有其功，天下乐其政，而莫之能伤也。今乱世之君臣，区区然皆擅一国之利而管一官之重，以便其私，此国之所以危也。故公私之交，存亡之本也。[①]

商鞅指出，尧、舜统治天下，并不是把天下的利益据为己有，而是为天下的人治理天下；他们选择提拔贤能的人而把天下传给他们，并不是疏远自己的儿子而亲近关系疏远的人，而是明白了治和乱的道理。三王用道义来爱护天下的人，五霸用法度来匡正诸侯，都不是把天下的利益据为己有，而是为天下的人治理天下。所以他们才会享有那样的盛名而取得了那样的功业，天下的人都喜欢他们的政策，就没有人能够伤害他们。然而现在世道混乱，私利公行，制度不明，法令不行，这是国家衰弱危亡的原因，治国者不可深不察也。

商鞅明确主张定分尚公，治国理政应该把法和公置于首位。商鞅认为，法不同于势，势由君主独据，而法则应该由君臣“共

① 《商君书·修权》。

操”[1]，“名分定，则大诈贞信，巨盗愿悫。”“名分定，势治之道也；名分不定，势乱之道也。”[2]“是故先王知自议誉私之不可任也，故立法明分，中程者赏之，毁公者诛之。赏诛之法，不失其议，故民不争。”[3]

第三，商鞅认为，法无等级，适用于国内各阶层，一旦实施，无论贵贱都得遵守。商鞅在秦国变法改革中深刻体会到：“法之不行，自上犯之。”[4]为了变法能够成功，他不仅要求各级官吏遵纪守法，甚至要求君主带头遵守，“言不中法者不听也，行不中法者不高也，事不中法者不为也”[5]。商鞅说：“所谓壹刑者，刑无等级：自卿相、将军以至大夫、庶人，有不从王令、犯国禁、乱上制者，罪死不赦。有功于前，有败于后，不为损刑。有善于前，有过于后，不为亏法。”[6]在商鞅看来，“刑无等级”。“壹刑”，就是不论亲疏贵贱，地位高低，不论过去有无功劳，只要犯了罪，一律加以查处，一律施以重刑，并且株连治罪。这样，人们就不敢以身试法，刑罚也就无处可施，也就可以达到“无刑”的境界。

第四，商鞅治国以主张重刑著称。商鞅曾言：

禁奸止过莫若重刑。[7]

在这里，商鞅“重刑”有特定的含义：一是与“赏”相对，在

① 《商君书·修权》。
② 《商君书·定分》。
③ 《商君书·修权》。
④ 《史记·商君列传》。
⑤ 《商君书·君臣》。
⑥ 《商君书·赏刑》。
⑦ 《商君书·赏刑》。

数量上应该“刑多而赏少”，只赏有功于农战、告奸者，反对滥赏。二是加重轻罪的刑罚，以达到“以刑去刑，刑去事成”[①]的效果。商鞅反对重罪轻判，也反对罪刑相称。他说：

忠臣孝子有过，必以其数断。守法守职之吏有不行王法者，罪死不赦，刑及三族。周官之人，知而讦之上者，自免于罪，无贵贱，尸袭其官长之官爵田禄。故曰：重刑，连其罪，则民不敢试。民不敢试，故无刑也。夫先王之禁，刺杀，断人之足，黥人之面，非求伤民也，以禁奸止过也。故禁奸止过，莫若重刑。刑重而必得，则民不敢试，故国无刑民。国无刑民，故曰：明刑不戮。[②]

（二）“壹赏则兵无敌”

商鞅法治，是“赏”“刑”二者并用，如鸟之两翼，车之二轮，而非纯任刑罚，也不是纯任德教，用“赏”驭下。

商鞅的“壹赏”，可以从《商君书·赏刑》篇中详见其主张：

所谓壹赏者，利禄官爵抟出于兵，无有异施也。夫固知愚、贵贱、勇怯、贤不肖，皆尽其胸臆之知，竭其股肱之力，出死而为上用也；天下豪杰贤良从之如流水；是故兵无敌而令行于天下。万乘之国不敢苏其兵中原；千乘之国不敢捍城。万乘之国，若有苏其兵中原者，战将覆其军；千乘之国，若有捍城者，攻将凌其城。战必覆人之军，攻必凌人之城，尽城而有之，尽宾而致之，虽厚庆赏，何费匮之有矣？昔汤封于赞茅，文王封于岐周，方百里。汤与桀战于鸣条之野，武王与纣战于牧野之中，大破九军，卒裂土封诸

① 《商君书·勒令》。

② 《商君书·赏刑》。

侯，士卒坐陈者，里有书社。车休息不乘，纵马华山之阳，纵牛于农泽，纵之老而不收。此汤、武之赏也。故曰：赞茅、岐周之粟，以赏天下之人，不人得一升；以其钱赏天下之人，不人得一钱。故曰：百里之君，而封侯其臣，大其旧；自士卒坐陈者，里有书社；赏之所加，宽于牛马者；何也？善因天下之货以赏天下之人。故曰：明赏不费。汤、武既破桀、纣，海内无害，天下大定，筑五库，藏五兵，偃武事，行文教，倒载干戈，搢笏，作为乐，以申其德。当此时也，赏禄不行，而民整齐。故曰：明赏之犹至于无赏也。

从上述这段资料中，我们可以看到：

第一，商鞅所谓的“壹赏”，就是国家的利禄官爵只能根据战功大小依据法律制度来赏赐，而不能通过别的途径来取得。

第二，农民勤耕，将士死战的动力、程度皆来源于“壹赏”，也就是取决于国家利禄官爵的优厚程度。

第三，昔日商汤、周文王、武王之所以能够立国，并且做到了从小到大、从弱到强的发展，是因为他们都善于利用天下的财富来奖励天下的人。因为这样，民众才会“出死而为上用”。

第四，“壹赏”是为了“无赏”。君主能“因天下之货以赏天下之人”，即使厚赏，也不会破费自己的财富，而平定天下后，又无须再进行战争，也就无须再进行奖赏，这也就达到了“无赏”的境界。

第五，商鞅主张“轻赏”。治国理政者制定法度，一定要深究民众内心深处的秉性，做到“物以稀为贵”，在治理上实行“轻赏”。君主之尊严，在于手中掌握有“刑”“赏”二柄。政府之权威，在于自己的公信力的维持。而国家的官职与爵位有限，人们又欲壑难填，唯有“轻赏重罚”，才能让民众感觉到获取“赏赐”的不易以及对严刑峻法的恐惧。

（三）“壹教则下听上”

“壹教”就是用国家“刑”“赏”“农战”的法令制度来统一管理与教化民众。

第一，商鞅认为：“壹教则下听上。”[①] 对臣民用统一的法令制度进行教化，用“农战”教，用“法度”教，迫使他们形成新的价值理念，以君主的要求为自己的要求，以政府的法令为自己的法令，只有用统一的法令制度对民众进行教化，民众才会听从君主的领导与驱使。

第二，商鞅认为：“民之欲富贵也，共阖棺而后止，而富贵之门必出于兵。[②] 商鞅说：“善为国者，其教民也，皆作壹而得官爵，是故不官不爵。”[③] “富贵之门必出于兵。”“彼能战者践富贵之门。”[④] 即是商鞅独具特色的“壹教”政策。因为趋利避害是人的天性，所以商鞅在治理秦国时很注意利用民众的这种天性“因势而利导”，以鼓励“富贵”的政策，将民众的注意力引向“农战”的道路与实践。

第三，商鞅治国，只主张以“农战”作为教化之本而反对其他的途径。“所谓壹教者，博闻、辩慧、信廉、礼乐、修行、群党、任誉、清浊，不可以富贵，不可以评刑，不可独立私议以陈其上。坚者被，锐者挫。虽曰圣知、巧佞、厚朴，则不能以非功罔上利。

① 《商君书 · 赏刑》。

② 《商君书 · 赏刑》。

③ 《商君书 · 农战》。

④ 《商君书 · 赏刑》。

然富贵之门，要存战而已矣。”[1]“壹教”必须以“富贵”来教化；“富贵”只能出于“农战一门”。对于那些“博闻、辩慧、信廉、礼乐、修行、群党、任誉、清浊”不合于农战政策者，则坚决杜绝其富贵的门径，“不可以富贵，不可以评刑，不可独立私议以陈其上”。

第四，商鞅认为，“壹教”之行，法要“明”，要公之于众，使“天下之吏民无不知法者”。战国中期，经过商鞅改革的秦法，其公开程度与公正、公平程度在当时战国七雄中为最高，代表了当时立法行法的最高水平。商鞅变法的内容都是公开的，商鞅变法是公正的、公平的，除了秦太子没有因为违法而被直接处罚外，秦国无人可以超越在法律之上，这是商鞅对国家公信力的最大维护。商鞅变法，法令制度一旦制定，就要“使天下之吏民皆明知而用之”。只有做到人人知法，“吏不敢以非法遇民，民不敢犯法以干法官也”。不管是谁，虽有聪明口辩，“不能开一言以枉法；虽有千金，不能以用一铢”[2]，行贿败法。

第五，“置主法之吏，以为天下师”是商鞅所开辟的“壹教”途径。商鞅不但主张明“法”，而且还唯恐百姓不明白而设立解释法律的法官制度。

商鞅确信法治是道德的基础和前提，而法令必须要公开、公正而且明白易知。为了使民众更好地知法、守法，商鞅规定以法吏为师，为民众解释法令，让民众清楚何者当为、何者不当为，从而达到减少违法也减少处罚的目的。“故圣人为法，必使之明白易知，名正，愚知遍能知之；为置法官，置主法之吏，以为天下师，令

① 《商君书·赏刑》。

② 《商君书·定分》。

万民无陷于险危……故天下大治也。”[1] 商鞅不遗余力地探索治国之道，为了达到天下大治的目的，他设置法官，公开法律、解答法律问题，使天下人都知道自己在法律中的位置、名分。他相信民众一旦对各自的地位、权责清楚明白，触犯法律的人就会逐渐减少，最终达到有刑法但是无犯者的理想治理境界。从彻底公开法律到用专业法吏来为民众解释法律，用以保障法律的贯彻与执行，这是中国古代政治一个飞跃式的进步，秦人尊法的风俗也是在商鞅变法之后才扎根结果的。

三、秦始皇以法治国

秦代，是法家理论得以全面实践的一个重要历史时期。

作为历史上第一个全面实现了“大一统”的高度集权的大秦帝国，其执政的理论基础即是法家的以法治国、以刑去刑、事皆决于法的基本思想。

秦王朝，是中国历史上少有的几个主张用法律手段来维护社会政治秩序的朝代之一。秦始皇继承前代的法治传统，在法律制度日益完善的基础上，提出了以法治国的政治准则。

1975 年 12 月出土的睡虎地秦简，除了《编年纪》以外，都多多少少地涉及了秦的法律制度。其中，《语书》是公布法律的文告；《为吏之道》是官吏的守则；《法律答问》主要是对刑法条文的运用和解释，涉及《盗律》《贼律》《囚律》《杂律》《具律》等多方面的内容；《封诊式》主要是诉讼程序法规和有关侦查、勘验、审讯等法律文书的程式；其他则涉及行政法、经济法和民事法律关系等

---

① 《商君书·定分》。

方面的内容。在《法律答问》中，也有一部分是行政法、经济法和民法的内容。从睡虎地新出土的秦简上看，除了商鞅变法时颁行的《刑律》《军爵律》之外，还有《田律》等 30 项单行法规，内容丰富，体系庞大。

公元前 238 年，在粉碎嫪毐、吕不韦两大政治集团后，秦始皇便开始着手成文法典的编纂工作，到公元前 227 年以前完成了这项任务，前后共花费了 10 多年的时间。

从睡虎地新出土的秦简上看，秦始皇编纂的成文法典中主要涉及如下四方面的内容：

第一，刑事、民事以及诉讼法方面。除了商鞅变法时颁行的《盗律》《贼律》《囚律》《捕律》《杂律》《具律》之外，还包括新出土的《法律答问》的全部内容。这里涉及犯罪构成、量刑标准、刑事责任、共犯、犯罪未遂、犯罪中止、自首、累犯、数罪并罚、损害赔偿、婚姻的成立及解除、财产继承等一系列理论原则和概念，也涉及诉讼权利、案件复查、诬告、失刑、不直、纵囚等诉讼法的理论原则问题。仅《法律答问》就有 187 条，除去 26 条关于法律概念、术语的解释，其余 161 条中，有关惩治盗窃的有 45 条。属于惩治所谓“贼”的有 41 条。

第二，依法行政方面。商鞅变法后，秦代国家政权的一个根本变化，就是以中央政府统一任免官吏的行政制度，取代了过去的世卿世禄制度。一来是因为历史的发展不允许回归；二来则是由于秦统一以后，面对这样一个庞大国家机构和官员队伍，也需要用法来规定各级国家机关的有组织的活动，规范和约束大小官吏的工作行为。在秦简中，有不少类似现代国家的行政法规，如《置吏律》《行书律》《内史杂》《尉杂》等。

第三，用法律来确定兵员和保证军队战斗力方面。在“诸侯争力”的战国时代，秦国有着重视军队建设的传统。商鞅说：“国之所兴者，农战也。”[①] 秦统治者通过制定法律，把他们的这一主张具体化、制度化，并以此来提高军队的战斗力。秦简中的《除吏律》《军爵律》《中劳律》《屯表律》《戍律》《秦律杂抄》中摘录的其他一些法律条文，都是有关军队建设的法律。这些法律和条文，对服兵年龄、士吏训练、军事检阅、战斗指挥、军队纪律、功劳计算、爵位予夺、军马饲养等方面都做了具体的规定。如秦国的男子自15岁傅籍以后，随时皆有被征调入伍的可能。据云梦秦简《编年纪》记载，喜这个人在秦始皇三年、四年、十三年曾三次入伍。可见，秦国的每个男子一生服兵役次数绝不止一次，当兵的年龄也绝非自23岁开始。正由于秦国有这样的法律规定，才保证有源源不绝的兵源，使秦国的军队数目最多时达到百万之众，为统一六国准备了重要的条件。秦统一六国之后，这些法律规定仍然在继续发挥着它的作用。

第四，经济法规方面。法属于上层建筑，同上层建筑的其他部分一样，是为经济基础服务的。在秦简中有不少类似现代国家的经济法规和条款，如《田律》《厩苑律》《仓律》《金布律》《均工律》等。这些法律对所有制关系、农田水利、山林保护、种子保管、防止风涝、除虫灭害等方面都做了具体的规定，充分说明秦统治者对农业生产的高度重视。

长期以来有一种说法：秦王朝重视农业生产而对工商业实行严格限制和打击。但从秦律来看，并非如此。对工、农、商之间的地位，秦始皇当然有所侧重，而且把重心放在“重农”上面，但不能由此得出秦帝国打击工商业的结论。事实上，秦统治者对手工业生产和商业贸易也是相当重视的。秦律对手工业管理、劳动力调配、

① 《商君书 · 农战》。

生产计划以及产品规格都做了明确的规定。从有关规定看，秦王朝非常注意手工业技术力量的保护和使用。在《均工律》中有这么一条规定：凡是有技术的奴隶，不让他们从事一般杂役；手工业技术奴隶解放之后，也让他们继续充当技术工人。对于商业贸易，《金布律》等也做了许多保护的规定，这都表明秦统治者对工商业的重视。重农而不轻商，这正是秦始皇的高明之处。[①]

秦始皇不仅继承了商鞅变法以来重视法令宣传的传统，主张把法律、法令公布于众，并且通过种种方式，进行法律的普及工作，使更多的人知法守法，这就是所谓的“宣明法制”。李斯曾提出：“今天下已定，法令出一，百姓当家则力农工，士则学习法令辟禁。”秦始皇同意李斯关于学习法令、宣传法令的建议，明令全国：“若欲有学法令，以吏为师。”[②]

从新发现的云梦秦简材料来看，秦律包括的内容是相当广泛的，但是法律条目简单易懂，如：《田律》6 条；《厩苑律》3 条；《金布律》15 条；《关市律》1 条；《仓律》26 条；《工律》5 条；《均工》3 条；《工人程》4 条；《徭律》1 条；《司空律》13 条；《军爵律》2 条；《置吏律》3 条；《效律》26 条；《傅食律》3 条；《内史杂》10 条；《尉杂》1 条；《行书》2 条；《属邦》1 条。[③]

为了达到更好地控制民众的目的，秦始皇在朝廷、郡、县等各级行政机关中普遍设置法官或法吏，负责法律的公布、解释、宣传和实施的任务。秦统治者对于法官或法吏的要求很高。这些人必须精通法律，各个主管法令的人如果胆敢违背执行法令条文的某项规定，就按照他们所违背的法令条文的某项规定来办他们的罪。同时

---

① 参见郭志坤著：《秦始皇大传》，上海三联书店，1989 年版，第 129—131 页。

② 《史记 · 秦始皇本纪》。

③ 参见郭志坤著：《秦始皇大传》，上海三联书店，1989 年版，第 137—138 页。

秦法规定，官吏如果不努力学习法律、法令，就不能继续为官。

秦始皇带头讲法，他在巡视各地时的一项重要活动就是宣传法律和法令，让所有的官吏都知法讲法。

在《泰山刻石》上说："训经宣达，远近毕理，咸承圣志。"[①]就是说，要广泛宣传法制，使全国臣民完全领会法律法令，并按法律法令办事。

在《琅琊台刻石》上说："端平法度，万物之纪"，"除疑定法，咸知所辟"。[②]就是说，制定了统一的法律制度，就有了办事的准则；确定法令，消除疑点，使大家都能遵守而不触犯。

在《芝罘刻石》上说："普施明法，经纬天下，永为仪则。"[③]就是说，全面地推行法治，使之永远成为治理天下的准则。

在《会稽刻石》上说："秦圣临国，始定刑名，显陈旧章。"[④]就是说，秦始皇亲自执政以后，开始确定了崇尚刑名，明白地宣布继承秦国以往的规章制度。

秦始皇继承了秦的法治传统，在法律制度日益完善的基础上提出了全面实行法治的原则。

秦始皇时代，上至军政大事，下至百姓的日常生活，都有法律条文进行规范。司马迁在谈到秦始皇法律思想的特点时说："事皆决于法。"[⑤]的确，秦始皇把法看成治理国家唯一有效的工具。封建制度的特点是人治，而不是法治。封建社会的种种法典往往只是封建帝王和封建官僚意志的摆设品，而秦帝国却是法网严密，在一定

① 《史记·秦始皇本纪》。
② 《史记·秦始皇本纪》。
③ 《史记·秦始皇本纪》。
④ 《史记·秦始皇本纪》。
⑤ 《史记·秦始皇本纪》。

程度上真正实行了法治。

秦始皇不相信人们经过道德教育可以不犯罪，相信只有经过刑罚，人们才不敢犯罪。因此，他主张为了防止犯罪，必须轻罪重罚，以刑去刑。秦始皇采用连坐法，实行家属连坐、邻里连坐、部门连坐等。秦始皇信奉商鞅、韩非等人的重刑理论，就不可避免地从历史上寻找并继承许多残酷的刑罚。

历代都认为秦律酷烈，故激起民叛以致短命而亡。但是，从睡虎地秦墓出土的简牍中，我们看到了秦法的另一面，那就是以法律管理官吏，要求官吏必须知法、守法、严格依法办事，这对秦的统一及其统一的巩固，是有积极意义的，对后代历史的发展无疑也具有借鉴的价值。

秦律规定，官吏的选拔要依法进行。官吏作为国家政权的支柱，其能力与素质直接影响着国家政治的清浊与发展状况，因此秦律特别重视对官吏的选拔，规定了严格的官吏任用条件。

秦律规定，所任官吏必须有一定的能力，这种能力包括“尚武功”和“治民事”两个方面。

商鞅变法以后，秦国的兼并战争连续不断，以军功大小授官爵成为秦国重要的任官手段。秦王朝统一前后，随着疆土的不断开拓和控制区域的不断扩大，巩固统治就成为秦王朝政治的重要内容。相应地，强调官吏“治民事”的能力，以此作为任用官吏的重要标准。

在秦王朝，为了保证被任官吏具有一定的实践经验和任职能力，秦律规定任用官吏必须有年龄条件和文化程度的限制。《秦律十八种 · 内史杂》规定：任命官府的佐吏必须是壮年以上的男子，刚刚被登记入户的无爵位的青年人不能任职。官吏还必须有一定文化水平，才能承担处理政务的工作。

为了防止任官上的随意性和徇私舞弊行为的发生，秦律规定任官必须严格按照法定程序进行。

首先，任官要有现职官吏的保举。为了避免任人唯亲或滥行保举的情况出现，秦律规定保举者要对被保举者负连带责任。《秦律杂抄》规定：如果举荐因为违法犯纪曾被撤职的官吏再度任官，举荐者要受到经济处罚。如果被举荐者犯了罪，举荐者还要负法律责任。

其次，官吏必须经过正式任命才能行使职权。《云梦秦简·置吏律》规定：如果没有经过正式任命就行使职权或派往就任，要依法论处。

最后，秦律还规定了严格的官吏委任时间。正常的官吏任免，要在十二月到次年三月底进行，如果因为特殊原因官吏出现空缺，才可以随时补充。严密的任免程序，在一定程度上保障了新任官吏的较高素质。

另外，秦律规定，官吏必须依法考核与奖惩。

官吏任职后，秦律规定了严格的考核措施，并根据考核结果决定他们的奖惩与升黜。对于工作业绩差的官吏，秦律制定了严格的惩罚措施。秦律把考核评比与对官吏的奖惩升降密切结合起来，无疑有利于官吏尽职尽责地搞好本职工作，有利于形成一种竞争进取的氛围，有利于官吏积极性和主动性的调动，这对促进秦国的统一与政治控制是极有好处的。

除了定期评比外，对于日常工作中出现的失职、渎职、违纪等现象，秦律也予以严厉处罚。对于官吏徇私舞弊、贪赃枉法的行为，秦律的处罚相当严厉。

对于秦王朝法律，过去人们较多注意到了它的严酷暴戾，盘剥镇压的一面，而对于其奖励引导官吏兢兢业业，为国效力的一面则认识与研究不足。秦王朝把奖励作为管理官吏的重要手段，对调动他们的工作积极性，提高工作效率，必然起到积极的作用。秦依法治吏，不仅注重对官吏的选拔培养，而且要求官吏必须精通法律，严肃执法，恪尽职守，公正无私。在严格考核的基础上实行责任追究制，奖勤罚懒，劝善惩恶，这既调动了各级官吏的积极性，提高了工作效率，保证了国力的发展与社会的稳定，也限制了各级官吏的私心膨胀，减少了以言代法，以权谋私等情况的发生，体现出了中华帝国上升时期的蓬勃朝气与进取精神。严肃法治，依法治吏，促进了秦国的迅速强大和封建经济的发展，有利于提高传统国家的统治效能，这是秦国最终胜出六国，一统天下的因素之一。

今天看来，秦始皇颁行的法律不仅规范类型较为完全、结构较为严密，而且确定性程度相当高，为各级官吏和平民百姓明确指出应该做什么、允许做什么、禁止做什么、要求做什么，并且也有对违反规范的后果作出法律制裁的具体规定。秦始皇的明法定律，从历史发展角度看，有其一定的进步性。它对普及法的观念，完善法制体系，提高法在整个政治生活和日常生活中的地位，都是很有价值的，具有一定的借鉴意义。

四、汉武帝的“重法治”

汉武帝时期，为了维护中央集权的大一统，汉武帝除了要用德治外，还必须要使用法治，这不仅是因为儒家的文化政策远不及法家的严刑峻法在治理国家时更为立竿见影，见效迅速，更为主要的原因，是在中国古代君主专制的体制背景之下，道德和法都不过是统治者的为政工具而已。

“德和法”如车之二轮，不仅是汉武帝时代的治国工具，而且更为此后历代君主所继承，成为一种长久的治国理念与治国实践模式。

史学界早已经形成定论，“尊崇儒术”只是汉武帝治国理政的一个重要方面，各家兼用以儒法互补为主才是客观不争的事实。有人认为汉武帝是外儒内法，有人则说汉武帝是儒法兼用，甚至有人说汉武帝时期“申商韩非之言，倒成了政治的指导思想”[①]，提法虽然不同，但只要不是纸上谈兵的学术，就一定会承认汉武帝重视法治这一基本事实。因为情况很清楚，“独尊儒学”只是意识形态，但治理国家则是包罗万象。在国家治理与政治实践层面，意识形态的建设固然重要，但制度建设与法治建设实际上更加迫切需要，正所谓是须臾所离不开的治国理政定律。汉宣帝曾说：“汉家自有制度，本以霸王道杂之，奈何纯任德教，用周政乎！且俗儒不达时宜，好是古非今，使人眩于名实，不知所守，何足委任！”[②]汉武帝就是“霸王道杂之”的开创者和实践者，他尊儒而重法，任用儒法兼用的公孙弘和从狱吏中提拔起来的张汤、杜周等执法大臣，用严刑峻法打击诸侯王叛乱、豪强、商人、民间动荡，等等。以法治国是汉武帝治国的重要办法和制度。因此可以定论，重视法治是汉武帝治国理政经验中不可忽视的一个组成部分。

周代重德治，对旧贵族的利益和特权是很维护的，所以《礼记·曲礼上》说：“礼不下庶人，刑不上大夫。”周代的礼，实际上起着法律制度的作用。

但到春秋战国时期，天下大乱，周代原来的阶级秩序与社会阶层秩序遭到严重的破坏。在这样的情况下，代表新生阶级利益的法

① 金春峰著：《汉代思想史》，中国社会科学出版社，1987年版，第19页。

② 《汉书·元帝纪》。

家学派提出了法治思想。先秦法家的法治思想有两个显著特点：一是法家“正君臣上下之分”“不别亲疏，不殊贵贱，一断于法”[①]。“刑过不避大臣，赏善不遗匹夫。”[②]二是公正执法，要求“言无二贵，法不两适。故言行而不轨于法令者，必禁”[③]。这就要求以法治国，要求在法律面前人人平等。韩非称这一学说为刑名之术。

汉代重法治是有传统的。

汉代思想家在尊崇儒学的同时，并不否认法家在治国中的重要作用。贾谊就说：“夫礼者禁于将然之前，而法者禁于已然之后”[④]，也就是说礼义教化是在事前规范人行为的准则，法律制度是在人犯罪后进行惩罚的规章，二者相辅相成。董仲舒则说：“刑者德之辅，阴者阳之助。”[⑤]他是主张“德主刑辅”二者兼用的。这些论断说明礼、德与法、刑是可同时并用的，这对汉武帝法治思想的形成无疑是起了作用的。另外，汉初诸帝事实上也大都重视法治。汉高帝刘邦自不必说，就是汉文帝刘恒也“本好刑名之言”。所以，他一方面以无为而治为指导，约法省禁；另一方面又依法办事、严肃执法。如一次有人惊了文帝驾舆，文帝要处重刑，廷尉张释之说：“法者，天子所与天下公共也。今法如是，更重之，是法不信于民也，且方其时，上使使诛之则已。今已下廷尉，廷尉，天下之平也，壹倾，天下用法皆为之轻重，民安所错其手足？唯陛下察之。”文帝深思“良久”说：“廷尉当是也。”[⑥]这里所说的“法者，天子所与天下公共也”，就是说法是天下人共同遵守的规则。在这

① 《史记 · 太史公自序》。

② 《韩非子 · 有度》。

③ 《韩非子 · 问辩》。

④ 《汉书 · 贾谊传》。

⑤ 《春秋繁露 · 阴阳位》。

⑥ 《汉书 · 张冯汲郑传》。

样的传统与实际情况下，汉武帝重视法治在国家治理中的作用即是一件自然而然顺理成章的事情了。

汉武帝重法治也是当时客观形势的需要。史载，汉武帝时法网渐密。据《汉书 · 刑法志》记载，汉武帝时，张汤作宫廷警卫的“《越宫律》二十七篇”，赵禹作“《朝律》六篇”共计 33 篇。“及至孝武即位，外事四夷之功，内盛耳目之好，征发烦数，百姓贫耗，穷民犯法，酷吏击断，奸轨不胜。”[①] 在这种情况下，元光五年（公元前 130 年）七月，汉武帝任命张汤、赵禹定律令。这次条定的律令具有法令文深、严酷以及法令条文繁多、严密两个特点。张汤“与赵禹共定请律令，务在深文”[②]。汉武帝“招进张汤、赵禹之属，条定法令，作见知故纵、监临部主之法，缓深故之罪，急纵出之诛。其后奸猾巧法，转相比况，禁罔寖密。律、令凡三百五十九章，大辟四百九条，千八百八十二事，死罪决事比万三千四百七十二事。文书盈于几阁，典者不能遍睹。是以郡国承用者驳，或罪同而论异。奸吏因缘为市，所欲活则傅生议，所欲陷则予死比，议者咸冤伤之”[③]。从这些记载中可以看出汉武帝时的律令文深、严酷、条文繁多、严密等几个特点。

世所公认，汉家治国，“霸王道杂之”。

汉武帝则是这一治术的开创者和成功的实践者。汉武帝不仅“独尊儒术”，而且重视依法治国，将讲法治与尊儒术实现了有机的结合与实践。

汉武帝时代，法律条文繁多、严密。汉武帝继承了先秦和汉初执法公平“不别亲疏，不殊贵贱”的法治思想，以法治国。以身边

---

① 《汉书 · 刑法志》。

② 《汉书 · 张汤传》。

③ 《汉书 · 刑法志》。

人为例，汉武帝妹妹隆虑公主之子昭平君，又是汉武帝女儿夷安公主的丈夫，犯法当死，隆虑公主临死前，以金千斤、钱千万为其赎罪。按汉朝的法律是可以以钱赎罪的，所以汉武帝批准了她的请求。可是隆虑公主死后，昭平君又犯法当死，因为是公主之子，廷尉不敢做主处决他，又请示汉武帝决处其罪。汉武帝“为之垂涕叹息，良久曰：‘法令者，先帝所造也，因弟故而诬先帝之法，吾何面目入高庙乎？又下负万民。’乃可其奏，哀不能自止，左右尽悲。朔前上寿，曰：臣闻圣王为政，赏不避仇仇，诛不择骨肉。《书》曰：‘不偏不党，王道荡荡。’此二者，五帝所重，三王所难也。陛下行之，是以四海之内元元之民各得其所，天下幸甚！”[①] 再如方士栾大，在乐成侯丁义的推荐下来到了汉武帝身边，靠诈骗博得了汉武帝的信任。汉武帝赏给他大量财富，并封其五利将军、天道将军、乐通侯等官、爵，骗得了六颗金印，汉武帝还把自己的女儿、卫皇后生的长女嫁给了他。但后来汉武帝一旦发现了他的诈骗活动后，就毫不犹豫坚决处死了他，并对推荐他的乐成侯丁义也判处弃市。从这些案例中足可以看出汉武帝对先秦法家法治思想的继承与坚持，这也是他能够在汉代诸帝王中脱颖而出的一个主要因素。

汉武帝时期特别值得注意的一种现象就是他能够将“重法治”与“尊儒术”相互结合。这主要表现在：

第一，以“《春秋》决狱”。这是汉武帝时法律形式的一个新特点。所谓“《春秋》决狱”就是把儒家五经之一的《春秋》作为判断案件的法典。《春秋》一书维护君臣、父子、夫妇的纲常伦理，春秋大一统思想对维护专制主义中央集权十分有利。汉武帝尊儒的目的之一就是以《春秋》之义正君臣关系。汉武帝大搞“《春

① 《汉书 · 东方朔传》。

秋》决狱”。如令董仲舒弟子吕步舒“持节使决淮南狱，于诸侯擅专断，不报，以《春秋》之义正之，天子皆以为是”[①]。董仲舒病退后，“朝廷每有政议，数遣廷尉张汤至陋巷，问其得失”，问的就是关于“《春秋》决狱”之事，董仲舒“动以经对，言之详矣”[②]。公孙弘所谓“习文法吏事，缘饰以儒术”[③]，搞的就是“《春秋》决狱”。“《春秋》决狱”不仅在镇压诸侯王叛乱中起了作用，并在严格规范臣下的行为方面也发挥到了意想不到的效果。汉武帝开创的这一先例，对后世政治产生了深刻影响。

第二，汉武帝时断狱数比过去大大增加。据《汉书 · 刑法志》中的记载，西汉时断狱最少的文帝，年“断狱四百”。武帝断狱次数大增，年“天下断狱万数”，或“断狱岁以万千数”。汉武帝是既重视法治又兼顾德治的一位比较出色的皇帝。他在重法治、依法治国的同时，也贯彻着儒家以“德教”化人的精神。能够将重法治与尊儒术在政治实践中实现完美的结合。这一点是汉武帝与秦始皇等只知用严刑峻法治国的皇帝的最根本的区别，也正是汉武帝的政治高明之处。

历史证明，汉武帝在政治上十分精明。秦皇因废先王之道而秦亡；汉武则因采用周政与秦制中的合理成分而兼用托起了大汉盛世。他在开疆拓土方面超过历代帝王；他将儒家思想作为官方意识形态开创了后世治国理政思路；他开辟的丝绸之路今日仍然粲然可点；他创始的杂用王霸政治之道更成为中国古代君主政治的常用基本模式之一。

总之，汉武帝时期，将“重法治”与“尊儒术”相结合，用儒

---

① 《史记 · 儒林列传》。

② 《汉书 · 应劭传》。

③ 《汉书 · 公孙弘传》。

家五经之一的《春秋》作为判断案件的法典。《春秋》一书维护君臣、父子、夫妇的纲常伦理，春秋大一统思想对维护皇权与中央集权十分有利。汉武帝尊儒的目的之一就是以《春秋》之义正君臣关系。汉武帝开创的这一先例，对后世的政治理念有着深刻的影响。另外，汉武帝在重法治的同时，“赦天下”“赦徒”与特别赦免某一地区、某一事件中罪人的次数频繁，断狱数比过去大为增加。这样做是为与民更始，也就是给罪人、刑徒以重新做人的机会。这是皇帝关心民众疾苦、施恩德于民的重要表现。这对尊儒术的汉武帝来说自然是他以德化民的重要表现。这一点是汉武帝与秦始皇在治国理政上的最大区别，也正是汉武帝的高明之处。[①]

---

① 参见杨生民著:《汉武帝传》，人民出版社，2001 年版，第 52—53 页。

第七章　民惟邦本的治理主张

一、周公“用康保民”主张

民本思想伴随中国古代政治文化的始终，其端倪可追溯到殷周之际，《尚书·盘庚》中有“古我前后，罔不惟民之承保”“施实德于民”的说法。殷商的灭亡使周人惊觉民心向背的巨大力量，周公阐发了重德保民的理论，认为民意是上天意志的映现，天的威严与诚心可从民情中透视，“天畏棐忱，民情大可见”[1]。随着重民意识的增进与提升，渐次在统治者中形成了以民为本、重民恤民的政治思想。

中国古代关于重民的思想出现得很早。《尚书·五子之歌》中说：“民可近，不可下，民惟邦本，本固邦宁。”这应该是中国最早有文献记载的“重民”思想。《左传·桓公六年》中也说：“夫民，神之主也。是以圣王先成民而后致力于神。”据《尚书·盘庚》记载，商朝第二十位君王盘庚已提出不能过度剥削民众的主张。该文中出现了“重我民”“罔不惟民之承保”“施实德于民”及“视民利用迁”等文字，这表明商代的最高统治者已开始觉察到民

① 《尚书·康诰》。

众的重要性。但是，纵观有商一代，由于天命论的盛行，其最高统治者始终相信自己的权力是上帝赋予的，因此根本不用考虑民众的愿望与要求。他们对民众的反抗，也总是采取残酷镇压的方式。就拿商王盘庚来说，他虽然也提出要“重我民”，但在动员民众迁都时，还是动辄以上帝的意旨来威吓民众，宣称谁不和他同心，就是违背上帝的意旨，就会受到惩罚。他威胁说，谁要是不服从他的统治，为非作歹，他就要“劓殄灭之，无遗育，无俾易种于兹新邑”[①]。

周武王、周公等周初统治者在灭商的过程中，有意识地以民意和天命相抗衡，为推翻商王朝的统治做舆论上的准备。在今已亡佚的周武王灭商之前所作的《泰誓》中，就提出了“天视自我民视，天听自我民听”的观点。同时，他们还提出“民之所欲，天必从之”[②]的观点。这些思想对于发动民众起来推翻商王朝的残暴统治，起到了十分重要的作用。

周公从商亡周兴的历史事件中，尤其是从商纣军队中大批奴隶临阵倒戈而直接导致“大邑商”覆亡的残酷事实中，感受到了民众的力量。因此，周公较深刻地意识到保护民众利益和注意民众呼声的问题。在周公所作的《大诰》《康诰》《酒诰》《洛诰》《无逸》《梓材》《多士》《无逸》等诸诰中，“民”字频繁出现，“保民”的思想成了其德政的核心内容。“保民”就是其德政的具体体现，离开“保民”，就谈不上施德政。

出于对天命论的怀疑，周公提出了要考虑民情、民意来治理国家的思想。他在《酒诰》中用“人无于水监，当于民监”的名言来告诫康叔要注意了解民意。在《召诰》中，他提出了“用顾畏于民

① 《尚书 · 盘庚》。

② 《尚书 · 泰誓》。

岩”的警告。意思是说，要畏惧民众的反对。这一卓绝的见识在中国的政治思想史上产生了深远的影响。

由于殷周之际天命论统治地位的确立，周公还不可能完全抛开天命来论述保民问题，因此他把保民与天命结合起来，提出了“天畏棐忱，民情大可见”的著名“重民”观点。周公在东征之前说过“今天其相民”[①]的话。意思是说，上帝是帮助老百姓的。按此逻辑，保民就可永续天命。因此，他对胞弟康叔说：“惟命不于常，汝念哉！无我殄享，明乃服命，高乃听，用康乂民。”[②]意思是说，天命是可以变化的，你一定要记住啊！不要因为没有把国家治理好而绝了社稷。要努力履行你的责任，经常听取我给你的教导。只有把民众治理好了，我们的国家才能得到安康。

从维护政权的长治久安着眼，周公把“保民”作为其施行德政的首要任务。他不厌其烦地谆谆告诫年轻的统治者们，要把保民作为一项重要职责。在《康诰》中，他对康叔提出了“乃服惟宏王应保殷民”“若保赤子，惟民其康乂”等要求。在《梓材》中，他对成王提出了“欲至于万年，惟王子子孙孙永保民”的要求。在《召诰》中，他又对成王说：“欲王以小民，受天永命。”[③]

“保民”是周公提出的一个新的政治概念，从他在《尚书·康诰》中反复讲“用保乂民”“用康保民”“应保殷民”“惟民其康乂”“裕民”“民宁”“天畏棐忱，民情大可见，小人难保”即可以得到证明。

“乂民”即治民。“保民”与“乂民”相近，但又不同。《说文》：保，养也。“畜”亦作养。《尚书·盘庚》中有“畜民”“畜

---

① 《尚书·大诰》。

② 《尚书·康诰》。

③ 参见辜堪生、李学林著：《周公评传》，四川大学出版社，2006年版，第121—123页。

众”之说。“保民”当是“畜民”“畜众”的发展。“保民”又延伸出“养民”等不同说法。

“保民”的基本政策是“明德慎罚”，但更重要的是强调治民的态度。周公提出要把民的痛苦看作像自己的痛苦一样，加以重视。他说：“恫瘝乃身，敬哉。”[①] 恫，痛。瘝，病。连同上下文，大意是把民的苦痛视如在己身一样，要格外注意保养。

夏商亡国的历史经验告诉周初统治者，不关心民之疾苦，就会引起民叛。周公认为只有像对待自己的苦痛那样，去进行治理，才可能使统治地位得到稳定。这里不单是出于同情心，而是治理国家理念的转变。

周公一再告诫他的子弟臣僚，要约束自己的心思和行为，“无作怨，勿用非谋非彝”[②]。不要作怨于民，不要有不好的思想，不要干违法的事，如统治者自己行为不规，必然上行下效，导致国家大乱。

怎样才能“保民”呢？周公告诫群臣子弟，不要贪图安乐，切忌恣意妄为，要谨慎从治。《尚书 · 无逸》说：“治民祗惧，不敢荒宁。”《尚书 · 康诰》说：“无康好逸豫。”另外，还要体察民情，“知稼穑之艰难”“知小人之依”。依，同依，隐也，即隐痛，疾苦。对民人的疾苦不可置之不理，要予以重视和关怀，特别对孤寡老人，应另加照顾，如周公说：“怀保小民，惠鲜鳏寡。”[③] 鲜，善。惠鲜，也就是爱护之意。[④]

周公的“保民”思想，对后世中国对政治产生了重要的影响，

① 《尚书 · 康诰》。

② 《尚书 · 康诰》。

③ 《尚书 · 无逸》。

④ 参见刘泽华著：《中国政治思想史集》第1卷，人民出版社，2008年版，第29—30页。

秦汉以来的政治文化，基本上是贯彻着周公以来的保民、民本传统的。

二、管仲以民为本思想

民本，就是以百姓为根本，就是要求统治者在治理国家的过程中重视与保护民众的利益。所谓民本思想，就是把民众当作国家兴旺的根本。

民本思想是中国传统政治文化中源远流长的珍贵历史遗产，它的内涵随着历史的发展不断丰富与完善。在中国传统国家治理过程中，民本思想或强或弱，时起时伏，以民为本的理念落实如何，始终与统治者的自身素质和社会发展的兴衰息息相关。

民本思想是中国传统政治文化的精华，是儒家政治理论的基石。历代进步的思想家和开明政治家都将民本思想高举为治国安邦的指导思想。《尚书·五子之歌》中说："民可近，不可下，民惟邦本，本固邦宁。"朱熹的学生蔡沈在《书经集传》中阐释说："君之与民，以势而言，则尊卑之分，如霄壤之不侔，以情而言，则相须以安，犹身体之相资以生也。故势疏则离，情亲则合。以其亲，故谓之近，以其疏，故谓之下，言其可亲而不可疏之也。且民者，国之本，本固而后国安，本既不固，则虽强如秦、富如隋，终亦灭亡而已矣。"民本思想有重视人民力量的倾向，在历史上起到过消解矛盾、调和秩序、促进社会发展的功效。对中华民族的繁衍生息、团结发展、繁荣昌盛做出了重要的贡献。

中华民族几千年的历史进程表明，民本思想与民族兴亡、王朝兴衰、社会治乱、民众苦乐密切相关。就中国古代而言，"敬德保民”“民为邦本”的民本思想作为一种政治观念和统治者的执政术，因其不伤害封建专制的君主本位观念，并能借其实现长治久安，自然就成为有为君主执政的座右铭。因此，民本思想方能自古流传、发展并延续不衰。“以民为本”最初是以“后非众无与守邦”的说法出现于夏，而形成于春秋战国时期，并经历代发展逐步趋于完善。民本思想，在中国古代社会是一种关于治国安邦必须以民众为根本的政治观念，其基本点就是如何处理君主及其国家同民众之间的相互关系问题，是中国传统文化中的一项重要内容。统治者要达到“至于万年”的目的，“惟王子子孙孙永保民”[①]才行。民众的重要性被统治者认识后，民本思想就逐渐成了历代有为执政者的治政术。

民本思想伴随中国古代政治文化的始终，其端倪可追溯到殷周之际，《尚书·盘庚》中有“古我前后，罔不惟民之承保”“施实德于民”[②]的说法。殷商的灭亡使周人惊觉民心向背的巨大力量，周公阐发了重德保民的理论，认为民意是上天意志的映现，天的威严与诚心可从民情中透视出来，“天畏棐忱，民情大可见”。随着重民意识的增进与提升，渐次在统治者中形成了以民为本、重民恤民的政治思想。

民本思想在中国古代的萌生有其特定的社会历史背景。中国古代以农立国，强调农本，民本思想植根于农本之中，与农本思想互为表里，“夫民，神之主也。是以圣王先成民而后致力于神”[③]。“得民心”与“得天下”的关系，以及如何“得民心”，春秋时期的管仲就说得很是明白：治理国家，称雄天下“人不可不务也，此天下

---

① 《尚书·梓材》。

② 《尚书·盘庚中》。

③ 《左传·桓公六年》。

之极也”[①]。“争天下者，必先争人。”[②] 战国时期的孟子则说的更是直接清楚。“得天下有道，得其民，斯得天下矣。得其民有道，得其心，斯得民矣。得其心有道，所欲与之聚之，所恶勿施尔也。”[③] 得民心者得天下；失民心者失天下。这个思想实际上是生成于春秋战国时期而衍化于秦汉以后的“民本”思想的通俗表述。两千年的中国古代社会，“以民为本”的执政理念似乎成了统治者政治合法性的基本尺度，成了民众权利主体资格和政治诉求的终极凭借。它给统治者戴上了一个“紧箍咒”，在某种程度上成了民众利益的保护伞。

“以民为本”思想作为一种执政理念，经历了远古时期的“天本”、殷商时期的“神本”，而成熟于周代，它不是上帝的恩赐，更不是统治者的施舍，而是关联着“弑君三十六，亡国五十二，诸侯奔走不得保其社稷”[④] 惊心动魄的历史事实，凝结着大量的失政教训，饱含着哲人的沉思。千载以降，民本思想已经成为历代士大夫精英的政治信条，它哺育了一批关心民众疾苦的思想家、文学家和政治家，鼓励着一批先行者前赴后继颠覆以皇权为中心的专制主义统治。因此，以“民惟邦本，本固邦宁”为经典表述的民本思想，有着巨大的本原大义和深厚而辽阔的意蕴空间。

以民为本在春秋战国时代能够成为一种思潮，有着深刻的社会历史原因。春秋战国时期，是中国历史上的一个转型时期，是中国从封建贵族制向郡县官僚制变革的关键时期。尤其是春秋时期，连年不断的兼并战争，给国家的安定与人们的生活带来了巨大的灾难，给生产力的发展造成了巨大的破坏，有为之士呼吁统治者要

---

① 《管子·五辅》。

② 《管子·霸言》。

③ 《孟子·离娄上》。

④ 《史记·太史公自序》。

“爱人”，要给人们一个安定休养生息的生活空间，要重视民众在国家政治生活中的重要作用。管仲相齐，就是顺应时代的要求，站在政治家的高度，首先将民本问题努力落在治国的实处。

“民本”一词最早见于春秋时期的《尚书》《管子》等文献典籍中。《管子 · 霸形篇》说：“桓公变躬迁席拱手而问曰：‘敢问何为其本？’管子对曰：‘齐国百姓，公之本也。’”《管子 · 霸言篇》中讲“夫霸王之所始也，以人为本，本理则国固，本乱则国危”。管仲相齐，注意安抚百姓，发展经济，才创造了齐国的霸业。《左传》中比较集中地反映了以重民为主的民本思想。《左传》中没有明晰标示“民本”一词，但从书中屡屡出现的“保民”“爱民”“成民”“得民”“有民”“恤民”“抚民”“利民”等主张中可以切脉这种思想倾向，师旷说“天之爱民甚矣”①；司马子鱼说“祭祀以为人也。民，神之主也”②；邾文公卜迁于绎，史曰“利于民而不利于君”；邾子曰“苟利于民，孤之利也。天生民而树之君，以利之也。民既利矣，孤必与焉”③。《左传》注重考察人心向背在政治活动中的作用，凸显出进步的民本史观。

齐国的开国国君姜太公认为：

天下非一人之天下，乃天下之天下也。同天下之利者则得天下，擅天下之利者则失天下。④

姜太公在阐明君与民关系的基础上，主张“为国之大务”，在

① 《左传 · 襄公十四年》。

② 《左传 · 僖公十九年》。

③ 《左传 · 文公十三年》。

④ 《六韬 · 文韬》。

于“爱民而已”。

善为国者，驭民如父母之爱子，如兄之爱弟。见其饥寒，则为之忧；见其劳苦，则为之悲。[①]

姜太公认为统治者只有得到民心，才能得到国家，得到天下，他说：

无取于民者，取民者也；无取于国者，取国者也；无取于天下者，取天下者也。[②]

由此可见，姜太公是齐国以人为本思潮的启蒙者和实践者。姜太公的这一思想在管仲相齐时得到了进一步的继承与发展。在反映管仲思想的《管子》一书中，“以人为本”的概念出现了。管仲“以人为本”观念中的“人”，已不是过去专指统治阶级的“人”的概念，而是与统治者相对的广大一般人群，即士、农、工、商阶层的“民”的概念。管仲“以人为本”观念中的“本”，就是指把士、农、工、商阶层的一般人群视为国家的根本，认为他们是国家的基础，主张提高他们的社会地位。所以，《管子·霸言》篇曰：

尧舜之人，非生而理也；桀纣之人，非生而乱也。故理乱在上也。夫霸王之所始也，以人为本。本理则国固，本乱则国危。

管仲还曾说过：

---

① 《六韬·文韬》。

② 《六韬·武韬》。

所谓天者，非谓苍苍莽莽之天也。君人者以百姓为天。百姓与之则安，辅之则强，非之则危，背之则亡。[①]

《管子》不仅首次明确提出“以人为本”即“以民为本”的观点，而且还明确指出百姓不仅是人，而且是天，是君者的天。起码从管子开始，人本思想已经正式走上了中国历史的思想大舞台。

到了战国时期，孟子将先秦时期的民本思想发展到了一个新的阶段。他认为人民是诸侯之宝，是统治者荣辱得失的关键，主张统治者应该听从民众的声音，要与民共忧同乐，并且痛骂“倒悬”“陷溺”其民的国君为“一夫”。孟子总括了春秋以来的历史经验教训，宏论民贵君轻，“民为贵，社稷次之，君为轻。是故得乎丘民而为天子，得乎天子而为诸侯，得乎诸侯为大夫”[②]，得民心者得天下的思想，成为历代统治者维护统治的座右铭。荀子继孟子之后，对民本思想做了进一步的阐发。一方面，他主张“爱民”“利民”“裕民”，认为立君为民而不是生民为君，“天之生民，非为君也；天之立君，以为民也”[③]。上天创造民众，不是为了供养君主一人，上天设立君主，却是为了天下万民的。另一方面，荀子提出君民舟水论的新观点，人民的意志是不可违逆的，他将人民与国君的关系形象地比喻为水与舟的关系，“君者，舟也；庶人者，水也。水则载舟，水则覆舟”[④]。正因为君民如舟车，所以为君者必须

① 《说苑 · 建本》。

② 《孟子 · 尽心下》。

③ 《荀子 · 大略》。

④ 《荀子 · 王制》。

爱民，“君人者，爱民而安，好士而荣，两者无一焉而亡”[①]。孟子、荀子等人对民本思想的经典阐释，实际上也是对春秋时期管仲治国所推行的“以民为本”政治主张的一种总结与深化。

既然“以民为本”成为管仲的治国理念，那么他在实践中是怎样贯彻落实这一理念呢?

《管子》说：

治民有常道，而生财有常法。[②]

《管子》这里说的“常道”“常法”，就是执政要因天地之道，治国要顺应民众要求。

《管子》还说：

法出乎权，权出于道。[③]

《管子》这里所说的“道”，就是指无偏私之心和偏私之欲。《管子》认为，天因其大，所以才能兼覆万物；地因其大，才能兼载万物。天兼覆而无外，其德无所不在；地兼载而无弃，故能生殖万物。君主圣人应该像天地那样兼覆、兼载万物，像日月那样普照万物，才能够清明审察，不遗善，不隐奸，从而达到劝善止奸、万民莫不为之所用的目的。

《管子·牧民》中有这样一句名言，能充分说明管子的富民思想：

---

① 《荀子·君道》。

② 《管子·君臣上》。

③ 《管子·心术上》。

仓廪实则知礼节，衣食足则知荣辱。

这句话的意思非常简单，办理政事，首先要注重的就是民生问题。“仓廪”“衣食”是人的基本欲望，是人参与社会活动的基本需求；“礼节”“荣辱”是对人的基本要求，同样也是人参与社会活动所需的基本要求。但是，这两者之间存在着一个先后、高低之分，“仓廪”“衣食”，这是人最基本的物质基础，“礼节”“荣辱”，则是高一个层次的意识要求。只有吃饭穿衣问题解决好了，人们才有可能去追求符合社会要求的礼仪和荣辱问题。因此，《管子》讲的需要满足的基本对象显然不只是国君，而是尽可能多的社会群体。《管子》认为，要做到“以人为本”，关键是在于爱民、重民、育民、富民。要时刻关心民众，知道他们想些什么，希望解决什么，要多为他们做好事，多替他们排忧解难，这样才能获得民心。因为“得众而不得其心，则与独行者同实”[①]。得人如果没有做到得其心，而只是貌合神离，那统治者又和孤家寡人有什么区别呢？

要“以人为本”，就要重视民心的向背：民心向，则国家强，民心背，则国家亡，这是历史经验反复所证明了的。商纣王的垮台就是明证。对此，《管子 · 牧民》篇中有一段精彩的论述：

政之所兴，在顺民心；政之所废，在逆民心。民恶忧劳，我佚乐之；民恶贫贱，我富贵之；民恶危坠，我存安之；民恶灭绝，我生育之。能佚乐之，则民为之忧劳；能富贵之，则民为之贫贱；能存安之，则民为之危坠；能生育之，则民为之灭绝。故刑罚不足以畏其意，杀戮不足以服其心。故刑罚繁而意不恐，则令不行矣；杀

① 《管子 · 参患》。

戮众而心不服，则上位危矣。故从其四欲，则远者自亲；行其四恶，则近者叛之。故知予之为取者，政之宝也。

这就是说，国家的政治法令只有顺应民心才能推行，忤逆了民心就会废弛。百姓害怕忧劳，君主就应该让他们感到安乐；百姓憎恶贫贱，君主就应该使他们富贵起来；百姓担心危祸，君主就应该保全他们；百姓害怕灭亡，君主就应该养育他们。能让百姓安乐的人，百姓必然愿意为他忧劳；能让百姓富贵的人，百姓必定愿意为他忍受贫贱；能够保全百姓的人，百姓必会愿意为他赴汤蹈火；能够养育百姓的人，百姓也会情愿为他鞠躬尽瘁。所以说，治国仅靠刑罚是不能让百姓感到畏惧的，即使杀头也不足以使他们完全服从。治国刑罚太滥而百姓并不畏惧，那么国家的法令就难以推行；杀人太多而民心不服，君主的地位就会发生危险。所以，只要顺从了百姓希望的上述四种欲望，那么即使疏远的人也会变得很亲近；如果忤逆了民意，即使是亲信也会背叛他。懂得予之为取，这就是执政的法宝。“知予之为取者，政之宝也。”真可谓治国的至理名言啊。

要实现“以人为本”，爱民是基础，富民是根本。爱民就要“莅民如父母”，这样民众就会对统治者亲爱之，如果对民众“道之纯厚，遇之有实，虽不言曰吾亲民，而民亲矣”。历史上，商纣王作为君主，过度役使劳力，夺占民财而危害人民，执政残暴，刑罚惨毒，因而大臣不亲，民众仇怨，最终导致杀身亡国。《管子》鉴于此，指出：

明主之治天下也，静其民而不扰，佚其民而不劳。[1]

[1] 《管子 · 形势解》。

明君治理天下，一般总是想法让百姓安定而不扰害百姓，使民众逸乐而不过度劳苦，行政总是顺应势理，尽量地合乎民情。《管子》认为，为政首先就是要“始于爱民”[1]。爱民，就要及时解决与民众生产、生活密切相关的问题，就是要“厚其生”“输之以财”“遗之以利”“宽其政”“匡其急”“振其穷”[2]。富民就是要给民众以实际的利益，因“凡人者，莫不欲利而恶害”[3]，而利民的最好办法就是实行富民之策。如何富民呢？《管子》说：“无夺民时则百姓富。”[4]其次，《管子》认为省刑罚、薄赋税、减轻百姓负担、藏富于民，则民可富。《权修》篇说：“取于民有度，用之有止，国虽小必安；取于民无度，用之不止，国虽大必危。”因此，管仲反复告诫统治者要“薄征敛，轻征赋”[5]，因为执政治国“省刑罚，薄赋敛，则民富矣”[6]。《管子》坚决反对“轻用众，使民劳”，因为“舟车饰，台榭广，则赋敛厚矣；轻用众，使民劳，则民力竭矣。赋敛厚，则下怨上矣；民力竭，则令不行矣；下怨上，令不行，而求敌之勿谋己，不可得也”[7]。此外，不征商贾，不禁泽梁，保护工商业的发展，开发自然资源，这也是富民的主要措施之一。《管子·霸形》篇就说“泽梁时纵，关讥而不征”。山水以时开禁，关卡不征商贾之税，则自然资源得到保护和开发，这有利于繁荣商业贸易，促进货物交流，自然有利于经济的发展和人民生活水平的提高。

① 《管子·小匡》。

② 《管子·五辅》。

③ 《管子·版法解》。

④ 《管子·小匡》。

⑤ 《管子·五辅》。

⑥ 《管子·小匡》。

⑦ 《管子·权修》。

《管子》的富民思想和儒家的富民思想是存在着一定区别的。首先，儒家的富民是为百姓的教化、道德的弘扬服务的。孔子说到富民的时候，总是与对百姓的教化联系在一起的，对民的“富之”只是使“仁”与“礼”充满社会的某种基础和必要条件。而孟子在讲到民有“恒产”才有“恒心”的时候，同样充满了道德的含义。只有给民“恒产”，然后“驱而之善”，百姓才能“从之”[①]。可见，儒家的富民是为了使人民易于教化，儒家之道易于通行。而《管子》则是从实用的角度来看待富民问题的。《管子》的富民不是为了推行道德，而是为了富国强兵，便于控制和利用人民，以有利于国家的强盛。虽然《管子》也讲予民利益，但这不是为了使之易于发扬其善，而是为了使之依赖和服从国家。这便是所谓的“予取”理论。

《管子·国蓄》说：

民予则喜，夺则怒，民情皆然。先王知其然，故见予之形，不见夺之理，故民爱可洽于上也。

《管子》主张坚决地将予夺之权、贫富之途控制在君主手中，这是利用民性控制民众的关键：

故予之在君，夺之在君，贫之在君，富之在君。故民之戴上如日月，亲君若父母。[②]

《管子》之所以主张“藏富于民”，是建立在君民互相依赖、互

① 《孟子·梁惠王上》。
② 《管子·国蓄》。

为存在关系的基础上的。这便是《管子》所说的：

民富君无与贫，民贫君无与富。[①]

总之，儒家的所谓“富民”，着眼的是社会的和谐与安定，而《管子》的“富民”则着重于发展经济、富国强兵。春秋战国时代，各诸侯国为争霸多将征战兼并放在行政的首位，但《管子》却反其道而行之，认为“与其厚于兵，不如厚于人”。这里的“厚”就是“富民”，给民众实惠，给民众实际利益。“厚于人”就要轻其税敛，“赋禄以粟，案田而税，二岁而税一；上年什取三，中年什取二，下年什取一，岁饥不税”[②]。正是《管子》所倡导并实行的这种富民政策，才使得“民归之如流水”[③]。

《管子》倡导的“以人为本”观反映了社会的进步和时代的要求，顺应了民众的社会地位与本性。人固然具有社会性，但同时又具有自然的本性，如果只是强调人的社会性，就很容易把人当作工具来利用；如果只是强调人的自然本性，则又会容易形成无政府主义倾向。因此，从国家管理的角度来说，既要重视人的社会性，又必须充分尊重人的自然本性。这应是我们现代人的基本认识。

总之，管子的民本思想不仅内容丰富，而且具有鲜明的务实特色，这就是以富民强国称霸为目标，以崇贤尚功为基本指导方针，对于巩固统治秩序起到了积极的作用。这一点，既是齐国自身发展过程中的成功经验，又是管子对中国传统文化的重要贡献。即使当今时代，管子所提出的“仓廪实而知礼节，衣食足而知荣辱”的富

---

① 《管子 · 山至数》。

② 《管子 · 大匡》。

③ 《管子 · 霸形》。

民观同样也对我们具有积极的借鉴意义，同样也闪烁着治国智慧的光芒。[①]

三、孟子“民贵君轻”主张

孟子名轲，战国时期邹国人。

就像孔子一样，孟子十分热衷于政治，在政治上也有远大抱负，同时他也十分自信，以一肩担承道统自任。孟子曾经自称：“五百年必有王者兴，其间必有名世者。由周而来，七百有余岁矣！以其数，则过矣；以其时考之，则可矣。夫天未欲平治天下也；如欲平治天下，当今之世，舍我其谁也？”[②]

为了推行自己的政治主张，孟子也曾周游列国。据不完全统计，孟子到过魏、齐、滕、鲁等国，极力游说他的“王道”和“仁政”的政治主张。其间历时二十余年，虽然整个过程极其艰难坎坷，没有诸侯愿意采纳他的政治主张，但并没有击垮他的信念与执着。与孔子一样，孟子仕途不顺，最后退居讲学著书。

当时，“天下方务于合从连衡，以攻伐为贤，而孟轲乃述唐、虞、三代之德，是以所如者不合。退而与万章之徒序《诗》《书》，述仲尼之意，作《孟子》七篇”[③]。在收徒教学活动中，孟子得到了很大的慰藉。他说：“君子有三乐，而王天下不与存焉。父母俱存，兄弟无故，一乐也；仰不愧于天，俯不怍于人，二乐也；得天下英

① 参见邵先锋著：《〈管子〉与〈晏子春秋〉治国思想比较研究》，齐鲁书社，2008 年版，第 46—59 页。

② 《孟子 · 公孙丑下》。

③ 《史记 · 孟子荀卿列传》。

才而教育之，三乐也。君子有三乐，而王天下不与存焉。”[①]

孟子提出仁政无敌于天下。他反复说：“仁者无敌。”[②]“仁人无敌于天下。”[③]“得道者多助，失道者寡助。寡助之至，亲戚畔之；多助之至，天下顺之。”[④]正因为仁政之下民众向心力强，所以孟子断言，只有得民心才能得天下。

然而，怎样才能得到民心呢？

对此，孟子进行了深入的研究与总结，他得出的结论是：欲得民心，统治者就必须认真做好以下两个方面的工作：一是民众想要的，要替他们办到；二是民众反对的，要帮他们去掉。即所谓兴民利除民害。

至于对如何兴民利除民害？孟子也提出了一些重要的主张和措施。他主张：

第一，要给民众一定的“恒产”。孟子曰：“民事不可缓也……民之为道也，有恒产者有恒心，无恒产者无恒心。苟无恒心，放辟邪侈，无不为己。”[⑤]因此，要给民众一定的“恒产”，恒产就是土地。有了土地，民众生活就有了保证。丰收年，可以生活得富裕些，歉收年，亦不至于饿死。上可以赡养父母，下可以抚养子女。这样百姓就会安家乐业。

第二，要重视对民众的教育。有了生活保证以后，还要对民众进行教育。“饱食暖衣，逸居而无教，则近于禽兽。”[⑥]富裕以后，如果不进行教育，人就会变得像禽兽一样，不懂礼仪，缺乏道德。

---

① 《孟子·尽心上》。

② 《孟子·梁惠王上》。

③ 《孟子·尽心下》。

④ 《孟子·公孙丑下》。

⑤ 《孟子·滕文公上》。

⑥ 《孟子·滕文公上》。

因此，孟子十分重视对民众进行道德伦理教育。

第三，要施行仁政，减免刑罚，少收赋税。孟子说："地方百里而可以王。王如施仁政于民，省刑罚，薄税敛，深耕易耨；壮者以暇日修其孝悌忠信，入以事其父兄，出以事其长上，可使制梃以挞秦、楚之坚甲利兵矣。彼夺其民时，使不得耕耨以养其父母。父母冻饿，兄弟妻子离散。彼陷溺其民，王往而征之，夫谁与王敌？故曰：'仁者无敌，王请勿疑。'"①

第四，孟子提出了"老吾老，以及人之老；幼吾幼，以及人之幼，天下可运于掌"②的著名命题。要想让百姓长期拥护政府，孟子主张在国家治理上应该是行王道，以己之心来度人之心，以己之欲来兼及天下人之欲。

第五，孟子提出了"与民同乐"的主张。他说："乐民之乐者，民亦乐其乐；忧民之忧者，民亦忧其忧。乐以天下，忧以天下，然而不王者，未之有也。"③

第六，孟子强调任人唯贤的用人路线。为此，孟子提出了"尊贤使能，俊杰在位"④的用人主张。孟子主张："惟仁者，宜在高位；不仁而在高位，是播其恶于众也。"⑤这也就是说，仁人适宜在高官的位置上；如果不仁的人做了高官，他们就会将恶劣的风气传播给民众。做官者要清廉自守，以身作则，当官的人不遵守道义，百姓就会不遵守法律，天下安定的局面就不可能实现。

孟子又说："徒善不足以为政，徒法不能以自行。"⑥这就是说，

---

① 《孟子·梁惠王上》。

② 《孟子·梁惠王上》。

③ 《孟子·梁惠王下》。

④ 《孟子·公孙丑上》。

⑤ 《孟子·离娄上》。

⑥ 《孟子·离娄上》。

各级官吏应该由贤能者担任，“贤者在位，能者在职”。孟子认为，有的人是好人，是贤者，但未必适合为官当政，做官与做人是不一样的。对于贤人要尊重，未必都让他们当官。“使能”是指任用能力强的人来办政事。“能”是指能人。道德与能力，是当官的两个必要条件。愿意为民众办事，能够为民众办事，二者兼而备之，这就是实行仁政所需要的符合标准的最好官员。

孟子还提出，君主在选拔贤能为官吏时，一定要善于倾听百姓的意见。

在《孟子 · 梁惠王下》中，孟子说：“国君进贤……左右皆曰贤，未可也；诸大夫皆曰贤，未可也；国人皆曰贤，然后察之，见贤焉，然后用之。左右皆曰不可，勿听；诸大夫皆曰不可，勿听；国人皆曰不可，然后察之，见不可焉，然后去之。左右皆曰可杀，勿听；诸大夫皆曰可杀，勿听；国人皆曰可杀，然后察之，见可杀焉，然后杀之。”在孟子看来，只有这样，才能选拔出真正执行君主仁政路线的各级合格官吏，并能有效惩治那些贪污腐败、鱼肉百姓的不法官吏。

至于贤能选拔出来后，在如何为君王做事方面，孟子也有自己独到的见解。

孟子认为，臣事君不能一味顺从。他说：“长君之恶其罪小，逢君之恶其罪大。”[①] 这就是说，助君为恶的人罪比较小，而对君阿谀奉承之人则罪比较大。臣事君的原则是道。在《孟子 · 公孙丑下》中，孟子说：“天下有达尊三：爵一，齿一，德一。朝廷莫如爵，乡党莫如齿，辅世长民莫如德。”天下三样东西最尊贵：爵位、年寿、道德。在朝廷中，首要的是爵位；在乡里，首要的是年寿；在辅佐君主统领百姓方面，首要的是道德。所以，有成就的国

① 《孟子 · 告子下》。

君，一定有召唤不动的臣子。他以自己的亲身经历为例。齐王召见，孟子称病不去，他不认为是不敬。相反，他自认为齐人没人能比他更懂得尊敬齐王，因为他能做到“非尧舜之道，不敢以陈于王前”，所以齐国人谁也比不上他对齐王的尊敬。

在治理国家根本问题上，孟子要求君主自身要做臣民的道德楷模，对于君主的位置与重要性，孟子则提出了“民为贵，社稷次之，君为轻”的具体政治主张。

孟子主张以“德治”思想治理国家，行仁政，倡王道，首先要求君主以身作则。

孟子说：“三代之得天下也，以仁；其失天下也，以不仁，国之所以废兴存亡者亦然。天子不仁，不保四海；诸侯不仁，不保社稷；卿大夫不仁，不保宗庙；士庶人不仁，不保四体。”行仁政的关键是统治者必须成为道德的楷模。孟子说：“桀纣之失天下也，失其民也；失其民者，失其心也。得天下有道：得其民，斯得天下矣；得其民有道：得其心，斯得民矣；得其心有道：所欲与之聚之，所恶勿施，尔也。民之归仁也，犹水之就下、兽之走圹也。”[①]

孟子把君主统治的合法性建立在道德标准基础上，所以，一旦君主成为“残贼仁义”的“一夫”，他就失去了为王的合法性。因此，孟子主张：“君有大过则谏，反复之而不听，则易位。”在《孟子·梁惠王下》里，孟子说，国君如果滥杀无辜，各级贵族和官僚都可以抵制。“无罪而杀士，则大夫可以去；无罪而戮民，则士可以徙。”[②] 孟子反对暴政，称历史上的暴君为独夫民贼，赞成“汤放桀”“武王伐纣”为正义之举。可以说，孟子的仁政学说无疑就是一套系统的儒家政治学。

---

① 《孟子·离娄上》。

② 《孟子·离娄下》。

在孟子看来，仁政的实质在于以民为本。在孟子的“仁政”思想中，十分重视民的地位，他提出“保民而王”，“得其民，斯得天下矣”[1]。孟子甚至得出“民为贵，社稷次之，君为轻”[2]的结论，认为政府要保障民众的利益，君主应以爱护民众为先决条件。他告诫统治者要懂得“重民”“保民”富国裕民的重要性。

① 《孟子 · 离娄上》。

② 《孟子 · 尽心下》。

第八章　贵和中庸的施政特色

一、和为贵

孔子在《论语·学而》中说："礼之用，和为贵。"《礼记·儒行》中也讲："礼之以和为贵，忠信之美。"在孔子及儒家看来，作为治国安邦之本无所不在的礼，其出发点和归宿是和，只要消弭纷争、僭乱、动荡、斗讼等社会弊害归之宁静同一的和谐状态，那么礼的宗旨和功能就实现了。所以，"和也者天下之达德也"，和便成为儒家先哲们确立的定社稷、序万民、修德业的大德关键。帝尧"百姓昭明，合和万国"①，尧帝合万国，一统天下以和功德彪炳天下，《乐记》中说："乐与天地同和，大礼与天地同节。和故百物不失。"所以君子应追求"平和之德"，使"内和而外顺"，"是故君子反情以和其志，比类以成其行"②，上和天地，天人合一，中和君臣、父子、夫妇，君仁臣忠，父慈子孝，夫礼妇顺，下和四时五声，《尚书·尧典》称颂古代圣王的德行时说："克明修德，以亲九族，九族既睦，平素百姓，百姓昭明，协和万邦。"这便是儒

① 《史记·五帝本纪》。

② 《礼记·乐记》。

家通过道德修养和教化来“修身、齐家、治国、平天下”的最佳模式，借以实现“协和万邦”的崇高理想，正如《易传》所云“圣人感人心而天下和平”，《易传》钦慕并提倡和谐思想，提出“太和”观念，它讲“乾道变化，各正性命，保合太和，乃利贞”，“太和”即至高无上的和谐，最好的和谐状态。《中庸》云“万物并育而不相害，道并行而不悖”，这恰是儒家所构想的“太和”境界。宋代哲学家张载在《正蒙・太和》篇中认为：“太和所谓道，中涵浮沉、升降、动静相感之性，是生氤氲相荡胜负屈伸之始。”在张载眼中，太和就是至上的道，是最佳的整体和谐状态，但这种和谐不是排除矛盾消弭差异的和谐，而是蕴含着浮沉、升降、动静等对立面相互作用、相互消长转化过程的和谐，是整体动态的和谐，它推动着事物的变化发展。正所谓“‘致中和’天地位焉，万物育焉”①，君子“冬夏不争阴阳之和”②，“阴阳长短，终始相巡，以致天下之和”③，矛盾着的阴阳斗争而和谐，《老子》说：“万物负阴而抱阳，冲气以为和。”④阴阳的交感作用达到和谐，形成物，董仲舒说：“物莫无合，而合各有阴阳，阳兼于阴，阴兼于阳。”春秋时期思想家晏婴和史伯就“和”与“同”概念界定时对和的内涵有一段经典阐述，“和”如羹焉。水火醯醢盐梅以烹鱼肉，燀之以薪，宰夫和之，齐之以味，济其不及，以泄其过，君子食之，以平其心。君臣亦然，君所谓可，而有否焉，臣献其否，以成其可；君所谓否，而有可焉，臣献其可，以去其否。是以政平而不干，民无争心……声亦如味，一气、二体、三类、四物、五声、六律、七音、

① 《中庸・第一章》。

② 《礼记・儒行》。

③ 《礼记・祭义》。

④ 《老子》第 42 章。

八风、九歌，以相成也；清浊、小大、短长、疾徐、哀乐、刚柔、迟速、高下、出人、周疏，以相济也。君子听之，以平其心，心平德和。[①] 史伯则说："夫和实生物，同则不继以他平他谓之和，故能丰收而物归之，若以同稗同，尽乃弃矣。"[②] 透析二人对话可以得出：和是一种综合系统，是多种不同因素、不同成分以一定方式结合浑然一体的状态。它并非单个因素或单一成分孤立的存在或简单的相加，是多种滋味的合一和不同成分之和，需要"济其不及，以泄其过"，去掉各个成分的过与不及，以达到"心平气和""政平而不干"，又需要不同成分的"相成""相济"，"献其否以成其可"，"献其可以去其否"。换言之，和不仅是指和谐、和平，也包括了互补、合作中性的意思。进言之，和是宇宙万物存在的基础，或者说是万物存在的普遍形式。"和实生物，同而不继"，不同成分、不同因素相互作用，以一定的关系相联结，才形成万物。大千世界都是内部包含着不同因素、不同成分的统一体，包含着矛盾对立的系统——和。从而就不难理解"致中和，天地位焉，万物育焉"的玄奥所在。从此种意义考虑，和就是表示一种浩大的存在系统，它是对系统的描述和把握。[③]

和既然是宇宙万物存在的基础，是社会存在的正常状态，那么也就成为千古人们追求的目标。

"和为贵"是中国文化中人与自然和谐统一的智慧。《易传 · 乾文言》曰："大人者，与天地合其德，与日月合其明，与四时合其序，与鬼神合其吉凶。先天而天弗违，后天而奉天时。"谓大人将

---

① 《左传 · 昭公二十年》。

② 《国语 · 郑语》。

③ 吴毅、朱世广、刘治立著：《中华人文精神论纲》，人民出版社，2011 年版，第 315—317 页。

天道与人道、自然与人相类相通，合为一体。《黄帝内经 · 宝命全形论》指出："人以天地之气生，四时之法成"，"夫人生于地，悬命于天，天地合气，命之曰人"，人之所以为人是"天地合气"，《列子》说："人与阴阳同气，身与天地并形。"无论儒家的"因明致成，因诚至明，故天人合一"，还是老庄主张的返璞归真、物我齐一，都是主张天人合一的。"陛与天道合一"的命题成为儒士道德本体的理论依据，天人之间即主客体之间或说人与自然之间的和谐统一即儒家所追求的天人合一的最高境界，它既是儒家正统文化追求的道德实体，也是一个自我超越的实践过程，可以说天人合一也是一种中和的生命观念和思想意识，它是中和的最根本和最高级的特征，换言之，古代传统文化的主题思想和所追求的根本目标抑或最终目标是"天人合一"。

"和为贵"是外交的智慧。国家与国家关系最好的状态就是"和为贵"。中华民族历来是一个爱好和平的民族，这种爱好和平的智慧就来源于儒家"以和为贵"的思想。据《左传》记载，公元前 716 年，郑庄公入侵陈国，大获全胜。但是在往年，郑庄公曾请求与陈国讲和，陈桓公就是不答应。大臣五父劝谏说："亲仁善邻，国之宝也。"意思是亲近仁义，与邻国友好相处，这是立国的法宝。陈桓公不听劝谏，不"以和为贵"，惨遭大败。同为左丘明所著的《国语 · 晋语》中也有："夫固国者，在亲众而善邻。"体现出和谐万邦，与天下人为善的博大智慧。在处理国家与国家关系上最不和谐、最没有智慧的方式就是发动战争。而且这往往是以大欺小的国家惯用的做法。中国古代的军事著作《司马法》中就发出过警告："国虽大，好战必亡。"意思是，国家即使再强大，喜欢战争也必然会灭亡。用今天的话说，就是处于霸主地位的国家，如果总是以战争的方式来处理国际事端的话，那么最终也逃脱不了"必亡”的命运。只有“以和为贵”，各国都回到对话的平台上，以和平的理念来解决国际争端，才能建立和维持世界的和平。“协和万邦”的思想深深地嵌入了中华民族的精神世界，连民间的谚语“亲望亲好，邻望邻好”，也浸润着这种精神。“协和万邦”至今依然是中国解决当代国家与国家之间的许多突出难题、处理国际关系的基本理念和智慧。“协和万邦”的外交政策既共享了国际社会普遍的理想价值，反映了人类在全球化时代的共同愿望；同时也体现了中华民族自己的政治、经济、文化特色和智慧。

“以和为贵”是治国的智慧。孔子“以和为贵”的思想，在中国历史上曾经起到了促进民族团结，维护祖国统一的重大作用。作为中国主要民族的汉族，在历史上就是由许乡民族融合而成，后来的汉族又和几十个少数民族一起共同组成了中华民族，中华民族在“以和为贵”的精神作用下，密切团结而成为一个统一强大的国家。中华民族是一个多元的统一体，与此相适应，中华文化也是一个多元的统一体，这种多元的统一正是儒家“和”的思想体现。民族的融合力、凝聚力，民族文化的同化力相互作用、相互影响，这种作用和影响的机制就是“以和为贵”精神的共同认知和践行。“和”是中华民族和中华文化的特征向量，“以和为贵”应该成为治国者的生命信仰、思维基础和治理国家始终不渝的行为方向。

“以和为贵”是理政的智慧。治政中最好的局面就是“政通人和”。“政通人和”是社会政治生活的内在结构和各方面关系处于相对均衡、相对和谐、相对稳定的政治秩序状态，即政治系统内部各要素之间在“和”的目标下，达到一种相互依存、相互制约、相互促进的良性互动状态。“政通人和”这种状态也可以叫作“政治和谐”。那么如何能够达到“政治和谐”的状态?《孔子家语》给出的智慧是：“宽以济猛，猛以济宽，政是以和。”大意是，治政以宽松与严峻相互补充，政事就和谐。也就是说，治政有宽、猛两种手段，两种手段必须“和”才能发挥出治政的作用。政治环境宽松，会营造出一种民主的气氛，使民众心情舒畅。但政治环境过度宽松，容易让坏人有机可乘，制造混乱和事端，破坏社会的稳定。政治环境严峻，可以严肃法纪，产生震慑力，使坏人不敢轻举妄动。但政治环境过度严峻，又会逼得一些坏人铤而走险，一般人的主动性和创造性也会受到压抑。政治环境的宽松与严峻达到了“和”的平衡状态，就能优势互补，去掉“不和”的弊端，形成“政和”的社会局面。政治和谐，是构建和谐社会的基础和保障，政治和谐有助于推动和谐社会的建设和发展。

“以和为贵”是社会治理的智慧。“和”也是孔子社会治理智慧的精髓所在。孔子追求的社会就是以“和”为本质，人与人之间相互配合协调，各守其位的和谐社会。从几千年前发展至今，“以和为贵”已成为中华文化的基本精神，成为中国人的核心价值追求和处世原则。在社会治理中大力倡导和谐社会理念，弘扬“以和为贵、和气生财、远亲不如近邻、重义轻利、礼尚往来”等传统文明礼仪，有利于实现社会矛盾从事后处置向事前防范转变，把社会矛盾消灭在萌芽状态乃至未萌芽之前；有利于化解社会矛盾纠纷，防止非对抗性的、非原则性的一时的矛盾激化，并发展到不可调和的地步；有利于发挥公众参与的力量，提升人们的融入感和主人翁意识，能极大地增强社会矛盾的调节功能，最大限度地防止、减少和弱化社会矛盾和社会冲突的产生。“仁”“礼”“和”是孔子儒学思想体系的三个基本支点，因此，孔子“以和为贵”的社会治理智慧，是以和为本，又要兼顾“礼”和“仁”，彼此相辅相成，不可偏颇，更不可去一而行。“以和为贵”的社会治理，通过对话、沟通、交流的方式，以礼待人，以仁悦人，以情感人，以理服人，以人心换人性，用自己仁礼的真诚忠恕去感召人、感化人，消除彼此心中的隔阂，重新建立彼此的信任，人们就会相安无事、友好共处，进而最大限度地降低维稳成本，达到社会治理的最高境界。①

二、中庸之道

“中庸”一词始见《论语》，出自孔子。但在孔子之前，作为执政理念和道德评价的“中”字就已得到比较广泛的运用，并成为孔子中庸之道的重要来源。

《论语 · 尧曰》开篇就这样记载：“尧曰：‘咨！尔舜！天之历数在尔躬，允执其中。四海困穷，天禄永终。’舜亦以命禹。”从文字风格看，引文（包括这一章下面的几节）是文诰体，是统治者由上而下的谕诫。孔门弟子将其收入《论语》，说明孔子对此十分重视，是孔子与其学生研究、讨论的重要内容。

所谓“允执其中”，即坚持信守中正之道，目的是使天下百姓免于陷入困苦贫穷。在天命神权理念盛行的上古时代，这些古代帝王已经看到，倘若不能如此，便无法维护其统治地位。这与孔子的仁爱思想和仁政主张是一致的，是孔子和孔门弟子珍视这一记录的关键所在。

对尧、舜、禹“允执其中”执政理念的传承和实践情况，其他史料也有所记载。在《中庸》中，有孔子“舜其大智也与！舜好问，好察迩言，隐恶而扬善，执其两端，用其中于民”的赞誉，可视为舜对尧“允执其中”谕诫的落实。司马迁说：“禹为人敏给克

① 参见陈树文著：《先秦诸子中的领导智慧》，清华大学出版社，2019 年版，第 29—31 页。

勤，其德不违，其仁可亲，其言可信，声为律，身为度，称以出，亹亹穆穆，为纲为纪。”[①]其中虽无“中”字，却是“允执其中”的具体表现。在《孟子・离娄下》中，有“汤执中，立贤无方”的评价，即成汤坚持中正之道，举拔贤人不拘泥于常规。成汤因兴兵讨伐暴君夏桀并建立商朝而受到敬仰，其历史地位紧随尧、舜、禹，也同样秉持了“执中”的美德。成汤的后人盘庚在迁殷时，发表过“汝分猷念以相从，各设中于乃心”[②]的训词。盘庚是成汤的第十世孙，商代的第二十位君王，被史家认定为“行汤之政，然后百姓由宁，殷道复兴”[③]的有为之君。从他告诫群臣要和谐相从，各设中正之德于心中的主张看，其“行汤之政”就包括了对“汤执中”的继承。到西周时期，先盾辅佐文王、武王成就大业的周公在告诫康叔时，进一步提出了“中德”的概念：“丕惟曰：尔克永观省，作稽中德。尔尚克羞馈祀，尔乃自介用逸。兹乃允惟王正事之臣，兹亦惟天若元德，永不忘在王家。”[④]

康叔是武王的弟弟，成王时被封为卫君。卫国是殷人故居，殷人嗜酒，周公担心康叔因此而丧德致亡，故命康叔宣布禁酒。《酒诰》就是周公告诫康叔治理卫国的诰词。这段话的大意是说：如果你们能经常反省自己，使自己的言行举止符合中正的美德，你们还能够参与国君举行的祭祀。如果你们能够自己限制行乐饮酒，就可以长期成为王室的治事官员。从这段诰词中可以看出，周初统治者不仅承袭了“允执其中”的理念，而且将其明确为执政的道德准则。

---

① 《史记・夏本纪》。

② 《尚书・盘庚中》。

③ 《史记・殷本纪》。

④ 《尚书・酒诰》。

以上这些梳理，可比较清晰地反映出从尧、舜、禹、汤到周初政治家在“允执其中”理念上的前后传承。《中庸》的作者评论说：“仲尼祖述尧、舜，宪章文、武。”其中很重要的方面，就是对他们“执中”和践行“中德”的继承与发展。

孔子对“中”认识的另一来源，是《周易》。在《周易》的卦爻辞中，就多有“中”的概念，如讼卦卦辞中的“中吉”，泰卦九二的“得尚于中行”，复卦六四的“中行独复”，益卦六三的“有孚中行”、六四的“中行告公”，央卦九五的“中行无咎”等。这些卦爻辞中的“中吉”“中行”，都是行为适中、走正道的意思。孔子在五十岁之前就极重视这部著作，宣称“加我数年，五十以学《易》，可以无大过矣”[1]。五十岁后，孔子实施了自己的这一人生规划。子贡说“夫子老而好《易》，居则在席，行则在橐”[2]，司马迁说“孔子晚而喜《易》，序《彖》《系》《象》《说卦》《文言》。读《易》，韦编三绝”[3]正是在这种学习和研究的过程中，孔子接受了这些概念并曾直接使用，如“不得中行而与之，必也狂狷乎！”[4]此外，在《周易》的“观卦”“既济卦”和“未济卦”等彖、象辞中，多有“中正”“中道”和“中以行正”等概念和解说，当来自孔子或孔门后学。

由此可见，“中”作为一种为政理念和道德范畴，在孔子之前即已存在并有比较广泛的运用。孔子的中庸之道，就是在此基础上的创造性发明和运用。

关于“中庸”的内涵，“中”就是“正”或正确，包括合理、

① 《论语 · 述而》。
② 马王堆汉墓帛书《易传 · 要》。
③ 《史记 · 孔子世家》。
④ 《论语 · 子路》。

适宜；“庸”就是“用”，“中庸”就是执中、用中。这或许是孔子中庸思想的本来意义。在孔子之前，“中”的主要含义是正或正确，属于治国理念和道德评价。经过孔子的诠释，特别是“过犹不及”“和而不同”两个命题和“时中”主张的提出，使其成为对客观事物本质规定和度量分界的认知，进而形成了反映矛盾构成和矛盾转化规律的认识和学说，给人们认识和把握客观事物提供了科学、理性的方法，提升了人的认识水平。

“中庸”是孔子思想体系中的重要范畴，是认识和把握客观事物及人思想行为的根本方法。《论语 · 雍也》记孔子的评论说：“中庸之为德也，其至矣乎！民鲜久矣。”就是说，中庸这种道德，该是最高的了，可惜人们已经长久地缺乏它了。孔子以“至德”评定中庸，但从他的具体解读和运用看，更多体现的是对客观事物质的规定性和度量分界的认识，是对矛盾构成及转化规律的揭示，是孔子理性智慧和辩证思维的集中体现。《中庸》在转述孔子这段话时说：“中庸其至矣乎！民鲜能久矣。”与《论语》相较缺少的道德评语，通篇被一个“道”字所取代，从而更为准确地概括了“中庸”作为认识论和方法论的意蕴。《中庸》以降，后人大多遵循于此，将孔子的中庸思想概言为“中庸之道”①。

《中庸》开宗明义讲“喜怒哀乐之未发，谓之中；发而皆中节，谓之和。中也者，天下之大本也；和也者，天下之达道也，致中和，天地位焉，万物育焉”，喜怒哀乐乃人之常情，但情至而未发，即为中，若外现出来又能把持在一定度中，即为中节，也就是和。《尚书 · 大禹谟》讲：“人心惟危，道心惟微，唯精唯一，允执厥中。”程颐解释说：“不偏之谓中，不易之谓庸。中者天下之正道，

---

① 参见葛荣晋著：《儒学十讲：孔子的处世之道》，中国人民大学出版社，2015 年版，第 377—378 页。

庸者天下之定理。”[①] 朱熹诠释说：“中者，无过无不及之名也；庸，平常也。”从上述可以得出，先贤圣哲认为和是最高的理想追求，实现和的根本途径在保持中道、致中位。中指事物的度即不偏不倚，“过犹不及”，也不狂狷，“不得中行而与之，必也狂狷乎！狂者进取，狷者有所不为也”[②]，无过无不及，凡事叩其两端而执中，便是和的保证。“无所偏倚，故谓之中，发皆中节，情之正也。无所乖戾，故谓之和。”[③]

据《论语》记载：“子贡问：‘师（子张之名）与商（子夏之名）孰贤？’子曰：‘师也过，商也不及。’曰：‘然则师愈与？’子曰：‘过犹不及。’”孔子认为他的学生子张才高意广，办事往往过头，而子夏则笃信谨宁，办事狭隘，往往不到位，都做不到适中，故有片面性。“过”与“不及”都不合乎中庸之道，所以难说谁比谁好一些。又指出：“柴（高柴）也愚，参（曾参）也鲁，师也辟，由（子路）也喭。”“求（冉求）也退，故进之；由（子路）也兼人，故退之。”[④] 在孔子眼里，这些学生的品行都有所偏，或过或不及，皆不合乎中庸之道，尚未达到理想人格的最高境界。所以，他主张以“中行之道”纠正之。他说：“不得中行而与之，必也狂狷乎！狂者进取，狷者有所不为也。”[⑤]“中行”即是依“中庸”之道而行，狂即狂妄，狷即拘谨。狂者流于冒进，言过其行；狷者流于退缩，不敢有为。只有中行之道，才是君子的最高道德原则。故在人格塑造上，孔子要求君子的言行不能偏于极端，而应“叩其

① 程颢、程颐著：《二程集》《遗书》卷七，中华书局，1981 年版，第 100 页。
② 《论语 · 子路》。
③ 《中庸章句集注》。
④ 《论语 · 先进》。
⑤ 《论语 · 子路》。

两端”[①]，恰到好处。

孔子的中庸之道，作为一种辩证的思想方法，在今天仍具有重要的现实意义。

1939 年，毛泽东在给张闻天的一封信中指出：“过犹不及”是两条战线斗争的方法，是重要思想方法之一……是孔子的一大发现，一大功绩，是哲学的重要范畴，值得很好地解释一番。[②]

在经济建设中，中庸的思想方法要求我们必须坚定不移地执行国民经济持续、快速、健康发展的方针。这条方针充分体现了“中庸”的辩证思维方法。国民经济发展，既要求较快的速度和较高的效益，又要求发展速度“适中”。速度慢了不行，速度过快也不行。快是有条件的，要讲效益，讲质量；快是有区别的，各地发展速度可以有所不同；快必须是没有水分的实实在在的速度。要适应国内外市场需求，合理配置资源，充分发挥生产能力，合理控制投资和消费基金，保持社会总需求与总供给基本平衡，抑制通货膨胀，防止经济大幅度波动，做到速度和效益相统一，微观活力和宏观控制相统一，总量增长和结构优化相统一。如果我们用孔子的哲学语言来表述，它就是一条防止急于求成的“过”和反对踏步不前的“不及”的“执中”的国民经济发展的正确方针。

在收入分配上，既反对平均主义，也反对贫富过分悬殊现象。因为这种不公的分配方式，挫伤劳动者的积极性，妨碍生产力的发展。我们要继续允许和鼓励一部分人、一部分地区发展得快一些，通过诚实劳动和合理经营先富起来，保护他们的合法收入。但是，由于多种主客观因素，地区经济发展差距有所扩大，部分社会成员之间收入差别很大。我们必须提倡先富帮后富，对过高收入要通过

---

① 《论语 · 子罕》。

② 《毛泽东书信集》，人民出版社，1983 年版，第 146—147 页。

税收等形式加以调节，取缔非法收入，逐步缩小地区发展差距和解决好社会分配之不公，最终实现共同富裕。这也是一种承认差别但又不能过分悬殊的“中道”方针。

在社会主义市场经济中，我们既要充分注意发挥市场机制的积极作用，改变过去那种忽视市场作用、忽视价值规律的“左”的做法，同时也要加强与改善中央的宏观调控手段，把实现市场机制和宏观调控有机结合起来。市场机制和宏观调控，都是市场经济体制的重要内容。要充分发挥市场机制的作用，使经济活动遵循价值规律，适应供求变化，体现竞争原则。我国是发展中的大国，又处于经济快速增长和经济体制转型时期，把握好时机和力度，保持宏观经济环境的稳定，加强中央的宏观调控手段，是完全必要的。既要克服过去那种过分集中，管得过多过死的弊病，又不能过分分散和削弱中央宏观调控能力，故而推行微观活力和宏观调控相统一的“中道”路线，才是我们的最佳选择。

在提高人民生活水平上，不能像过去那样，只空谈义理而不关心人民疾苦，社会生产发展了，人民生活还停留在原来的低水平，这叫“消费不足”。我们应该随着社会经济的发展而相应地提高人民的物质生活水平。没有适度地消费，生产就会处于停顿状态。消费可以促进生产，这是一种新的观念。但是，消费不等于奢侈。近年来，随着社会生产的发展和人民物质生活水平的提高，某些人滋长了享乐主义、拜金主义，一味追求物质享受，挥金如土，一掷千金，讲排场，摆阔气，整天过着花天酒地的奢侈生活，这叫“过度消费”。前者是“不及”，后者是“过”，都是我们所反对的。在消费上，我们既提倡致富发家，但又反对铺张浪费，鼓励人民在生产发展的基础上不断提高物质生活和精神生活水平，坚决反对那些不顾个人实际经济状况而追逐超前消费的有害行为，逐步把我国建设成节约型社会，这叫“适度消费”，是我们所主张的。

在政治上，我们反对任何片面性的错误，力求遵循既不“左”也不“右”的“中道”路线。过去我们曾经发生过误把同志和朋友当作敌人而乱斗的“左”的错误，必须引以为戒。同时，在吸取历史教训中，也不能走向另一极端。有人违背“在法律面前人人平等”的原则，把涉及党纪又涉及国法的问题只作党纪处分；把某些违法乱纪问题“大事化小”，“小事化了”；把某些贪污腐化违法乱纪犯罪行为说成“经验不足”“下不为例”；对于市场经济中出现的某些犯罪行为仅处以象征性的罚款；等等。对这些贪污腐化分子和违法乱纪分子施以“仁政”，以罚代刑，就是一种削弱国家专政职能的“右”的错误。我们必须依法严厉打击各类严重刑事犯罪与经济犯罪活动，坚持铲除各种社会的丑恶现象。我国是一个法治国家，必须不断加强民主和法制建设。在各项法律的执行过程中，力求做到“中刑”“中罚”，即不偏不倚，不轻不重，恰好适度。如果量刑超过“适度”，就可能是严刑峻法，犯了轻罪重刑的错误；如果是量刑“不及度”，就可能是宽大无边，犯了重罪轻刑的错误。只有把“中”与“刑”结合起来，才是最合理的刑罚。只有适度的刑罚，才能做到社会公平和维护法律尊严。

在错综复杂斗争的世界范围内，我们也应坚持“中庸”的基本原则，善于自处，善于发展。我们既不做附庸，也不搞霸权；既不示弱，也不逞强；既要坚持独立自主，自力更生，又要坚持面向世界，对外开放。只有从这种“中道”思想出发，才能更好地利用一切社会矛盾和有利因素，从而更快地发展自己。①

---

① 参见葛荣晋著：《儒学十讲：孔子的处世之道》，中国人民大学出版社，2015 年版，第 384—387 页。

第九章　史鉴意识与国家治理

一、周初统治者的史鉴意识

周武王灭商后，周初统治者并没有沉浸在盲目的欢乐之中，相反他们倒是将这种胜利的喜悦深深埋藏在内心深处，在治理国家方面却表现出了浓郁的忧患和十二分的谨慎。作为亲身领导这场革命的周武王如此，周公更是这样一位政治头脑极为清醒的人物。周武王灭商之后，曾夜不能寐。周公为之非常担心，恐怕周武王因忧劳过度而影响身体。周武王告诉了周公他之所以“具明不寝”的原因是：“呜呼！于忧兹难，近饱于恤；辰是不室，我未定天保，何寝能欤？”[①] 原来武王忧虑的还是周人在灭殷之后如何更好地实现对殷人进行统治，他所实施的战略步骤之一就是在东方建立新的统治中心作为根据地，以便实现对广大新疆域进行有效的治理。周武王去世后，周成王年幼，完成文王、武王遗命的历史重担落在了以周公为首的周初统治集团的肩上。

周初统治者推翻商纣王的政权以后，面临着巩固政权、重新制定新的政策和方针的历史任务。显然，从这场亲身经历的克商革命

① 《逸周书·度邑解》。

中，周公等一些比较清醒的政治家看到了民众身上所蕴藏的巨大力量。水能载舟亦能覆舟。周初统治者，从夏商周兴替的历史中吸取了重要的经验和教训，成为他们治国理政的历史依据。

周人对历史经验的总结和回顾，大概从文王时代就已经开始。《诗经 · 大雅 · 荡》篇引文王所说的“殷鉴不远，在夏后之世”，为文王叹惜殷纣王不借鉴也不重视夏后氏被商汤灭亡的教训。朱熹《诗集传》说：“殷鉴在夏，盖为文王叹纣之辞。然周鉴之在殷，亦可知矣。”文王一方面为殷纣王而叹惜，而另一方面则以此作为可供周人借鉴的历史教训。殷商灭亡之后，周武王、周公以及其他一些有为的周王和辅政大臣更是常常总结夏、殷两代人的经验教训。这可以分为两个方面：一方面是对夏、殷两代成功的统治经验的总结以供学习、效法；另一方面是对夏、殷两代的罪过、错误和失败教训的总结以供戒备和警惕再到覆辙。[①]

周初统治者对夏、殷的历史进行了全面的总结，既有正面的经验，也有反面的教训。

1. 夏、殷亡国之鉴

很多先秦文献都记载了夏、殷末代暴君的罪行。

周武王在《尚书 · 牧誓》中是这样总结商纣王亡国原因的：

王曰：“古人有言曰：‘牝鸡无晨；牝鸡之晨，惟家之索。’今商王受惟妇言是用，昏弃厥肆祀弗答，昏弃厥遗王父母弟不迪，乃惟四方之多罪逋逃，是崇是长，是信是使，是以为大夫卿士。俾暴虐于百姓，以奸宄于商邑。今予发惟恭行天之罚。”

《史记 · 周本纪》亦有“尹佚筴祝曰：‘殷之末孙季纣，殄废先

① 参见王晖著：《商周文化比较研究》，人民出版社，2000 年版，第 183 页。

王明德，侮蔑神祇不祀，昏暴商邑百姓，其章显闻于天皇上帝。’”的记载。

关于夏、殷兴亡的史鉴，周公更是重视并多有总结。

（1）从用人失当角度总结前朝的灭亡教训

在《尚书 · 立政》中，周公对夏桀失德与夏朝亡国教训进行了总结。周公说：

桀德，惟乃弗作往任，是惟暴德。罔后。

周公说：“夏桀即位后，他不用以往任用官员的法则，任用老成有经验的人为官，而是用些暴虐的人，终于绝后。”

（2）从违逆天命的角度总结夏王朝失败原因

在《尚书 · 多方》中，周公是这样看待夏王朝灭亡原因的。他说：

有夏诞厥逸，不肯慼言于民，乃大淫昏。不克终日劝于帝之迪。乃尔攸闻。厥图帝之命，不克开于民之丽，乃大降罚，崇乱有夏。因甲于内乱，不克灵承于旅。罔丕惟进之恭，洪舒于民。亦惟有夏之民叨懫日钦，劓割夏邑。天惟时求民主，乃大降显休命于成汤，刑殄有夏。

周公说：“夏桀偏重天命，不常重视祭祀，于是，上帝对夏国降下了严令。夏桀仍大肆逸乐，不肯慰勉人民，竟然大行淫乱，不能用一天努力遵行上帝的教导，这些是你们都知道的。夏桀夸大天命，不明白使老百姓归附的道理。大事杀戮，大乱夏国。夏桀习于妇人治理政事，不能很好地顺从民众，无不是要老百姓进献财物，深深地毒害了民众。也由于夏民贪婪、忿戾的风气一天天盛行，残害夏国。上天于是寻求可以做人民君主的人，降天命给成汤，命令成汤消灭夏国。”

（3）从民众支持与否的角度总结了夏商亡国的历史教训

在《尚书 · 多方》中，周公也从施政为民的角度总结了夏商亡国的历史教训。

周公说：

诰告尔多方，非天庸释有夏，非天庸释有殷。乃惟尔辟以尔多方大淫，图天之命屑有辞。乃惟有夏图厥政，不集于享，天降时丧，有邦间之。乃惟尔商后王逸厥逸，图厥政不蠲烝，天惟降时丧。

周公这样说：“告诉你们各位邦君，并不是上天要舍弃夏，也不是上天要舍弃殷。只是你们夏、殷的君王和你们各国诸侯大肆淫泆，图度天命，奢侈而安逸，并且还怀疑天命。因为夏桀考虑政事，不是为了保护民众，勉励民众，于是上天亡夏，成汤代替了夏桀。因为商的后王过度享乐，为政贪图享乐，不考虑民众的利益，于是上天也降下这亡国大祸。”

（4）从荒淫施政角度总结夏商亡国的原因

在《尚书 · 酒诰》中，也有周公对殷商王朝兴亡原因的总结。周公说：

王曰：“封，我西土棐徂，邦君御事小子尚克用文王教，不腆于酒，故我至于今，克受殷之命。”

……

“我闻亦惟曰：‘在今后嗣王，酣，身厥命，罔显于民祇，保越怨不易。诞惟厥纵，淫泆于非彝，用燕丧威仪，民罔不衋伤心。惟荒腆于酒，不惟自息乃逸。厥心疾很，不克畏死。辜在商邑，越殷国灭，无罹。弗惟德馨香祀，登闻于天；诞惟民怨，庶群自酒，腥闻在上。故天降丧于殷，罔爱于殷，惟逸。天非虐，惟民自速辜。’”

周公说：“封，我周国诸侯和官员能够遵从文王的教导，不多饮酒，所以我们周国能够接受上帝赐给的大命。”

“我听到也有人说：‘在近世的商纣王，好酒纵乐，以为有命在天，不明白臣民所重视的事，安于百姓的怨恨，不思改悔。他淫乱无度，贪图安乐，不遵守法律，由于宴饮无度，丧失了君王的威仪，臣民没有不悲痛伤心的。商纣王只考虑纵酒取乐，不考虑改正他的过失。他心地狠恶，不肯怕死。他在商都作恶，对于殷商的灭亡，不加考虑。没有清明的德政和芳香的祭祀让上帝知道，只有老百姓的怨气，只有群臣私自饮酒的腥气，被上帝知道。所以，上帝在殷邦降下了灾祸，不喜欢殷国，是因为商纣王贪图享乐。上帝并不暴虐，只是殷商的臣民自己招来罪罚。’”

2. 夏、殷施政经验之鉴

周公不仅总结了夏、殷两代失败的历史教训，而且还总结了夏、殷先王成功的历史经验，并对这些经验予以高度的赞扬和汲取。

（1）明德慎罚

《尚书·多方》说：

乃惟成汤克以尔多方简，代夏作民主。慎厥丽，乃劝；厥民刑，用劝；以至于帝乙，罔不明德慎罚，亦克用劝；要囚殄戮多罪，亦克用劝；开释无辜，亦克用劝。今至于尔辟，弗克以尔多方享天之命，呜呼！

周公发布对殷遗民的号令说：

成汤由于你们各国邦君的选择拥戴，代替夏桀作了君王。他谨慎地施政，是勉励人；他惩罚罪人，也是勉励人；从成汤到帝乙，没有人不明德慎罚，也能够用来勉励人；他们监禁罪犯，杀死重大罪犯，也能够用来勉励人；他们赦免无罪的人，也能够用来勉励人。现在到了你们的君王殷纣王，因为淫逸失政而亡国，实在是可悲可叹呀！

（2）用保乂民

周公在《尚书 · 康诰》中反复要求康叔“往敷求于殷先哲王，用保乂民”，“别求闻由古先哲王，用康保民”，“我时其惟殷先哲王德，用康乂民作求”。

（3）用心施政

在《尚书 · 酒诰》中，周公指出，从成汤到帝乙时的“殷先哲王”和帝辛纣王时“庶群自酒，腥闻在上”“淫泆于非彝，用燕丧威仪”等现象完全相反：“在昔殷先哲王迪畏天显小民，经德秉哲。自成汤咸至于帝乙，成王畏相……不敢自暇自逸，矧曰其敢崇饮？越在外服，侯甸男卫邦伯，越在内服，百僚庶尹，惟亚惟服宗工，越百姓里居，罔敢湎于酒。不惟不敢，亦不暇，惟助成王德显越，尹人祗辟。”

（4）节制淫泆

在《无逸》中，周公从历史的经验教训中得出君王之子不能只图安逸，而应“先知稼穑之艰难，乃逸，则知小人之依”的观点。

和祖甲之后因立储君而“生则逸，不知稼穑之艰难”的情况相反，“昔在殷王中宗，严恭寅畏，天命自度，治民祗惧，不敢荒宁……其在高宗，时旧劳于外，爰暨小人……不敢荒宁，嘉靖殷邦，至于小大，无时或怨……其在祖甲，不义惟王，旧为小人。作其即位，爰知小人之依，能保惠于庶民，不敢侮鳏寡。”可见帝辛纣王之前的殷王，既有美德又很贤明，对人恭敬，不敢酗酒，亦不敢追求闲暇安逸的生活，这是殷先王之所以能长久统治天下的原因。这些是从正面对勤劳和关心小民的殷王治政历史经验作了肯定，对君王追求安逸舒适、酗酒淫泆的生活方式做了否定。①

总之，历史是一面最好的镜子。周人思维的特征之一就是习惯以古看今，拿历史来借鉴、说明、指导现实以至于照亮未来前进的方向。周初统治者即是这种思维特征的代表人物。从《尚书》《诗经》《周礼》《礼记》《周易》等若干先秦文献中都可以看出周人具有这种浓郁的史鉴意识。

周初统治者十分重视从历史中吸取治国理政的经验教训。既然夏、殷兴亡之鉴不远。大禹治水勤政，商汤顺天应民，这是夏、殷取得成功的主要因素。相反，夏桀、殷纣不重视祭祀，用人不当，残暴淫泆等失政构成了亡国之祸。所有这些，都是武王、周公能够扬弃前朝得失，从而兢兢业业治理好国家的重要文化基础。历史意识的升华和对历史经验教训的批判总结，使周人逐步摆脱了殷人那种完全用神权来维护政权的思想观念。周初以武王、周公为首的周初统治集团能够以历史理性来认识政治、社会和人生的各种问题，否定“君权神授”、提出“君权天授”并进而提出了“敬德保民”等全新而重要的政治思想主张，推动了一场华夏古国前所未有的伟大思想解放运动。作为高瞻远瞩的大政治家，武王、周公从总结以

① 参见王晖著:《商周文化比较研究》，人民出版社，2000 年版，第 184—185 页。

往的历史经验中，为周王朝的长治久安找到了希望和答案。夏、殷王朝的兴亡之鉴，成了周初统治者治国方略的基本原则和立法建制的参考坐标。这充分体现了周初统治者的历史意识及其史鉴思想。

周初统治者不但重视从夏、殷之鉴中总结历史的经验教训，同时也十分重视对周先祖的治国理政经验的学习与继承。

周公经常对周人的历史和周之先王的艰难创业、美言嘉行、爱民保民举措进行深情的追忆，尤其是对文王的叙述更是详之又详，如文王之德、文王之教、文王之典等话语常常见之于许多文献记载当中。武王对周人祖先的追忆曾提到后稷，并附带提及禹及商先哲王："在昔后稷，维上帝之言，克播百谷，登禹之绩。凡在天下之庶民，罔不维后稷之元谷用蒸享。在商先誓王，明祀上帝，口口口口，亦维我后稷之元谷，用告和用胥饮食。肆商先誓王，维厥故，斯用显我西土。"①

周公曾反复提到文王的业绩，例如：

在《康诰》中，周公告诉康叔："惟乃丕显考文王，克明德慎罚；不敢侮鳏寡，庸庸，祗祗，威威，显民，用肇造我区夏，越我一、二邦以修我西土。惟时怙冒，闻于上帝，帝休，天乃大命文王。殪戎殷，诞受厥命越厥邦厥民，惟时叙，乃寡兄勖。肆汝小子封在兹东土。"周公说："康叔，我的弟弟，我们伟大英明的父亲文王，能够崇尚德教，慎用刑罚；不敢欺侮无依无靠的人，善于任用那些可以任用的人，尊重那些可以尊重的人，畏惧应当畏惧的事，尊宠人民，因而在中夏开创了我们的生存区域，和我们的几个友邦共同治理我们西方。文王这样努力，被上帝知道了，上帝非常高兴，就降大命给文王。灭亡大邑商，接受上帝的大命和殷国殷民，继承文王的基业，是武王努力所致，因此，才会有你被分封到

---

① 《逸周书 · 商誓解》。

这东土的机会。”

在《无逸》中，周公回忆文王的往事，以此告诫成王不可因为安逸享乐而荒废政事。周公说：“厥亦惟我周太王、王季，克自抑畏。文王卑服，即康功田功。徽柔懿恭，怀保小民，惠鲜鳏寡。自朝至于日中，昃，不遑暇食，用咸和万民。文王不敢盘于游田，以庶邦惟正之供。”[①] 在这里，周公把文王和殷先王中宗、高宗及祖甲放在一起，给我们描绘出一个宽宏大量的有道哲王形象：“自殷王中宗及高宗及我周文王，兹四人迪哲，厥或告之曰：‘小人怨汝詈汝。’则皇自敬德。厥愆，曰：‘朕之愆，允若时。’不啻不敢含怒。”也就是这四位哲王不仅对埋怨自己、詈骂自己的小人不生气发怒，而且时刻警戒自己的品德，也勇于承认自己的错误。正是他们这样宽宏大量，他们在人们心目中才有极高的地位。和那种一听到说“小人怨汝詈汝”——即使这是小人的造谣，却信之不疑——且不宽大为怀并“乱罚无罪，杀无辜”的昏王形成了鲜明的对比。而人们怨恨也就自然而然地集中到这些昏王身上了。周公语重心长地告诫后来继位的周成王要以此为鉴：“呜呼，嗣王其监于兹！”

在《酒诰》中，周公也叙述周文王时期禁止人们酗酒：“文王诰教小子有正有事：无彝酒。”周公认为，正是由于文王的教令，周人才取得了殷人的天下，“我西土棐徂，邦君御事小子尚克用文王教，不腆于酒，故我至于今，克受殷之命”。这些都是周人之所以成功的宝贵经验。

在周人历史上，太王是指古公亶父，王季是指季历。从太王言至文王，历叙了周先王谦虚敬畏、重视农业、谨慎从治的美好传统和历史事实。无疑，在周公例述的诸多先王中，他提到最多的和最钦佩的还是周文王。这一方面固然是因为文王是其尊敬的父亲，另

① 《尚书·无逸》。

一方面还有周文王实实在在地对周民族发展所做出的卓越贡献和具有治理国家的美好德行。

周民族发展到文王时受到了上帝的眷顾，接受了天命，这一点是所有周人的共识。因此，周公在借鉴历史经验时，每每言及文王，这不仅在于文王德行确实受到民众的敬仰，更在于周公对文王事迹历历在目能以现身说法教育周人和殷民。应该说，文王是周公打出的一面对周人内部进行有效统治和增强本族凝聚力的重要旗帜。

在对“旧邦新命”认识与总结的基础上，以周公为代表的周初统治者根据客观现实需要，积极吸取夏商二代兴亡的历史经验教训，积极继承与发展周先人的历史文化使命，在此基础上形成了为巩固与发展周王朝实际统治需要的史鉴思想与以史资治意识。

周公的史鉴思想与以史资治意识主要表现为敬畏、勤政、务农、无逸、效法先王、警戒、重人、秉德明恤、用康保民、明德恤祀、不湎于酒、天不可信、惟命不于常、当于民监等诸多方面，它关注的焦点是周初的政治命运问题。这个特点是由武王、周公等人所处的历史时代所决定的。周之代殷是小邦周对大邑商的胜利，虽然牧野一战，商纣自焚，殷商全国处于群龙无首的政治真空状态。但对于周人来说，商朝的灭亡仅是他们胜利的第一步，这时仍然“天下未集”，他们当前面临的政治局势更为复杂艰难，未来政治前途亦属未卜。而当前最重要的任务莫过于取得胜利后，对周人以及广大殷民的精神进行安抚，以使他们逐渐接受周已代殷的事实。正好时代诞生了武王、周公这样能够重视历史经验的伟大人物。武王、周公等人不仅以天命理论来解释周人政权取得的合法性，而且诉求于历史上先王和事迹来寻找政权得以长治久安的依据和总结王朝兴亡的原因，以达到巩固周政权并有效地建立周王朝统治秩序的目的。这一切都是历史赋予周初统治者特殊的历史使命，离开了殷周之际的社会变革的时代背景就无从说明周初统治者各种政策与治理国家方针产生的缘由。①

一句话，归根结底，周公对历史的借鉴是为更好地治理国家服务。

一方面，周公的史鉴是对现实的注解，既往的历史变成了现实的借鉴和周初统治者施政的依据。“周虽小邦，其命维新。”对于大政治家周公来说，除了总结个人的政治实践并在以往的历史长河中寻觅成功的治国之道外，他还能有什么更好的路径可以选择呢?

另一方面，周公以史鉴今、鉴未来的思想意识，也是一种人类理性精神的展现，是大政治家周公政治智慧的标志。它主要表现在以夏、商王朝的历史兴亡为鉴，以周族先王历史上的艰难创业和美好德政为鉴，在立足现实的基础上沟通了历史与现实，利用历史为现实服务并最终实现了历史与现实、文化与政治的有机的统一。夏鉴、殷鉴、周先王之鉴，还有现实之鉴即水鉴、民鉴、人鉴，等等，这对于夏、商、周三代相互承续的文明延续和周文化与政治的发展具有十分重要的意义，周公的史鉴意识与以史资政的治国理念深刻影响了此后的中国历史。②

二、唐太宗“览前王之得失”

唐太宗君臣重视以史为鉴，究秦、隋之得失，其目的即在于防止前车之鉴，努力将国家治理的事业臻于至善。纵观贞观年间唐太

① 参见吕庙军著:《周公研究》，人民出版社，2012年版，第158页。

② 参见吕庙军著:《周公研究》，人民出版社，2012年版，第168页。

宗实行文治的种种举措，几乎无不与总结历史经验及教训相联系。

（一）以古为镜，重视修史

唐太宗有句名言："以铜为镜，可以正衣冠；以古为镜，可以知兴替；以人为镜，可以明得失。"[①]

"以古为镜，可以知兴替"，正是唐太宗重视以史为鉴的重要表现。

"以古为镜"也就是以史为鉴，注意从过去历代王朝治乱兴亡中总结与吸取历史经验教训，以为现实政治服务。唐太宗治理国家的一个重要内容，就是注重以史为鉴。贞观年间统治者的史书编纂，以史辅治，以汉文为师，以秦隋为诫，辨两晋之得失，考前朝之兴亡，无不是将国家治理建立在对历史经验教训的总结与运用方面。

唐太宗是中国历史上十分重视以史为鉴的传统帝王之一。他喜欢议史、读史，并从中总结古为今用的历史经验。贞观之治的目标在致治，致治的途径是多方面的，其中重要的一条是对历史经验的总结，这就涉及"治"与"史"的关系。"治"，立足于现实；"史"，着眼于过去，以史辅治，也就是以古鉴今。这是唐太宗"所以披镜前踪，博采史籍"[②]的主要动因。

唐太宗是个读史成癖的帝王，他于理政之暇，或同大臣"共观经史"[③]，或单独"披览忘倦，每达宵分"[④]，希望从阅读的史籍中寻找治理天下的经验借鉴。贞观初期，唐太宗欲拨乱反正，使天下大治，于听政之暇，经常与群臣议论古今治乱兴亡之道，"才及日昃，

① 《旧唐书 · 魏徵传》。

② 《全唐文》卷十，《帝范序》。

③ 《旧唐书 · 虞世南传》。

④ 《贞观政要 · 论君道》。

命才学之士，赐以清闲，高谈典籍，杂以文咏，间以玄言，乙夜忘疲，中宵不寐。”① 贞观中期，黄门侍郎刘洎称颂他“听朝之隙，引见群官，降以温颜，访以今古”②。从这些字里行间，透露了唐太宗夜以继日地与大臣们以史为鉴，共臻致治的政治热忱。魏徵赞扬唐太宗“览古今之事，察安危之机”③，并非全是溢美之词。

对唐太宗来说，最切实的读史借鉴莫过于历代帝王的嘉言懿行了。贞观初期，他配合励精图治的需要，指示魏徵、虞世南、肖德言等，删编《百代帝王所以兴衰者》节本。唐太宗读后嘉奖说：“使我稽古临事不惑者，公等力也！”④ 及至贞观十四年（公元前640年），他对房玄龄说：“朕每观前代史书，彰善瘅恶，足为将来规诫。”⑤ 贞观中期，他在《答魏徵上群书治要手诏》中说：“览所撰书，博而且要，见所未见，闻所未闻，使朕致治。”⑥ 贞观晚年，唐太宗还在《金镜》里指出自己要做有道明君、不做无道暗主。他说：“朕以万机暇日，游心前史。仰六代之高风，观百王之遗迹，兴亡之运，可得言焉。每至轩昊之无为，唐虞之至治，未尝不留连赞咏，不能已已。及于夏殷末世，秦汉暴君，使人懔懔然，兢惧如履朽薄。”⑦ 这一切都清楚地说明，唐太宗总结历史经验，其目的皆是“贞观之治”。

由于唐太宗十分重视以史为鉴，所以贞观时期出现了前所未有的修史盛况，成绩蔚然大观。历代二十五部“正史”中，就有八部

---

① 《旧唐书·李百药传》。

② 《旧唐书·刘洎传》。

③ 《贞观政要·论灾祥》。

④ 《新唐书·萧德言传》。

⑤ 《贞观政要·论文史》。

⑥ 《全唐文》卷九，《答魏徵上群书治要手诏》。

⑦ 《全唐文》卷十，《金镜》。

正史修成于贞观年间。这八部正史就是《北齐书》《周书》《梁书》《陈书》《隋书》《晋书》《南史》《北史》。除南北史是李延寿父子私家独撰外，其余六部都是由唐太宗下诏集体官修的。

早在武德四年（公元621年），唐高祖李渊接受了令狐德棻提出的修撰梁、陈、齐、周、隋、魏六朝正史的建议，次年十二月，李渊下诏修史，任命中书令萧瑀等三人修魏史，侍中陈叔达等三人修周史，兼中书令封德彝等二人修隋史，大理卿崔善为等三人修梁史，太子詹事裴矩等三人修齐史，秘书监窦琎等三人修陈史。编修要求是“务加详核，博采旧闻，义在不刊，书法无隐”[①]。六代史因种种原因，未能在武德年间完成，于是续修的责任落到了唐太宗的身上。“贞观三年，太宗复敕修撰。”[②] 太宗命礼部侍郎令狐德棻与秘书郎岑文本修周史，中书舍人李百药修齐史，著作郎姚思廉修梁、陈史，秘书监魏徵修隋史，尚书左仆射房玄龄总监诸史。唐太宗还亲自制定了有分有合的修史制度：“命学士分修，事具于上。”[③]

《周书》主编令狐德棻吸取了西魏史官柳虬所写的北周官史，和隋代牛弘追撰的《周纪》十八篇，又利用了唐初修史征集的家状作为补充，以牛史为蓝本，于贞观十年（公元636年）成书五十卷。

《北齐书》主编李百药本就有家学渊源，其父李德林“在齐预修国史，创纪传书二十七卷，至开皇初奉诏续撰，增多齐史三十八篇”。在此基础上，李百药参考隋秘书监王劭编年体《齐志》十六

① 《唐大诏令集》卷八十一。

② 《旧唐书》卷七十三。

③ 《史通》卷十二，《正史》。

卷，并“杂采它书，演为五十卷”[①]，于贞观十年（公元636年）成书。

《梁书》《陈书》主编姚思廉有“命世”之史才，他继承梁代谢炅的《梁书》、陈代许亨的《梁史》以及顾野王的陈朝国史纪传、陆琼的《陈书》研究成果外，主要师承家父姚察在陈、隋之际两度编撰梁、陈史的遗稿，笔削成书，“加以新录，弥历九载，方始毕功。定为《梁书》五十六卷、《陈书》三十六卷”[②]。

《隋书》主编魏徵有“良史”之称。其先虽有王劭的隋史十八卷及王胄的《大业起居注》，然而王劭缺乏体例，正如刘知几所说：“至于编年纪传并阙其体”；而且王胄的起居注遭江都之变，“仍多散逸”[③]。幸而唐距隋最近，事有所闻，可补遗漏。《隋书》纪传多出于中书侍郎颜师古、给事中孔颖达之手，颜、孔学贯古今，博通经史，所撰纪传，号为称职。魏徵“总加撰定，多所损益，荐在简正”[④]。所作《隋书》的序、论，针砭隋之存亡得失，多所深识。三人修撰纪传五十五卷，于贞观十年定稿。

贞观十年（公元636年）正月，五朝史修成，由尚书左仆射房玄龄、侍中魏徵进呈御前，唐太宗下令嘉奖道：“公辈以数年之间，勒成五代之史，深副朕怀，极可嘉尚。”[⑤]魏徵以总监之功，赏赐特丰，加封光禄大夫，晋爵郑国公，赐物二千段。姚思廉赐采绢五百段，加通直散骑常侍。令狐德棻赐绢四百匹；李百药赐物四百段外，还擢散骑常侍，行太子左庶子。这是唐太宗对官修正史的

① 《史通》卷十二,《正史》。

② 《史通》卷十三,《正史》。

③ 《史通》卷十二,《正史》。

④ 《旧唐书·魏徵传》。

⑤ 《册府元龟》卷五五四。

鼓励。

此后，唐太宗感到五朝史只有纪传、没有志这个缺陷，于贞观十五年（公元 641 年）又任命于志宁、李淳风、韦安仁、李延寿等续修史志，终贞观之世，迄未完成。

除了对上述五朝历史撰修外，因为对前人所修的晋史不满意，唐太宗还专门于贞观二十年（公元 646 年）闰二月颁《修晋书诏》，要求对晋朝历史进行重修，两年后成书。新撰的《晋书》计有帝纪十卷，志三十卷，列传七十卷，载记三十卷，共一百三十卷。①

值得指出的是，唐太宗不仅注意让自己君臣“以古为镜”，而且还特别留意对继嗣者史鉴意识的培养。

唐太宗深知他与大臣们的“以古为镜”是不难做到的。而继嗣之君和功臣后代，他们没有经历过动乱的年代，生长于富贵之乡，对民间疾苦缺少体察。因此，唐太宗认识到对后代进行历史知识、以史为鉴的教育，是关系到唐王朝能否实现长治久安的大问题。他有鉴于“历观前代拨乱创业之主，生长人间，皆识达情伪，罕至于败亡。逮乎继世守成之君，生而富贵，不知疾苦，动至夷灭”②。又鉴于“功臣子弟，多无才行，藉祖、父资荫，遂处大官，德义不修，奢纵是好。主既幼弱，臣又不才，颠而不扶，岂能无乱”③。为此，唐太宗于贞观七年（公元 633 年）对侍中魏徵说：“自古侯王能自保全者甚少，皆由生长富贵，好尚骄逸，多不解亲君子远小人故尔。朕所有子弟，欲使见前言往行，冀其以为规范。”为达此目的，唐太宗命魏徵“录古来帝王子弟成败事”，编纂《自古诸侯王善恶录》，用以赐予诸王阅读。书成后，魏徵亲自撰写序言，序言

① 参见赵克尧、许道勋著：《唐太宗传》，人民出版社，1984 年版，第 303—310 页。

② 《贞观政要 · 教戒太子诸王》。

③ 《贞观政要 · 君臣鉴戒》。

中有“子孙继体，多属隆平。生自深宫之中，长居妇人之手，不以高危为忧惧，岂知稼穑之艰难。昵近小人，疏远君子……垂为炯戒，可不惜乎！”唐太宗在读过《自古诸侯王善恶录》后，称赞编得好，令诸王“置于座右，用为立身之本”[①]。唐太宗晚年为太子所编写的《帝范》一书，亦强调要以古为镜，“聚其要言，以为近诫云耳”[②]。

（二）重视对当代史的撰述

唐太宗不仅重视对往代历史的编纂，而且也重视对当代历史的编撰。贞观年间的当代史主要有国史、实录、起居注等三种体裁。

贞观三年（公元629年），唐太宗在宫禁门下省北始置史馆，创议由宰相监修国史，修国史，首任监修官就是唐太宗的中枢重臣房玄龄。宰相监修国史，史官的政治地位必然有所提高，随之对史馆安排、建置、馆员生活待遇等也会有所改善。正如刘知几所赞美的：“皇家之建国也，乃别置史馆通籍禁门。西京则与鸾渚（即鸾台，门下省）为邻；东都则与凤池（即凤阁，中书省）相接。而馆宇华丽，酒馔丰厚，得厕其流者，实一时之美事。”[③]宰相监修史著与史官生活待遇的提高，反映了唐太宗对修史的高度重视。唐太宗创举的宰相监修国史之例具有深远的影响。

太宗朝的国史由房玄龄监修，房玄龄为人正直。修撰史官邓世隆以及顾胤、李延寿等又获“时誉”或“颇为当时所称”[④]，故所撰国史多属直笔。后由许敬宗监修，“记事阿曲”，破坏了贞观的直笔史风。史载许敬宗贪贿专以个人恩怨好恶作为立传根据。如因恶封

① 《贞观政要·教戒太子诸王》。

② 《全唐文》卷十，《帝范序》。

③ 《史通》卷十一，《史官建置》。

④ 《旧唐书·令狐德棻传》。

德彝，立传对“盛加其罪恶”；因善钱九陇，立传时“妄加功绩”。或受人贿，“隐诸过咎”“虚美隐恶”[①]。对此，刘知几评其“所作纪传，或曲希时旨，或猥饰私憾，凡有毁誉，多非实录”[②]。

唐太宗既然以史为镜，也就很想读一读国史。贞观十四年（公元 640 年），他对历来帝王不读国史的做法表示不满，说：“不知自古当代国史，何因不令帝王亲见之？”玄龄对曰：“国史既善恶必书，庶几人主不为非法。止应畏有忤旨，故不得见也。”太宗特加解释，“朕意殊不同古人，今欲自看国史者，盖有善事，固不须论；若有不善，亦欲以为鉴诫，使得自修改耳。卿可撰录进来。”[③]唐太宗认为古来帝王不观国史，君主不能从国史中获益，殊为可惜。他想打破惯例，自观国史，以补君德确实有其合理的一面。

在编撰当代史方面，唐太宗也加强了实录的编撰工作，改变了往昔不修当朝实录的做法，决定当他在世时就始修实录。贞观十四年（公元 640 年），唐太宗提出“欲自看国史”时，并要房玄龄“撰录进来”的要求。“玄龄等遂删略国史为编年体，撰高祖、太宗实录各二十卷，表上之。”[④]实录的成书时间是贞观十七年（公元 643 年）七月。实录的起讫时间是起创业、讫贞观十四年（公元 640 年），余下的十年史事，唐太宗生前来不及完成，至高宗显庆初续成，亦二十卷，共计四十卷。成书于贞观十七年的高祖、太宗实录是唐初的第一部实录，也是有史以来最详备的实录。为了鼓励修史，唐太宗对监修房玄龄诏降玺书褒美，赐物一千五百段，封修撰许敬宗高阳县男，赐物八百段。

---

① 《旧唐书 · 许敬宗传》。

② 《史通》卷十二,《正史》。

③ 《贞观政要 · 论文史》。

④ 《贞观政要 · 论文史》。

唐高祖、太宗实录既然是从国史中删略而成的，可见，国史详、实录略；国史修撰在前，实录删略在后。故刘知几说："司空房玄龄、给事中许敬宗、著作佐郎敬播相与自立编年体，号曰实录。"①

唐高祖、太宗实录既然记载当代君主立身行事，又是明知太宗亲自阅读的，经"删略"后，必有曲笔。如记录玄武门之变"语多微隐"，就是一例。太宗观书至此，感到不妥，便要房玄龄转达他的旨意云：史官执笔，不应有所曲隐，"即令削其浮词，直书其事"。专制帝王多以个人好恶歪曲历史，唐太宗主张直书其事，不为尊者、贤者讳，这是难能可贵的。唐太宗还责令史官应善于鉴别史事性质，褒贬分明，肯定玄武门之变可与周代"周公诛管蔡而周室安，季友鸩叔牙而鲁国宁"相类，是"安社稷，利万民"②的义举。通过以史喻史，唐太宗真正地做到了古为今用。唐太宗论史，不是好论古今，而是着眼于现实政治需要。

除了国史和实录外，唐太宗还十分重视起居注的编录工作。起居注是中国古代史官记载帝王的言行录。李林甫注《唐六典》起居郎条云："汉献帝及西晋以后，诸帝皆有起居注，皆史官所录。自隋置为职员，列为侍臣，专掌其事，每季为卷，送付史官。"③唐因隋制，承袭起居舍人外，另置起居郎两员。郎掌录皇帝起居法度，相当于古之左史，舍人录皇帝制诰，相当于古之右史，退而编录为起居注。唐太宗即位后，从以下两方面加强了对起居注的编录工作。

---

① 《史通》卷十二,《正史》。

② 《贞观政要·论文史》。

③ 《唐六典》卷八，门下省起居郎条注。

1. 扩大了起居注史官的人员

唐以前的起居注史官多由秘书郎、起居郎、起居舍人等担任。贞观初期，除由起居郎任职外，还以他官兼任，称为“知起居注”。“贞观初，以给事中、谏议大夫兼知起居注，或知起居事。”[①] 如贞观三年（公元 629 年），杜正伦“拜给事中，兼知起居注”[②]。贞观十五年（公元 641 年），褚遂良“迁谏议大夫，兼知起居事”[③]。这些起居注史官，很容易成为皇帝的亲近侍臣。他们多以“君举必书”为己任，详备地记录了唐太宗的言行，使唐初大有古者左史记言、右史记事的传统。起居注的丰硕成果，为史籍编纂提供了丰富的史料来源。

2. 鼓励起居注史官秉笔直书

贞观初期，唐太宗对侍臣说到自己每日上朝，为了对天下百姓负责，出言审慎，“不能多言”。杜正伦针对唐太宗存在言多必失的戒惧心理，乘机指出秉笔直书的职责：“君举必书，言存左史。臣职当修《起居注》，不敢不尽愚直。陛下若一言乖于道理，则千载累于圣德，非直当今损于百姓，愿陛下慎之。”太宗闻言，“大悦，赐绢二百段”。[④] 贞观十六年（公元 642 年）夏四月，唐太宗对谏议大夫褚遂良说：“卿犹知起居注，所书可得观乎？”遂良对答史官记录君主言行，“备记善恶”，目的是使君主“不敢为非，未闻自取而观之也！”唐太宗又问：“朕有不善，卿亦记之耶！”遂良答以“不敢不记”。当时黄门侍郎刘洎在侧也说：“借使遂良不记，天下

① 《新唐书 · 百官志二》。

② 《旧唐书 · 杜正伦传》。

③ 《旧唐书 · 褚遂良传》。

④ 《旧唐书 · 杜正伦传》。

亦皆记之。”[①] 唐太宗用“诚然”两字表示理应如此。这是以言论鼓励史官运用直笔原则的表现。在唐太宗的鼓励下，贞观一代史风，某些良史都有中国传统的史学直笔遗风，杜正伦、褚遂良、魏徵等人都是佼佼者。这种风气对高宗时期的史学著作也有影响，如成书于高宗朝的《太宗政典》，是李延寿主撰的，高宗观之，“咨其直笔，赐其家帛五十段”[②] 就是一例。

（三）前王得失，在身龟镜

前车之覆，后车当鉴。

历史的真正作用不在于它的宣传功能，而在于它对前朝文化的继承与总结基础上所带来的史鉴功能，在于为现实服务。唐太宗注意以史为鉴，贞观君臣喜欢讨论前朝历史，企图从中体察安危之道，通悟古今之变，将国家治理成为“至世”。

当五朝史修成时，唐太宗特颁诏书，申明自己“将欲览前王之得失，为在身之龟镜”[③]。所谓“前王”，系泛指秦始皇至隋炀帝的九个世纪的兴亡大事，重点是隋秦两代。然而，既云“得失”，当包括正反两个方面的经验教训。大体说来，唐太宗对唐以前的王朝兴衰历史，主要集中在以下三个方面。

1. 察汉文之得

承秦者汉，承隋者唐，唐之得天下，类若如汉。贞观君臣深知，历史上秦祚短而汉祚长，若使唐祚绵长而免蹈隋祚短夭的覆辙，是需要吸取汉以致治的成功经验的。这是唐初统治者重视借鉴《隋书》的同时，也不忽视借鉴《汉书》的主要原因。

贞观三年（公元 629 年），唐太宗对房玄龄说：“比见《汉书》

---

① 《资治通鉴》卷第一九六，《唐纪十二》。

② 《新唐书 · 李延寿传》。

③ 《册府元龟》卷五五四。

载《子虚》《上林赋》，浮华无用。”[①] 唐太宗观司马相如等文人传记尚且如此用心，何况与他治理天下关系密切的帝王纪传了。贞观十一年（公元 637 年），他对高士廉说：“昔汉高祖止是山东一匹夫，以其平定天下，主尊臣贵。卿等读书，见其行迹，至今以为美谈，心怀敬重。”[②] 这是他熟读《汉书 · 高帝纪》的例子。

唐太宗还喜读编年体的《汉纪》，贞观三年底，他为了奖励凉州都督李大亮的直谏胆识，特赐荀悦《汉纪》一部，认为“此书叙致既明，论议深博，极为治之体，尽君臣之义，今以赐卿，宜加寻阅也”[③]。唐太宗言《汉纪》“极为治之体”，可见他从中充分汲取了治理国家的资政资源。

如果说，唐太宗借鉴《隋书》主要是为吸取反面教训的话；那么，他借鉴《汉书》主要是吸取正面经验了。太宗最景仰汉初的高帝、文帝、景帝，然而高帝有杀戮功臣之诮，景帝有误诛晁错之失，终不为美，太宗间有指责，唯文帝不见太宗责难。汉初文景之治当首推文帝之治。唐太宗倾心文帝，以至于在治理国家方面颇多效法。文帝的“夫农，天下之本也”的农本思想，“天下治乱，在予一人，唯二三执政犹吾股肱也”的君臣一体思想，“举贤良方正直言极谏者，以匡朕之不逮”的任贤纳谏思想，释送宫女、“令得嫁”的人道思想，对南越“以德怀之”的民族德化思想；张武等“受赂金钱，觉，更加赏赐，以愧其心”[④] 的感化思想等，均可从唐太宗执政时找到借鉴的痕迹。不仅如此，唐太宗还经常以己德不逮文帝自励，如贞观初期，群臣议建高阁，他说：“‘昔汉文帝将起

① 《资治通鉴》卷第一九三，《唐纪九》。

② 《旧唐书 · 高士廉传》。

③ 《旧唐书 · 李大亮传》。

④ 《汉书 · 文帝纪》。

露台，而惜十家之产，朕德不逮于汉帝，而所费过之，岂谓为民父母之道也’。竟不许。”①

唐太宗既察汉文之得，作为自己治理国家的成功经验，那么必然会对唐初政治活动与史学研究产生影响。在唐太宗以史为鉴的思想指导下，贞观年间出现了两个积极的政治现象。

第一，谏官多引汉史作为讽谏依据。贞观十一年（公元637年），侍御史马周上疏，指出唐太宗近年以来奢风抬头的弊病，援引汉代文景淳朴政风作为对照，提出警告说：“昔汉之文、景，恭俭养民，武帝承其丰富之资，故能穷奢极欲而不至于乱。向使高祖之后即传武帝，汉室安得久存乎！”马周援引的这个史实及其推论，是有说服力的。如何保持唐王朝“久存”本来就是唐太宗即位以来最为关心与思考的问题，故他阅后“称善久之”②。

第二，引发了唐初研究《汉书》的热潮。随之因为唐太宗对《汉书》资政意义的重视，贞观年间出现了一批注释《汉书》的专家，形成了“汉书学”的重要学科。“是时汉书学大兴，其彰彰者若刘伯庄、秦景通兄弟、刘讷言，皆名家。”③刘伯庄有《汉书音义》二十卷问世，父子相传，“子之宏，世其学”④。秦景通治《汉书》，则兄弟相传，名噪一时，人称“大秦君”“小秦君”，“非其授者，以为无法云”⑤。姚察著有《汉书训纂》，其子思廉少受家学于其父。最突出的是颜师古承其家学于叔父颜游秦，游秦曾“撰《汉书决疑》十二卷，为学者所称，后师古注《汉书》，亦多取其义

① 《旧唐书·太宗本纪》。

② 《资治通鉴》卷第一九五，《唐纪十一》。

③ 《新唐书·敬播传》。

④ 《新唐书·刘伯庄传》。

⑤ 《新唐书·秦景通传》。

耳”。颜师古注《汉书》共一百二十卷，其释文多有纠正前人谬误、发明创见者，“解释详明，深为学者所重”，故能“大行于世”[①]。

2. 究秦、隋之失

唐王朝是在隋末农民战争的废墟上建立起来的，一个“甲兵强盛”“风行万里”的隋王朝为什么仅隔两代就“率土分崩”“子孙殄灭”[②]了呢？这对亲睹其事、记忆犹新的唐太宗来说，不能不引起震惧。有鉴于此，他最重视对《隋书》的修撰，任命魏徵为主编。魏徵体会唐太宗的意图，以史论形式总结了隋亡的原因，又将亡隋与亡秦作了比较，指出：“隋之得失存亡，大较与秦相类。”[③]故唐太宗以隋亡为鉴戒的同时，亦以秦二世而亡为鉴戒。他曾对侍臣说：“秦始皇初亦平六国，据有四海，及末年不能善守，实可为诫。”[④]秦、隋为什么二世而亡，这是发人深思的问题，唐太宗君臣究秦、隋之失，自然偏重于此。

唐太宗之所以特别注重修纂《隋书》，就是要认真总结隋朝失败的教训。隋朝统治者在夺取政权后骄奢纵欲，缺乏忧患长远意识，所以瓦解消灭于一旦。唐太宗说：“此皆朕所目见，故夙夜孜孜，惟欲清净，使天下无事。遂得徭役不兴，年谷丰稔，百姓安乐。”[⑤]他曾自我警戒说：“秦始皇平六国，隋炀帝富四海，既骄且逸，一朝而败，吾亦何得自骄也？言念于此，不觉惕焉震惧！”[⑥]

唐太宗虽将秦皇与隋炀帝相提并论，然而，对他们的评价并非一概而论。唐太宗心目中的秦始皇首先是削平六国的雄主，其次才

---

① 《旧唐书 · 颜师古传》。

② 《旧唐书 · 魏徵传》。

③ 《隋书 · 列传 · 卷三十五》。

④ 《贞观政要 · 论慎终》。

⑤ 《贞观政要 · 论政体》。

⑥ 《旧唐书 · 虞世南传》。

是肇始秦亡的暴君。他曾对魏徵说："秦始皇，亦是英雄之主，平定六国已后，才免其身，至子便失其国。"[①] 故他盛赞秦始皇创业的丰功伟绩。贞观初期，他对侍臣说："周武平纣之乱，以有天下，秦皇因周之衰，遂吞六国，其得天下不殊，祚运长短若此之相悬也？"[②] 直至贞观六年（公元632年），他对侍臣还说："周、秦初得天下，其事不异。"[③] 把秦之统一与周武王伐纣平列，而纣为无道昏君，武王伐纣一向被儒家高度赞扬为圣王创业的楷模。据此可知，唐太宗是把秦始皇看作应运天人的创业圣君的。这比起唐初不少大臣一概骂倒秦始皇，甚至把他统一六国也说成是"六国无罪，秦氏专任智力，蚕食诸侯"的一大罪状，要显得高明与智慧得多。唐太宗曾从秦始皇为太子择师失策这个角度，阐明了秦亡起自始皇、成于二世的观点："太子保傅，古难其选……秦之胡亥，始皇所爱，赵高作傅，教以刑法。及其篡也，诛功臣，杀亲戚，酷烈不已，旋踵亦亡。"[④] 而对于隋炀帝的统治，没有只言片语的赞扬。可见，唐太宗察秦、隋之失是有所区别的，这就是政治家的眼光和角度。

另外，在考察隋炀帝政治得失时，唐太宗也作了具体分析。隋炀帝固然是亡国暴君，然而不能因此完全归罪于他，因为作为隋初创业之君的隋文帝也负有责任。贞观二年（公元628年），他对黄门侍郎王珪说："隋开皇十四年大旱，人多饥乏。是时仓库盈溢，竟不许赈给，乃令百姓逐粮。隋文不怜百姓而惜仓库，比至末年，计天下储积，得供五六十年。炀帝恃此富饶，所以奢华无道，遂致

① 《魏郑公谏录》卷四。

② 《贞观政要 · 辩兴亡》。

③ 《贞观政要 · 君臣鉴戒》。

④ 《贞观政要 · 论杜谗邪》。

灭亡。炀帝失国，亦此之由。”[1]从隋初“富饶”之得，反而导致隋末“奢华无道”之失中，唐太宗深刻总结了隋亡始自文帝而终于炀帝的历史教训。

3. 考晋初之得失

贞观年间的官修正史，前有五朝史，魏徵已写了史论。后有《晋书》，唐太宗为《晋书》中的宣帝、武帝、陆机、王羲之四人的传记亲自撰写了四篇史论。陆机与王羲之的传论为文人立言，表明唐太宗晚年重文的雅兴。晋宣帝、武帝的两纪史论，则有明显的政治意图。因为西晋结束了三国以来几十年的分裂局面，建立了统一王朝，然而十分短暂，不久就发生了中原地区的大混战，此后便形成了东晋和十六国、南朝与北朝的长期对峙局面。唐太宗作为唐初的创业之君，很想对晋初的创业之君的治国得失进行考察，于是他选取了西晋王朝的奠基人司马懿与完成统一事业的司马炎当作主要的研究对象，然后把自己的研究心得写成史论，这就是两帝纪“制曰”的由来。

唐太宗赞扬司马懿“文以缵治，武以棱威”的经国大才、“用人如知己，求贤若不及”的识人才华以及“情深阻而莫测，性宽绰而能容”的豁达性格和能力。然而指责他未能“竭诚尽节”，所谓“受遗二主，佐命三朝”，受君厚恩而“曾无殉生之报”，反而“天子在外，内起甲兵，陵土未干，遽相诛戮”。即乘曹芳离宫谒陵时，发动军事政变，史论不禁严厉责问：“贞臣之体，宁若此乎！”[2]当然，司马懿这种做法绝非忠臣所为。然而，他不愿被曹爽夺权才发动兵变。这场宫廷政变是曹魏宗室集团与司马氏勋戚集团之间争夺权势的斗争，不能片面指责一方。唐太宗从维护皇权出发，将司

① 《贞观政要 · 辩兴亡》。

② 《晋书 · 帝纪 · 第一章》。

马懿的行为视作逆短作恶，说他“虽自隐过当年，而终见嗤于后代”。唐太宗在《宣帝纪》史论里反映了他的忠君思想，是有政治背景的。贞观晚年，他受到功臣侯君集谋反与诸子结党夺嫡之争的刺激，对功臣的防范加深了。他指责司马懿“见嗤于后代”，是借鉴历史警告李唐功臣，千万不可有亏臣节。

至于晋武帝司马炎的史论，则是唐太宗对一个开国君主是非得失、功过成败的经验教训的全面总结。

唐太宗以宽仁、雄略赞扬了晋武帝的创业君主的帝风，肯定了他统一中国后出现的“民和俗静、家给人足”的小康局面。继而，唐太宗笔锋一转，指出晋朝“曾未数年，纲纪大乱，海内版荡，宗庙播迁……为天下笑”。对此，唐太宗分析说：“其故何哉？良由失慎于前，所以贻患于后。”晋武帝的失政主要表现在“不知处广以思狭”“居治而忘危”“无久安难拔之虑”，以及“委寄失才”“藩翰变亲而成疏，连兵竞灭其本”。唐太宗不仅正确地分析了司马炎识不及远、立嫡不才等施政上的失策，而且还特别指出了分封宗室导致骨肉相残、严重削弱皇权是造成晋亡的主要原因。从这篇史论中可以看出，唐太宗总结了晋朝所以由治而乱、由安而危的历史教训：一是治而忘危，二是疏而失慎，三是封藩贻患。实际上，唐太宗对晋武帝所作的史论，既是对自己晚年政治上懈怠的警惕，也是对后继者李治的告诫。联系他于贞观二十二年（公元 648 年）春作《帝范》以赐太子，作为李治修身治国的借鉴，可知《武帝纪》史论是《帝范》的补充教材。寄望于太子李治记取晋代“失慎于前”，“贻患于后”的教训，以免也落得一个“海内版荡，宗庙播迁”的悲剧。①

① 参见赵克尧、许道勋著：《唐太宗传》，人民出版社，1984 年版，第 316—321 页。

三、乱世多史与盛世修史

中国历史上有数十次的王朝更替，每逢播乱之秋，统治者对档案的封锁状况就会相对松弛，私家修史的禁令也不再森严。文化专制政策的减弱为修史拓展了活动空间。大多创业之主也提倡撰史，通过修史来吸取历史得失，借鉴治世经验，亦同为自己的统治粉饰门面，从统治者赓续上表明自己的正统地位。后赵统治者石勒以任播、崔浚为史学祭酒，擢拔五个太学生为佐著作郎录述时事，命程机等撰《上党国记》，中大夫傅彪等撰《大单于志》，在杀戮横生的十六国时期，石勒不忘修史，通过史书来抬升自己的统治。朱元璋对廷臣说："元虽亡国，事当记载，况史纪成败、示劝惩，不可废也。"他又面谕参与修元史的诸儒说："自古有天下、国家者，行事见于当时，是非公于后世。故一代之兴衰，必有一代之史以载之"，"今命尔等修纂，以备一代之史，务直述其事，毋溢美，毋隐恶，庶合公论，以垂鉴戒"[①]。

对史家来讲，社会丧乱所酿成的人间惨剧激发他们深刻思索往昔，寻找革除社会弊端的良策，他们因文化政策的松缓，思想更加自由，视野更加开阔，所探索的历史课题会更多，对历史的记述会更具真情实感。当世道衰微，风气浇漓，社会秩序混乱的春秋之际，孔子深感忧惧，著《春秋》微言大义，以期拨乱反正。"《春秋》上明三王之道，下辨人事之纪，别嫌疑，明是非，定犹豫，善善恶恶，贤贤贱不肖，存亡国，继绝世，补敝起废，王道之大者

① 《明太祖实录》卷三九。

也。”[1] 元好问在金朝灭亡后，拒绝做元朝的官，隐居乡里，他抱着“国亡史兴，己所当任”的爱国信念，决心以自己一人之力修一部金史，并为此付出了艰苦的努力和沉重的代价。为完成自己修金史的宏愿，元好问忍辱负重二十多年，不得不与出仕蒙古国的中上层官员相周旋，以便取得他们的协助和必要的资料；因此引起许多人的误解，“百谤百骂，嬉笑姗侮，上累祖弥，下辱子孙”。多年的奔波，使元好问积累了金朝君臣遗言往行的资料上百万字，后称“金源君臣言行录”。元好问抱着“以诗存史”的目的，编辑成了《中州集》，为金代历史提供了丰富的资料。

明清之际，痛惜明朝的败亡，黄宗羲、顾炎武、王夫之陷入邃密的历史反思中，他们通过对历史的周详审视和博赡思考，撰著了大量的史作，将爱国之情深深地寓于对历史的阐述和评判之中。进入近代，内忧（清政府的腐朽）外患（列强的侵略）激发了史家深沉的忧虑，他们著史探讨摒弃危机的良策。一些史家痛切于边患和民族危机，践行经世致用，纷纷稽考边疆史地。张穆著《蒙古游牧记》意在注意和加强明边防，“详于四至八道以及前代建置，所以缀古道今，稽史籍，明边防，成一家之言也”[2]。何秋游著《朔方备乘》强调“边防之事，有备无患”。姚莹曾亲自率军抗击英军的侵略，所著《康蝤纪行》映示了他对外国侵略者觊觎中国领土的觉察，“况今夷务纷纭，岂可不与此加之意乎”[3]，衷心地表抒了自己的宏愿：“余于外夷之事，不敢惮烦，今老矣，愿有志君子为中国一雪此言也。”

与此同时，史家以前代所不遑企及的广阔视野研究世界史，魏

① 《史记 · 太史公自序》。

② 张穆著：《蒙古游牧记》自序。

③ 姚莹著：《康輶纪行》卷三。

源著《海国图志》，王韬著《普法战纪》《法国志略》，黄遵宪著《日本国志》，康有为著《俄彼得变政记》《日本变政考》《波兰分灭记》。这些震古烁今的史作从不同层面映现了对时政的担忧，救弊御侮、拯危图强是贯穿各书的主线。魏源一再呼吁：“欲制外夷者，必先悉夷情始；欲悉夷情者，必先立译馆翻夷书始；欲造就边才者，必先用留心边事之督抚始。”[①] 王韬在《法国志略》重订本序中说：“方今泰西诸国，智术日开，穷理尽性，务以富强其国。而我民人固陋自安，曾不知天壤间有瑰伟绝特之事，则人何以自奋、国何以自立哉”，康有为在《波兰分灭记》卷三中启蒙告诫地写道：“观俄彼得之所以强，观波兰之所以亡，其欲变知变也同，而兴亡迥异，岂有他哉，变法之勇与不勇异耳。”动荡的历史催生出斑斓史学的奇葩，这些恢宏邃密的史作一旦为现实政治活动所借鉴和青睐，往往会成为还我河山、励精图治、发愤图强、振兴民族前进步伐的精神动力。

各王朝历时数年的积聚后，社会经济繁荣，史官制度完善，史学阵容严整，官府不失时机地组织撰写前代史和国史。史官和史家也会利用良好的社会条件及丰富的文献材料积极编写史书，总结历史得失。唐初令狐德棻倡议修史，他说“近代以来，多无正史”，“当今耳目犹接，尚有可凭，如更数十年后，恐事迹湮没”，“如文史不存，何以贻鉴今古？如臣愚见，并请修之”[②]。唐朝政府于令狐德棻上书的次年下诏编纂前代史，拉开初唐修史的序幕。古代的一些皇皇巨著都诞生于盛世，如《史记》出现于文昌国强的汉武帝时代，《汉书》成于光武中兴之后较为强盛之时，《三国志》竣成于有“太康盛世”之称的晋武帝时期，《晋书》等八部正史杀青于有“贞

---

① 魏源：《海国图志》卷二，《筹海篇三》。

② 《旧唐书 · 令狐德棻传》。

观盛世”的贞观年间，《资治通鉴》编纂于文教发达、人才济济的宋神宗时期，《朗史》始修于清顺治二年（公元 1646 年），撰成于乾隆四年（公元 1739 年），历四帝九十五年，前后参与修撰人员二三百人，其成书过程正好与清王朝的上升历程相呼应。盛世修史表征较为清明的统治者重视历史，注重发挥史鉴劝诫作用，同时要对历史现实做一个交代，在一定程度上也显示了统治者总结国家稳定昌盛，文教兴旺发达的一项重要标志。

李大钊在《史学要论》中说，“研究历史的趣味的盛行，是一个时代正在生长成熟正在寻求聪明而且感奋的对于人生的大观的征兆”，胸怀责任的史家面对社会进步不能无动于衷。汉武帝时期，司马谈以身为太史令而未能及时论载海内一统的盛况而忐忑不安，弥留之际嘱托儿子“无忘吾所欲论著矣”。司马迁虽遭腐刑，他还是能较客观地论析汉代尤其是汉武帝的功业，自觉自愿地荷承“究天人之际，通古今之变”的使命，他说：“汉兴以来，至明天子，获符瑞，封禅，改正朔，易服色，受命于穆清，泽流罔极，海外殊俗，重译款塞，请来献见者不可胜道，臣下百官力诵圣德，犹不能宣尽其意……余尝掌其官，废明圣盛德不载，灭功臣世家贤大夫之业不述，堕先人所言，罪莫大焉。”[①] 司马迁忍辱负重收集整理史事，网罗天下放逸旧闻，考之行事，稽其成败兴坏之理，凡百三十篇，终于成就“一家之言”。吴兢于开元年间著就的《贞观政要》深刻剖析了贞观之治出现的要因，全书以《君道》开其端，以《慎终》合其尾，其寓意是博洽深远的。吴兢在《上〈贞观政要〉表》中说“伏愿行之而有恒，思之而不倦，则贞观巍巍之化可得而致矣”，他认为只有领悟贞观君臣的精神实质，一以贯之此种精神，才能再造“巍巍之化”。《贞观政要》以其对政治的博思和哲理论述

① 《史记 · 太史公自序》。

总结出高华的历史经验和政治智慧，历来受到政治家的赏识，被奉为后世帝王教科书。[①]

古往今来，政治家多有历史感。

历史感又叫历史眼光，指人们洞悉古今的脉承，形成广阔的视野和心胸，因而能避免重蹈覆辙。中国古代大凡有作为的政治家都十分重视吸取前车之鉴，汉高祖刘邦曾让陆贾总结“秦所以失天下，吾所以得天下”的缘由及古今成败之因，陆贾写成后每奏一篇，“高帝未尝不称善”[②]。唐太宗于机务之暇常与侍臣谈古论今，“共观经史”[③]，“将取鉴乎哲人，以为六籍纷纶，百家踳驳”，曾令魏徵等人“采摭群书，剪截淫放，光昭训典。圣思所存，务乎治术，缀叙大略，咸发神衷”[④]。《群书治要》编成之后，唐太宗在《答魏徵上〈群书治要〉手诏》中说：“使朕致治稽古，临事不惑，其为劳也，不亦大哉。”[⑤]在唐太宗的力倡下，王后太子与文武百官对历史滋生了浓厚的兴趣，长孙皇后喜欢读史书，“尝采自古妇人得失事，为《女则》三十卷”，唐太宗称赞“皇后此书，足以垂范百世”[⑥]。太子承乾“颇留意典坟”。李百药为太子右庶子，作《赞道赋》“述古来储贰事以诫太子”[⑦]。盛唐气象吸引后来许多统治者的钦慕，他们纷纷模仿这段治世来提高自己的施政能力，因此辉映贞观之治的《贞观政要》引发了历代统治者的兴趣，金熙宗将此书

---

① 参见吴毅、朱世广、刘治立著：《中华人文精神论纲》，人民出版社，2011 年版，第 405—408 页。

② 《史记 · 郦生陆贾列传》。

③ 《旧唐书》列传卷二十二。

④ 魏徵著：《群书治要序》。

⑤ 《全唐文》卷九。

⑥ 《资治通鉴》卷一九四，《唐纪十》。

⑦ 《贞观政要 · 规谏太子》。

作为案头必备书来读，他说："每阅《贞观政要》，见其君臣议论，大可觐法。"[①] 清朝乾隆皇帝说："余尝读其书，想其时，未尝不三复而叹曰：贞观之治盛矣。"[②] 元仁宗"览《贞观政要》，谕翰林侍讲阿林铁木尔曰：'此书有益于国家，其译以国语刊行，俾蒙古，色目人诵习之'"[③]。读史使人明智，史籍训练历史思维，增长解决实际问题的能力。后赵石勒虽不识字，却喜欢叫儒生读史书给他听，"尝使人读《汉书》，闻郦食其劝立六国后，惊曰：'此法当失，何以遂得天下？'及闻留侯谏，乃曰：'赖有此耳！'"[④] 历史知识使石勒增长了知人之智和自知之明，能够以历史的眼光审视自己的功业，他自认为不及黄帝、刘邦，而是介于刘邦与刘秀之间，可与韩信、彭越并驾齐驱。据《太平御览》卷一百二十《偏霸部 · 后赵石勒》中记载："勒谓徐光曰：朕方古开基何等主也？光对曰：陛下神武筹略，迈于高皇；雄艺卓荦，超绝魏祖；自三王以来，无可比也，其轩辕之亚乎！勒笑曰：人岂不自知，卿言亦太过。朕若逢高皇，当北面而事之，然犹与韩、彭竞鞭而争先耳。朕遇光武者，当并驱于中原，未知鹿死谁手。丈夫行事当磊磊落落，如日月皎然，终不能如曹孟德，司马仲达父子，欺他孤儿寡妇，狐媚以取天下。朕在二刘之间。轩辕岂所拟乎！"以史为鉴拓宽了石勒的视野，使他能够较为客观地评判自己。从此意义上讲，历史不仅是以往的陈迹，不仅是旧卷陈编，历史以其鉴往劝诫的特殊形式参与新的社会创造活动。[⑤]

---

① 《金史 · 熙宗本纪》。

② 清高宗弘历著：《贞观政要序》。

③ 《元史 · 仁宗纪一》。

④ 《资治通鉴》卷第九十五《晋纪十七》。

⑤ 参见吴毅、朱世广、刘治立著：《中华人文精神论纲》，人民出版社，2011 年版，第 402—403 页。

第十章　历史传承与时代主题

一、古为今用与历史传承

蕴含于中国革命、建设和改革开放伟大实践进程中的中国道路，是中国共产党在遵循人类社会发展一般与特殊规律基础上，充分整合中国传统文化、马克思主义、西方文化三种文化形态而在不断的实践中逐渐生成的一种新型现代化之路。中国道路，因始终坚持马克思主义的指导地位而更具有先进性和科学性，因借鉴超越西方文化而更具有开放性和世界性，也因植根于中华优秀传统文化而更具有深厚性和民族性。

中华民族历经数千年的沧桑而依然生生不息，延续至今，经过无数次的艰难困苦依然奋发图强，有一个重要的原因，那就是中华民族是一个具有深邃的历史忧患意识，善于从历史资源中汲取智慧和力量的民族，懂得历史经验教训对现实的启示与参考作用。古今中外的大量历史事实表明，一个不要历史的民族是愚昧的民族，一个忘掉历史的国家是没有灵魂的国家。中国优秀的史学传统在中国文化构型中不仅使中华民族始终保存一种历史文化传承的自觉意识，而且由于浩繁的史书载录了在各种变革、各种事件中历史人物的活动及其鲜活的精神性格，更能显现与存续中华民族仁人志士在历尽磨难饱经风霜的苦难历程中自强不息、百折不挠的奋斗精神，使得中国文化超越了世界上任何一种文化。人文精神是中国传统史学的文化价值取向，以人文情怀撰述历史，以历史启迪人的用世智慧，成为传统史家们信守的价值承诺，也成为历代政治家治国理政的重要参考指数。

以史为鉴、古为今用是中国传统史学的核心价值目标。周文王说："殷鉴不远，在夏后之世。"周公说："不可不监于有夏，亦不可不监于有殷。"[①] 这些事实，反映了政治家在缔造西周王朝过程中对历史经验的深刻认识。纵观中国古代历史，谙达以往的成败荣辱，方能科学地厘定现实决策，述往思来是历代史家的著史旨归之所在。《左传·成公十四年》说："《春秋》之称，微而显，志而晦，婉而成章，尽而不污，惩恶而劝善，非圣人谁能修之。"这段话，前半段概括了《春秋》在表述上的特点和成就，后半段指出了《春秋》的撰述宗旨。以此为标志，中国史学的惩劝与借鉴宗旨由来已久，影响深远。既然中国史学认识到人在历史进程中的中心位置，而人的所作所为又千差万别，那么凡是负责任的史学家就一定会对此作出判断，以明辨是非，使读史者得到教益和警示，因此，史学中的这种惩劝借鉴宗旨不仅是必要的，也是合乎逻辑的。

司马迁在《史记》中强调："居今之世，志古之道，所以自镜也。"[②] 司马迁将古代与现实生活联系起来，认为历史实例可以作为现实活动的镜子。史学的借鉴价值就是以历史的兴衰作为现实行动的借鉴。唐高祖李渊说：修史的目的在于"考论得失，究尽变通，

---

① 《尚书·召诰》。

② 《史记·高祖功臣侯者年表序》。

所以裁成义类，惩恶劝善，多识前古，贻鉴将来”[①]。历代帝王将相注重从历史中吸取经验教训，作为现实政治决策的依据。唐太宗李世民更是明确地对臣下说：“以铜为镜，可以正衣冠；以古为镜，可以知兴替；以人为镜，可以明得失。”[②]这里的“以古为镜”就是要以历史作为现实政治活动的借鉴。唐太宗说：“朕睹前代史书，彰善瘅恶，足为将来之戒。秦始皇奢淫无度，志存隐恶，焚书坑儒，用缄谈者之口。隋炀帝虽好文儒，尤疾学者，前世史籍，竟无所成，数代之事，殆将泯绝。朕意则不然，将欲览前王之得失，为在身之龟镜。”[③]这段话阐明了史学的社会价值，表明唐初政治家对历史知识的高度重视。

司马光在《资治通鉴·进通鉴表》中直叙主旨，“鉴前世之兴衰，考当今之得失，嘉善衿恶，取舍是非，足以懋稽古之盛德，跻无前之至治”，撰《资治通鉴》旨在穷探治乱之迹，上助圣明之鉴。从对历史的观察思考及历史的经验教训中，可以找到观察认识和解决现实问题的钥匙，这就是历史的借鉴作用。司马光说的“前世之兴衰”是史书可以表述出来的，他也正是要努力写出前世兴衰；而所谓的“鉴”，有的可以写出来，如“臣光曰”的论赞文字或援引前代的史论。有的就无法写出来，而是通过读史者去思考、去感悟、去体会才能够得到。至于“考当今之得失”“嘉善衿恶，取是舍非”，是要帮助人们思考和解决现实事务，这基本上是个现实问题，而不是历史问题了。“考”“嘉”“衿”“取”“舍”这五个字，是对作者和读者的共同要求，这里既有对历史客观公正的评断，又有对现实审慎的抉择。王夫之说，前代历史的得失是指导现实行

---

① 《唐大诏令集》卷八一《命萧瑀等修六代史诏》。

② 《旧唐书·魏徵传》。

③ 《册府元龟·国史部·恩奖》。

动的宝贵财富，“得可资，失亦可资也；同可资，异亦可资也”[①]。前车之覆，后车之鉴，通过与历史的潜对话，日以正言行，正情感，正目标。读《资治通鉴》可以察得失而感悟人生，观兴衰而透视社会，懂治世之道明安民之策。不言而喻，《资治通鉴》编纂动因和著述的作用乃在于鉴戒资治，这也成为史学被封建时代主流社会公认的重要职能，资治劝诫为史学家以言人世、经世致用的渠道和神圣使命，封建史学便沿袭此路向不断创造鸿篇巨制，可以说，二十四史贯彻和弘扬了鉴戒治世的精魄。胡三省在评价《资治通鉴》的借鉴功能时讲：“为人君而不知《通鉴》，则欲治而不知自治之源，恶乱而不知防乱之术；为人臣而不知《通鉴》，则上无以事君，下无以治民；为人子而不知《通鉴》，则谋身必至于辱先，做事不足以垂后，乃如用兵行师，创法立制，而不知迹古人之所以得，鉴古人之所以失，则求胜必败，图利而害，此必然得也。”[②]王夫之说：“资治者，非知治知乱而已也，所以为力行求治之资也。”[③]纵观封建王朝的败亡，症结固然是多方面的，但忽视以往的经验教训往往是重要原因之一。1954 年冬，毛泽东对史学家吴晗说：“《资治通鉴》这部书写得好，尽管立场观点是封建统治阶级的，但叙事有法，历代治乱本末毕具，我们可以批判地读这部书，借以熟悉历史事件，从中汲取经验教训。”[④]

荀悦说：“夏商之衰，不鉴于禹汤也；周秦之弊，不鉴于民下也。”[⑤]他所著的《汉纪》“有法式焉，有鉴戒焉”，做此书的目的是

① 王夫之著：《读通鉴论 · 叙论四》。

② 胡三省著：《新注资治通鉴序》。

③ 王夫之著：《读通鉴论 · 叙论四》。

④ 张贻玖著：《毛泽东读史》，中国友谊出版公司，1991 年版，第 29 页。

⑤ 荀悦著：《申鉴 · 杂言下》。

"综往昭来，永鉴后昆"。可见，史学家自觉地张扬史学的借鉴作用，力求自己的著作能有益于国家和民众，顾炎武提出"夫史书之作，鉴往所以训今"，他一生以探求"国家治乱之源，生民根本之计"[①]为怀。20世纪初，梁启超以新的眼光审视史学的借鉴垂训作用，他认为历史是爱国心的源泉，史学在社会变革中的作用是非常重要的，应当发挥更广阔的借鉴作用，历史的目的是在将过去的真事实予以新意义或新价值，以供观现代人活动之资鉴。[②]显然，历史知识不再只是狭隘的政治借鉴，而且是社会和人生的重要参照。

黑格尔说："人们常从历史中希望求得道德的教训：因为历史学家治史常常给人以道德的教训。不消说，贤良方正的实例足以提高人类的心灵，又可以做儿童的道德教材，以灌输善良的品质。"[③]历史知识能够提供道德借鉴，即通过扬善抑恶引导人们的言行，使人见贤而思齐，见不贤而内自省。文天祥在《正气歌》中一口气列举了众多的历史典范人物，从这些慷慨悲壮之士的人格精神中汲取力量，始终坚守民族气节，"留取丹心照汗青"。此后，每当国难当头，人们都会自觉地以文天祥和《正气歌》中的义人义行为楷模，为家国的存亡不惜捐身疆场。《易经 · 大畜》中讲，"君子多识前言往行，以蓄其德"，有识之士能不断地从前辈贤达的嘉言懿行中汲取道德和智慧，塑造自己的品格。东汉时期宦官专权，政治黑暗，一批不畏强势的书生奋起反抗邪恶势力，力图扼除腐败，剜去政治毒瘤，这种行为受到时人的敬仰，人们说："天下楷模李元礼，不畏强御陈仲举，天下俊秀王叔茂。"他们的正义之举和抗争精神被范晔载入《后汉书 · 党锢列传》，树为后代知识分子除邪扶正、致

① 顾炎武著：《日知录》卷一六，《史学》。

② 梁启超著：《中国历史研究法 · 补编》，东方出版社，1996年版，第155页。

③ ［德］黑格尔著：《历史哲学》，王造时译，三联书店，1956年版，第44页。

君尧舜的光辉榜样，谭嗣同在“百日维新”失败后身陷囹圄，仍以东汉士子的壮烈行动自励。他留下的《狱中题壁》“望门投止思张俭，忍死须臾待杜根，我自横刀向天笑，去留肝胆两昆仑”便是明证。

总之，历代史家对国家的治乱兴衰倾注了极大的关心，自觉意识到存史与国家的存亡息息相关，把历史知识视为磨砺国民家国归属感的主体内容。龚自珍说：“灭人之国，必先去其史，败人纲纪，必先去其史；绝人之材，湮塞人之教，必先去其史；夷人之祖宗，必先去其史。”[①] 因此史家对历史有极大的热情，越是晚近的历史越是重视，主旨是考虑到历史中有“今务”，《史记》写了三千年的历史，但总体上看是详今而略古，汉初七十多年的历史占全书内容的一半。强调历史与现实的通合，“夫知古不知今，谓之陆沉”“知今不知古，谓之盲瞽”[②]，告诫人们要理解当代及当代的由来。这实际上是提出了史学在发挥鉴戒功能中的两重任务：一是总结以往，二是回答现实问题。总结以往落脚点是回答现实问题，回答现实问题则必须总结以往，两者是有机联系、相辅相成的。[③]

二、中国文化与中国道路

中国文化与中国道路息息相关。

1. 传统基因影响中国道路的走向

中华文明是一个拥有 5000 多年文明史且唯一没有中断过的人

---

① 龚自珍著:《古史钩沉》。

② 王充著:《论衡 · 谢短》。

③ 参见吴毅、朱世广、刘治立著:《中华人文精神论纲》，人民出版社，2011 年版，第 412—416 页。

类优秀文明。从文化基因的视角看，它是在中国漫长的历史变迁中不断执本而求新、开放而包容、博采而精约中逐渐深化演进积淀而成的。特别是近代以来，中华文明秉承中华优秀传统文化，集纳马克思主义的先进文化，哺育中国共产党人创造的革命和建设文化，最终结出中国特色社会主义先进文化这个硕果。在时序更替的漫漫精神进化、文明演化历程中，中华文明的文化基因愈加发达和富有活力，使得中国道路的中国味道、中国风韵、中国气派、中国底蕴得以蓬勃显现。

同重利轻义、个人至上的西方文化相比，中华文明秉承的是“以民为本”、推崇的是“天下为公”、追求的是“大同社会”。这些独特的价值追求，使得社会主义道路在中国可以获得最为深厚的文化支撑。也正是在此意义上，习近平总书记指出：“独特的文化传统，独特的历史命运，独特的基本国情，注定了我们必然要走适合自己特点的发展道路。”[①]

在政治领域，传承以民本、统一、德治、王道为主要内容的传统政治文化，始终坚持中国特色政治发展道路。西方传统政治文化从根本上讲是一种诞生在商业经济之上的以个体主义为指导，以正义、法治、分权、自由为主要内容的政治文化；而中国传统政治文化则是一种诞生在农业经济之上的以王权主义为核心，以民本、统一、德治、王道等为主要内容的政治文化。三权分立、宪政民主在西方具有深厚的文化土壤，而在中国则行不通，这已为近代中国的政治实践所证明。对此，孙中山就指出，“中国几千年以来社会上的民情风土习惯，和欧美的大不相同。中国的社会既然是和欧美不同，所以管理社会的政治自然也是和欧美不同”，“不能完全仿效欧

---

① 《习近平谈治国理政》，外文出版社，2014 年版，第 156 页。

美”[1]。今日中国同孙中山所生活的旧中国相比，已经发生了翻天覆地的变化，但作为最深沉、最稳定的部分，文化包括传统政治文化并没有发生断裂式的改变，它正在以民族政治心理、政治态度、政治思想、政治情感等方式影响着人们对现有政治发展道路的评价和认同。今天，中国共产党在政治实践中探索出的以党的领导、人民当家作主、依法治国、社会主义核心价值观等为关键的中国特色政治发展道路，既是马克思主义政治思想指导的结果，也是中国传统政治文化现代转换的结果。

在经济领域，传承“不患寡而患不均”的价值取向，始终坚持共同富裕的中国特色社会主义根本原则。纵览世界历史发展，一个国家与阶级的堕落乃至毁灭，往往是因为人们无法容忍社会资源向极少数人手里汇聚，从而使得两极分化的矛盾日趋凸显，这几乎是奴隶社会、封建社会与资本主义社会的一个共性。基于对世界历史发展教训的反思和社会主义的本质要求，中华人民共和国自成立以来，中国共产党就一直将共同富裕视为社会主义和资本主义的根本界限，将实现共同富裕视为中国社会主义的根本目标和根本任务。历史学家克罗齐认为，历史与政治的分野，“不在于两者之间存在分歧或外在性，而在于一种角色对另一种角色的相对封闭性”[2]。对于政治政策的解读，缺乏历史的角度无疑是极其狭隘的。共同富裕作为新时期国家建设的“中心课题”，本身便是历史与政治的共同选择，既体现了中国共产党人对中国特色经济社会发展必由之路的高瞻远瞩，也体现了对几千年来中华文明“不患寡而患不均”的社会价值目标的传承。出自《论语 · 季氏》的“不患寡而患不均”以

① 《孙中山选集》(下)，人民出版社，2011 年版，第 792 页。

② [意]克罗齐著:《作为思想与行动的历史》，田时纲译，中国社会科学出版社，2005 年版，第 152 页。

及《老子·第七十七章》的“天之道，损有余而补不足”等思想，经过人们口口相传，在中国传统价值体系中已经不仅是一种经典的表达，更成为中国人的一种社会价值追求和衡量社会发展的重要标尺。我们剔除“不患寡而患不均”“损有余而补不足”消极的一面之后，可以看到其中渗透着一种对未来社会发展目标的期待。而当中国走上社会主义道路之后，这种古老价值追求也就获得了政治实践的土壤。

在社会领域，传承中华和谐文化，始终坚持社会和谐的中国特色社会主义的本质属性。和谐文化在中华民族文化遗产中占有重要的位置，“和而不同”“和为贵”“厚德载物，天人合一”等许多为人所熟知的成语，都有和合、和谐、协调的含义。当然，西方人也讲和谐，但与东方文化相比，在立意和主旨上还是有很大差别的。西方文化讲的和谐是对立基础上的和谐，对立是第一位的，无论是赫拉克利特提出的“对立造成和谐说”，还是莱布尼茨提出的“前定和谐论”都是如此；而中国传统文化虽然也讲“不同”，但目的是和谐，和谐是第一位的，无论是儒家所主张的“和而不同”“和为贵”，还是墨家提出的“兼相爱”等无不如此。对于中西文化的这一差别，罗素曾做过一个精辟的论述：中国人发现了如能被全世界人采用就会使整个世界幸福的人类生活方式，并为此进行了长达几个世纪的实践。我们欧洲人却不是这样，我们的生活方式是争斗、剥削、不稳定的变化、不满及强烈地寻求破坏。作为一种国家的宏观战略选择，当代中国“社会建设”的提出，并不是哪一个或哪一届领导人心血来潮的偶然，而是改革开放进入新的时期后形成的一种全新的国家治理共识。中国共产党过去很长一段时间，主要强调“斗争哲学”，现在之所以强调建设“和谐社会”，这同党对我国国情、社会主要矛盾的变化判断密切相连，也同历史地延续了中国古人对社会建设的美好要求有关。对此，胡锦涛就认为，“我国历史上就产生过不少有关社会和谐的思想”，“这些思想虽然带有不同时代和提出者阶级地位的烙印，但都在一定程度上反映了广大人民群众对美好生活的向往”①。

在国际政治领域，秉持“协和万邦”和平文化传统，始终坚持和平发展道路。在处理国家与国家关系的基本价值取向上，中国的基本特点是把和睦相处、和平发展放在首位，这与西方“国强必霸”的思维模式相比体现出了很大的不同。今天的中国已经成为世界第二大经济体，前所未有地接近世界舞台中心。面对中国的快速发展，一些西方国家在“国强必霸”西方思维的驱动下不断鼓噪“中国威胁论”。面对“中国威胁论”，习近平总书记指出：“中华民族的血液中没有侵略他人、称王称霸的基因。”②“中国走和平发展道路，不是权宜之计，更不是外交辞令，而是从历史、现实、未来的客观判断中得出的结论。”③同崇尚竞争和丛林法则的西方文化不同，中华传统文化是一种和平文化，追求的是“协和万邦”。布热津斯基在《大棋局：美国的首要地位及其地缘战略》一书中曾指出，在中国的全盛时期，中国在全球没有可以与之匹敌的国家，这是指没有其他大国向中国的帝国地位挑战，甚至如果中国想进一步扩张，也没有任何其他大国能够抵挡中国的扩张，但中国还是比较有限地使用武力。④马克斯·韦伯也指出，以儒家为主导的中华

① 中共中央文献研究室编：《十六大以来重要文献选编》(中)，中央文献出版社，2006年版，第701页。

② 习近平：《在庆祝中国共产党成立100周年大会上的讲话》，人民出版社，2021年版，第16页。

③ 《习近平谈治国理政》，外文出版社，2014年版，第267页。

④ [美]布热津斯基：《大棋局：美国的首要地位及其地缘战略》，中国国际问题研究所译，上海人民出版社，2007年版，第13页。

文化是“和平主义性格”的，它与西方新教的扩张性性格截然不同。历史也确实如此，自西罗马帝国崩溃后的1500多年里，中国在大多数时间内都是世界上最强大的国家，但中国从来没有对世界和平形成威胁。中国人民在厚重的热爱和平文化的影响下，对内重视道德教化，主张各族人民和谐相处；对外重视睦邻友好，主张各国和平共处。今天，中国坚定不移地走和平发展道路，来源于对实现自身发展目标条件的认知，来源于对世界发展大势的把握，也来源于中华文明的深厚渊源。用“国强必霸”的历史思维定性中华民族的复兴，不仅是对中国道路的刻意歪曲，更是对中华传统文化的无知。

2. 中国文化是中国道路提出的文化基础

世界上没有相同的两片树叶，也不可能有完全一样的发展模式。一个国家选择什么样的发展道路，受各种因素影响，但历史文化的影响最为深厚持久。人类文化多样性，决定着各民族发展道路的多样性；多样性的发展道路，也映衬着多样性的文化基因。中国道路的选择，是马克思主义指导的结果，是借鉴世界文明成果的结果，也是传承中国传统文化的结果。在今天，从传统文化的角度审视中国道路，不仅可以深化对中国道路的认识和认同，也有助于对中国道路的进一步探索和拓展。

中国道路是中国共产党在马克思主义指导下探索现代化目标的革命、建设、改革和发展之路。中国道路萌芽、形成和发展历程，既留下了中国人民政治、经济、社会进步和发展的前进脚步，也彰显了中国传统文化的精神印记。

在近代中国，伴随着西方列强的不断入侵，中华民族遭受了前所未有的苦难，作为民族精神家园的中国传统文化特别是儒家文化遭遇到前所未有的怀疑。五四新文化运动更是将这种怀疑推到了最高点，“打倒孔家店”成为当时最为响亮的口号。主导文化的危机为马克思主义的传入，提供了立足生存发展的空间，而“救亡图存”压倒“思想启蒙”的社会现实需求，则为十月革命所展现的“武装夺取政权”理论提供了社会土壤。正如毛泽东所说：“十月革命一声炮响，给我们送来了马克思列宁主义。十月革命帮助了全世界的也帮助了中国的先进分子，用无产阶级的宇宙观作为观察国家命运的工具，重新考虑自己的问题。走俄国人的路——这就是结论。”① 然而，无论是作为西方文化的马克思主义，还是发生在俄国的十月革命，要在中国开花结果都不得不面临着巨大的文化“排异”问题。因为近代以来，西学虽曾几度东进，但都因东方文化体系中缺乏认同机制而屡次被拒之门外。马克思主义作为一种全新的外来文化，尽管其具有无与伦比的先进性，但仍需经过相互碰撞、认同、融合和改铸后，其积极的文化功能才会得到体现。也就是说，马克思主义如果不为我们民族传统文化所认同、吸收和同化，并转化为新的民族意识，即使有中国共产党的大力宣传和倡导，在中国这样一个文化历史格外厚重的国度也是很难生根发芽的，更遑论成为指导理论了。所以，毛泽东在提出马克思主义中国化命题时，首先提出马克思主义必须同“中国的特点”“中国的特性”结合起来，并强调在中国革命道路探索过程中，“把国际主义的内容和民族形式分离起来，是一点也不懂国际主义的人们的做法，我们则要把二者紧密地结合起来”②。美国学者列文森认为，“中国共产党表面上也赞同反传统，然而实际上是为了掩盖他们与传统重新建立联系的要求”，传统文化是“中国共产主义的强大的思想资

① 《毛泽东选集》第四卷，人民出版社，1991 年版，第 1471 页。

② 《毛泽东选集》第二卷，人民出版社，1991 年版，第 534 页。

源”[1]。也正因如此，俄国十月革命所经历的“从城市到农村”的武装夺取政权路径，到中国以后则变成了“农村包围城市”的革命道路。

中华人民共和国成立后，如何在一个经济文化相对落后的东方大国建设社会主义，成为摆在中国共产党面前的全新课题。鉴于自身经验的缺乏和同为社会主义制度的渊源，使得中国共产党历史地选择了以苏联模式为版本的发展道路。但随着实践的发展，苏联模式的发展道路和体制的弊端也开始在中国出现。从 1956 年初起，毛泽东进行了大量的调查研究，开始了对苏联模式的深刻反思：“学习苏联的经验，学习任何国家的经验，有两种学习方法，一种是教条主义的方法，生套硬搬，全盘接受……另一种是马克思主义的方法，学习时要加以分析，要联系当时当地的实际，学会用马克思主义的立场、观点、方法分析问题，这种态度是正确的态度。”“现在我们自己有了初步的实践，又有了苏联的经验和教训，应当更加强调从中国的国情出发，强调开动脑筋，强调创造性，在结合上下功夫，努力找出在中国这块大地上建设社会主义的具体道路。”[2] 在现代化的过程中，文化可以帮助一个民族理解经济规律和先进的经济模式，在结合自身特色的基础上加以利用和再创造，使其转化为适合国情的现代化发展模式。正是在这个意义上，新中国确立了工业化的目标，继而又提出实现“四个现代化”的思想，标志着中国现代性建构在理论和实践上的全面展开。

20 世纪中后期，世界形势发生了重大变化，发展经济、改善民生、增强综合国力成为世界各国的当务之急。面对转换了的时代

---

① ［美］列文森著：《儒教中国及其现代命运》，郑大华、任菁译，中国社会科学出版社，2000 年版，第 121 页。

② 吴冷西著：《十年论战》（上），中央文献出版社，1999 年版，第 22—24 页。

主题，面对奔涌的世界现代化潮流，中国实施改革开放，打开了面向世界的大门。毫无疑问，在工业革命基础上又经历第三次科技革命浪潮洗礼的西方，在现代化程度上已经远远走在了中国的前面。实现现代化，必须学习西方；保持中国特色社会主义方向，必须在坚持马克思主义指导地位的基础上扎根中国传统文化，这是改革开放后中国共产党人的基本共识。如果说，马克思主义决定了中国特色社会主义道路的“社会主义”性质，中国传统文化则决定了中国特色社会主义道路的“中国特色”。正如美国学者戴维·张在评价邓小平开辟的“有中国特色社会主义”时所言，中国传统文化影响深远，即使是当代中国的改革似乎也不能在本质上改变中国的传统文化，过去的许多政治思想仍作为中华文明整体的一部分而存在着，这个事实也许是邓小平坚持有中国特色的社会主义的原因所在。[①] 毫无疑问，邓小平以后的江泽民、胡锦涛、习近平都继承了邓小平的这个思想，他们都把继承弘扬传统文化作为“中国道路”，保持“中国特色”的重要依据。特别是习近平更是在前人的基础上，强调中国道路的中国传统文化基因，展现了更为宽阔的文化视野，自觉地把中华历史文化精华与中国特色社会主义紧密对接，在中国梦以及内政外交的各个方面，都将传统文化当作政治实践的根和魂。

3. 传统文化孕育了中国道路的自信

习近平总书记在庆祝建党九十五周年大会上指出，相对于道路自信、制度自信、理论自信，文化自信是更基础、更广泛、更深厚的自信。对于中国道路来说，中华传统文化是一座取之不竭的宝藏，它不仅可以为中国道路的选择提供最为深厚的文化支撑，也可以为中国道路的进一步拓展提供不竭的精神动力和智力源泉。坚定

① 马启民著：《国外邓小平理论研究评析》，山东人民出版社，1999 年版，第 206 页。

文化自信，就是坚定道路自信。

中国文化是中国道路选择的基础。认同是自信的前提，没有文化认同，也就没有文化自信。鸦片战争后的一百多年时间里，伴随着国家的积贫积弱，中国人的精神也垮了，始终对自己的民族文化缺乏认同感，再加上数次“反传统”运动，使得传统文化在主流话语体系中总是处于边缘化的状态。改革开放以后，这种状况虽有很大缓解，但中华传统文化同中国特色社会主义的关系仍然没有得到明确的回答，我们对传统文化始终缺乏一个科学的定位。党的十八大以后，习近平站在实现民族复兴的高度，历史性地诠释了马克思主义、中国传统文化和中国特色社会主义的关系，强调中华优秀传统文化是最深厚的文化软实力，它既是中国特色社会主义道路的历史文化渊源、社会主义核心价值观的根和本，也是中国特色国家治理体系形成和发展的基础、中国特色哲学社会科学成长发展的深厚基础。当然，同政治认同相比，文化认同更为根本，它需要一个更长的过程。从理论上讲，能否形成文化认同，要受两个因素的制约：一是文化自身的价值和生命力如何；二是人们对文化价值和生命力如何认识评价。没有生命力的文化，是无法承载人们精神信念寄托的，也是无法得到人们肯定的；缺乏理性、科学的认识和评价，或妄自菲薄，或妄自尊大，也是不能让人真正感受文化内在价值和生命力的。对于中国传统文化来说，其生命力和价值如何已为五千年的中华文明史所证明，而作为主观认识的评价态度才是问题的关键。就此而言，无论是妄自菲薄、数典忘祖的文化虚无主义，还是目光狭隘、妄自尊大的文化保守主义，都是现实民族文化认同的巨大障碍，都必须摒弃。

中国社会主义实践已经充分证明，中国道路是能够引领中华民族实现复兴的唯一道路，但也要看到，坚持和拓展中国道路始终面临着各种风险挑战。保证中国道路沿着正确的方向前进，一靠政治权力、法律法规的硬约束，二靠文化认同、价值认同的软约束，前者治标，后者治本。能否在强化民族文化认同的基础上，进一步形成文化约束、价值约束，影响着我们拓展中国道路的广度和实际成效。改革开放以来，我们找到了一条建设中国特色社会主义的正确道路，与之相随的是思想文化建设也取得了长足发展，中国共产党坚持解放思想，提出了一系列与社会进步和时代要求相一致的新思想、新理论。比如，在经济建设上有生产力标准、“三个有利于”标准；在政治建设上有为人民服务的根本宗旨；在社会建设上有和谐发展要求；在文化建设上有“二为”方向、“双百”方针等。大批文艺工作者感应时代的脉动，创作了大批坚守社会责任、反映改革方向、透视现实生活真谛的思想文化精品，在社会生活中发挥了积极作用。但是，必须清醒地看到，我们的思想文化建设，确实还没有完全建立起一整套与中国特色社会主义相适应的、令大多数人接受的新思想、道德、文化体系，主流思想文化还没有完全内化、积淀为一种大众的社会心理，以此支撑我们的信仰。导致这一问题出现的原因很复杂，但传统文化的缺位是一个重要原因。相对于西方文化甚至是马克思主义，传统文化在日常生活层面对人民群众的影响更为深厚、更为深远。传统文化在主导话语体系中的缺位，客观上也影响了人民群众对主导话语体系的认同，这也是当前主导话语与群众话语相脱节的重要症结所在。这就要求我们在强调马克思主义指导地位的同时，必须不断推进马克思主义中国化的进程，让马克思主义在与中国传统文化的融合中内化为一种普遍恒久的社会心理，真正变成人民群众高度认同的内在约束力量，为中国道路的拓展保驾护航。

4. 中国文化是中国道路开拓的内在动力

作为外来文化，马克思主义在中国之所以能够取得成功，既在于其理论的科学性、真理性、先进性，又在于其始终面向社会实践，真正地转化为指导中国革命、建设和改革实践运动的理论。中国传统文化作为中国道路的重要历史文化渊源，要发挥其对中国道路的支撑和维护作用，必须在推动其创造性转换的基础上，积极融入政治实践。然而，不无遗憾的是，虽然中国共产党一再强调要大力弘扬传统文化、推动传统文化的创造性转换，但目前各种努力在相当大程度上仍然局限在观念文化领域自身。人们或者致力于传统文化"精华"与"糟粕"的辨别和分析，以期实现"取其精华，去其糟粕"的批判性继承；或者致力于传统典籍的现代诠释，运用传统文化精神去医治现代化给人所带来的各种"精神疾病"；或者以简单的政治化倾向曲解传统文化，使传统文化沦为缺乏论述力的粗陋的辩护工具。于是，同弘扬传统文化的强大社会诉求相比，人们在现实生活中所感受到的，仍是大量传统文化的糟粕性内容在市场机制的诱发下滋长和泛滥，旧的思想观念与行为习惯导致一系列现代性制度扭曲变形，而一些极具救世意义的优秀文化传统却难以落地。相对于观念解构，政治实践具有更为强大的重塑力。历史地看，它可以瓦解传统文化生存、发展以及支配人生活秩序的制度支撑；现实地看，它又会以社会物质生活实践的现实力量，对传统文化进行不断地解构与重组，最终使传统文化中那些具有现代性的文化素质，被组合到新的理论体系、新的社会制度之中，并在现代社会发挥积极的社会功能。由此可见，推进中国特色社会主义伟大事业，必须克服传统文化与现实政治相脱节的现状，将传统文化创造性转换的视线更多转向现实的政治实践特别是社会制度建构，只有这样，中国道路才能焕发出巨大的活力，越走越宽广，越走越坚实。[①]

三、全球治理与中国方案

2013 年 9 月，习近平总书记在哈萨克斯坦纳扎尔巴耶夫大学发表演讲时，呼吁共同建设“丝绸之路经济带”；不足一个月，他在访问印度尼西亚时又提出共同建设“21 世纪海上丝绸之路”的倡议，“一带一路”倡议正是这两大倡议的简称。“一带一路”是推动全球治理现代化的中国方案。它不仅体现了中国新一轮的改革开放目标，同时也开启了中国所推动的全球治理变革的进程。

形成于 2000 多年前的古代丝绸之路，在历史上开辟了一条贯穿东西南北，连接欧亚和直通印度洋的通商要道，其间丝绸之路沿线国家和地区在丝绸、茶叶、瓷器、香料、珠宝等领域的商品交换不断走向繁荣，可谓构成了中国古代与欧亚国家贸易往来的重要路径。“在新的历史条件下，我们提出‘一带一路’倡议，就是要继承和发扬丝绸之路精神，把我国发展同沿线国家发展结合起来，把中国梦同沿线各国人民的梦想结合起来，赋予古代丝绸之路以全新的时代内涵。”[②]

“一带一路”为泛欧亚大陆深度合作提供了一个崭新的多边合作方案，构建了中国与世界进行深度战略互动的战略平台。“一带一路”的主旨是冀望与沿线相关国家一起解决当前国际性的难题，实现泛欧亚大陆及其沿岸地区的互联互通和贸易投资便利化，进而

① 参见夏兴有主编，郭凤海、颜旭副主编：《中国道路的文化基因》，广西人民出版社，2017 年版，第 4—12 页。

② 《习近平谈治国理政》第二卷，外文出版社，2017 年版，第 501 页。

形成利益共同体和命运共同体。“中国提出‘一带一路’倡议，就是要以加强传统陆海丝绸之路沿线国家互联互通，实现经济共荣、贸易互补、民心相通。”[①] “一带一路”沿线关涉60多个国家，人口总计约44亿人，占世界总人口的63%，GDP达21万亿美元，占世界29%，沿线有一些国家系收入不发达国家，大都是因为资源禀赋、产能基础、地缘政治等约束，在发展中出现落差。其中有9个为最不发达国家，总体上讲主要是基础设施落后，产能和社会事业的发展有掣肘。“一带一路”的复兴与共建可以将各自的比较优势进行互补、互惠、互促。总体上讲，“一带一路”东西牵动着发展势头强劲的东亚经济圈和发达的欧洲北美经济圈，形成了欧亚非大陆经济对接整合的大格局，建立起了世界跨度最长、最具活力和潜力的经济大走廊。

海洋是人类活动不可或缺的重要构成部分，开展人类的海洋合作对于维护地区稳定，实现沿海周边国家可持续共同发展具有重要的战略意义。全长11000余海里的21世纪海上丝绸之路，是面向海洋世纪的新构想，其合作向度分别是从中国沿海港口过南海到印度洋并延伸至欧洲，从中国沿海港口经南海到南太平洋。在全球海图上，这恰似两条发端于中国的大动脉，亦如两条把44亿人紧紧连在一起的大彩虹。21世纪海上丝绸之路的要义是从海上联通欧亚非三个大陆，形成一个完整的现代经贸、文化海上和陆地的闭环。21世纪海上丝绸之路，必将成为新的世界历史条件下建设“和平海洋”“互通海洋”“和谐海洋”“透明海洋”“合作海洋”的重要战略平台。

“一带一路”承载着全球治理变革的基本方向。进入21世纪第

① 习近平:《携手追寻民族复兴之梦——在印度世界事务委员会的演讲》,《人民日报》2014年9月19日。

二个10年，世界向何处去，人类向何处去，是关系世界前途、人类命运的重大课题，也是中国领导人需要着力思考的重大战略问题。如果说构建人类命运共同体反映了当今世界共生共存、共利共荣的大趋势，那么“一带一路”则是朝着这一目标迈进的扎实行动。“一带一路”蕴含的以和平合作、开放包容、互学互鉴、互利共赢为核心的丝路精神，它所倡导的建设和平之路、繁荣之路、开放之路、创新之路、文明之路，既是“一带一路”的价值准则和鲜明标识，也是全球治理变革的主流和价值取向。

“一带一路”顺应了广大发展中国家期待全球治理变革的诉求。

长期以来，在全球治理格局中，广大发展中国家一直处于被动接受的地位，虽然其对全球治理变革的要求和渴望比较强烈，但因为受制于自身的综合国力，这种要求始终无法得到实现。“一带一路”则以发展中国家为重点方向，强调通过互联互通为这些国家提供更多公共产品，致力于建立发展创新、增长联动、利益融合的开放型经济格局，联手培育新的经济增长点和竞争优势，很好地体现了发展中国家的利益。这对于在全球治理体系中发掘新的经济增量，构建全球性的生产网络和全球价值链体系必将起到积极作用。

“一带一路”是对现有全球治理体制的创新与完善。

推进全球治理变革势在必行，但这种变革并不是推倒重来，也不是另起炉灶，而是创新完善。“一带一路”倡议，是中国在不改变现有国际规则的情况下，通过发挥自身优势进行的增量改革，它通过推动建立亚洲基础设施投资银行和设立丝路基金等，形成了与包括国际货币基金组织、世界银行等在内的现有多边开发银行相互补充的投融资开发平台；它通过与包括英国、西班牙等发达国家在内的沿线国家发展战略的对接，形成了政策协调、规划对接的巨大合力。同时，这种非颠覆性的变革，也很好地避免了历史上常常出现的新兴大国与守成大国之间的对抗和冲突。

把中国梦同沿线各国人民的梦想结合起来是新时代中国对世界的责任与贡献。加快“一带一路”建设，有助于加强不同文明交流互鉴，促进各国共同发展。这主要表现在：

第一，高举和平共处、共同发展的大旗。“一带一路”倡议是在全球治理格局发生复杂变化、中国成为世界第二大经济体的背景下提出的。世界期待中国体现更多的大国责任担当，中国也希望为世界和平发展做出更多贡献。两种因素的叠加，使得中国历史性地提出了“一带一路”倡议。但与此同时，也有人认为，中国的“一带一路”倡议是“中国要搞自己的‘马歇尔计划’”，是“中国进行地缘战略布局”。这表明，尽管“一带一路”有助于推进沿线国家的发展，但还不足以消除人们对“一带一路”倡议的保留与怀疑，这就要求我们对“一带一路”倡议作出更为明确的回应。面对这些杂音，习近平旗帜鲜明地指出：“中国愿在和平共处五项原则基础上，发展同所有‘一带一路’建设参与国的友好合作。”①“一带一路”倡议下的中国与世界分享的是发展经验，而不是社会制度和发展模式；中国与“一带一路”沿线国家建设的是和谐共存的大家庭，而不是破坏稳定的小集团。时代已经变化，世界正在改变，但中国推动世界和平发展的初心并未改变。

第二，推动务实合作。2008 年国际金融危机之后，世界经济一直在低谷徘徊，各种逆全球化言行甚嚣尘上。在这样的时代背景下，“一带一路”倡议不仅具有理念创新意义，更具有实践创新意义，它不仅表达了打造人类命运共同体的国际新理念，也勾勒出了共商共建共享的人类发展新思路，显示了中国在全球治理过程中的责任担当与智慧勇气。“一带一路”建设不是空洞的口号，而是看

① 《习近平谈治国理政》第二卷，外文出版社，2017 年版，第 514 页。

得见、摸得着的实际举措，将给地区国家带来实实在在的利益。数年来，在中国政府推动下，“一带一路”正在从构想变为现实，从战略规划变为具体项目，中国与“一带一路”沿线国家互通互联的大格局正在形成。

第三，坚持共商、共建、共享的原则。中国是“一带一路”建设的倡议者，无疑要承担着重大的主体责任。但也要看到，“一带一路”倡议，实际上也是中国向全球提供的“公共物品”，无论是作为一种战略、机制、框架，还是作为一种理念、机制、平台，都具有鲜明的世界性和公共性。这就一方面要求我们要摆脱国家中心主义的束缚，坚持正确义利观，以义为先、义利并举，能够从世界的视角认知“一带一路”；另一方面，也希望丝路沿线国家能够从自身的利益出发，积极参与到“一带一路”建设中来。习近平指出，“一带一路”建设“不是中国一家的独奏，而是沿线国家的合唱”[①]，“不论来自亚洲、欧洲，还是非洲、美洲，都是‘一带一路’建设国际合作的伙伴”[②]。共商，就是集思广益，好事大家商量着办，使“一带一路”建设兼顾双方或各方利益和关切，体现双方或各方智慧和创意；共建，就是各施所长，各尽所能，把优势和潜能充分发挥出来，聚沙成塔，积水成渊，持之以恒加以推进；共享，就是让建设成果更多更公平惠及沿线各国人民，打造利益共同体和命运共同体。以合作取代对抗，以共赢取代独占，这是中国的倡议，也是参与国家的共同期盼。[③]

总之，“一带一路”构想展现了中国对全球治理新理念的思考。

---

① 《习近平关于社会主义经济建设论述摘编》，中央文献出版社，2017 年版，第 261 页。

② 《习近平谈治国理政》第二卷，外文出版社，2017 年版，第 516 页。

③ 参见肖冬松主编:《治国理政现代化》，人民出版社，2017 年版，第 256—263 页。

“一带一路”文化，是践行中国传统文化对世界所做的贡献。正如《礼记 · 礼运》所讲的：“大道之行也，天下为公，选贤与能，讲信修睦。故人不独亲其亲，不独子其子，使老有所终，壮有所用，幼有所长，矜寡孤独废疾者皆有所养，男有分，女有归。货恶其弃于地也，不必藏于己；力恶其不出于身也，不必为己。是故谋闭而不兴，盗窃乱贼而不作，故户外而不闭，是谓大同。”这就是中国传统文化中关于大同世界的期望，也是当今中国在世界命运共同体的建设中所努力的方向。“路漫漫其修远兮，吾将上下而求索”目标已经确定，航船已经起航，中国在全球治理与命运共同体的建设事业中必将发挥越来越大的作用。

四、学习本领与走向未来

习近平指出：“好学才能上进。中国共产党人依靠学习走到今天，也必然要依靠学习走向未来。我们的干部要上进，我们的党要上进，我们的国家要上进，我们的民族要上进，就必须大兴学习之风，坚持学习、学习、再学习，坚持实践、实践、再实践。”①

中国共产党历来重视全党全国人民的学习本领，并把它视为推动党和国家事业发展的一条成功经验。增强学习本领是全面增强中国共产党执政本领的基础和前提。党的十八大以来，以习近平同志为核心的党中央继承发扬中国共产党重视学习、善于学习的优良传统，就加强各级领导班子和领导干部理论学习作出安排部署，并身体力行、率先垂范，为全党作出表率。党的十九大报告更是把增强学习本领放在八大执政本领的首位，强调“要增强学习本领，在全

① 《习近平谈治国理政》，外文出版社，2014 年版，第 407 页。

党营造善于学习、勇于实践的浓厚氛围，建设马克思主义学习型政党，推动建设学习大国”[①]。

目前，中国特色社会主义已经进入了一个新的时代，党和国家事业发展面临方方面面的新情况、新矛盾、新挑战和新要求，实现党的十九大确立的各项目标任务，应对复杂多变的国际形势，把握改革发展稳定大局，做好方方面面的工作，都对我们党的执政本领提出了新的要求。领导干部要全面增强执政本领，没有捷径可走，只能通过学习与实践获得。各级领导干部要勤于学、敏于思，坚持以学益智、以学修身、以学增才，才能着力克服本领不足、本领恐慌、本领落后，从而为确保“两个一百年”的奋斗目标顺利完成、中华民族伟大复兴“中国梦”如期实现提供能力保证。

学习本领与治国理政相互联系、密不可分。

全面协调推进党和国家各项事业健康发展，迫切需要全党全国人民加强学习实践，不断深化对中国特色社会主义建设规律的认识，不断提升推进经济社会发展的各种能力和水平，不断提升治国理政的现代化能力和水平，在实践中强能，在重大活动中检验，优化能力结构、丰富能力储备，在为党和人民的建设事业中有所作为。

第一，要把握正确的学习方向。全党全国人民要把“马克思主义所指引的方向”作为自己的学习方向，全党全国人民特别是领导干部要高度重视学习中国特色社会主义理论及贯穿其中的马克思主义立场观点方法，学习历史唯物主义，读马列原著。忽视了马克思主义的立场、观点和方法，学习就容易陷入盲目状态甚至误入歧途。增长学习本领要做到“三个同步”：一是与党的基本理论同步。我们党历经一百年风雨，战胜了各种艰难险阻，始终立于不败之

① 《习近平谈治国理政》第三卷，外文出版社，2020 年版，第 53 页。

地，发展成全球第一大政党。我们党之所以能健康稳定发展，一个根本原因就在于党始终与群众同心，不断进行理论创新，不断进行自我完善。社会主义是一门科学。全党全国人民要坚定社会主义、共产主义基本信念，必须加强对马列主义、毛泽东思想等党的理论知识的学习，结合国情认真研究解决问题的方式方法。二是与党中央的要求同步。党的凝聚力、战斗力，来自党员干部和全国人民遵守政治纪律和政治规矩，不折不扣、卓有成效地执行党中央的指示要求。而要做到这一点，就必须深入学习领会党的各项路线方针政策，自觉坚持党的领导，在思想上、政治上、行动上与党中央保持高度一致，自觉维护党中央的权威。三是与经济社会发展同步。发展是硬道理。党中央提出“两个一百年”奋斗目标，关键点还是落在发展上面。当前的重点任务主要有两个方面，一是贯彻落实全面从严治党要求，二是聚精会神、一心一意推进经济社会全面发展。如何落实全面从严治党、推进全面发展？关键要坚持学习实践，坚持踏实干事业，坚持深入调查研究，问政于民、问需于民、问计于民，从本本中更从人民群众中、从扎扎实实的学习实践中汲取智慧和力量，找到解决问题、促进发展的好方法、好路径。

第二，要勤学善思。要锲而不舍、持之以恒，才能学有所成。学习不能心浮气躁、浅尝辄止，而应当先易后难、由浅入深，循序渐进、水滴石穿。“学而不思则罔，思而不学则殆”，勤学与善思不可分割两者相互联系、相辅相成。首先要“勤学”。春秋时期孔子的学生宰予白天睡觉，学习不勤，孔子骂他“朽木不可雕也”。“勤”，就是学风，“业精于勤，荒于嬉”，没有勤奋学习的态度，学习就不可能经常持久。只有勤奋努力，下真功夫、苦功夫、细功夫、久功夫，才能学有所成。首先要“多学”，形势任务不断变化，对领导干部知识储备和能力要求无论是覆盖范围还是深度上标准更高，学习上既要精通，也要广泛涉猎，努力成为复合型干部。其次要“善思”。在学习中要注重思考，抓住实质和精髓，让有益的知识入脑入心。

第三，强调学以致用。毛泽东说：“读书是学习，使用也是学习，而且是更重要的学习。”[①]习近平也指出：“学习的目的全在于运用。领导干部加强学习，根本目的是增强工作本领、提高解决实际问题的水平。”[②]“纸上得来终觉浅，绝知此事要躬行。”必须联系实际学习，通过知识积累提升能力，指导工作。增强治国理政的本领必须扎根于群众的创造性实践中，要自觉融入实践强化磨炼。必须坚持从实践中学习，向群众学习，了解新形势、发现新问题、解决新矛盾。在学习中要发扬理论联系实际的学风，既把学到的知识运用于实践，又在实践中增长解决问题的新本领，在实践中把知识转化为能力。

第四，要坚持终身学习。学习的态度不同，取得的效果自然就不一样。要变“要我学”为“我要学”，变“学一阵”为“学一生”，养成“活到老、学到老”的态度与良好习惯。要持之以恒地学习，以锲而不舍的精神深入学、持久学、终身学，真正做到活到老、学到老。[③]

当今时代，一方面，知识更新周期大大缩短，各种新知识、新情况、新事物层出不穷。伴随着全球化、信息化和高新技术的迅猛发展，知识更新的周期大大缩短，各种新知识、新事物层出不穷。另一方面，经过改革开放 40 年的发展，中国特色社会主义取得了举世瞩目的辉煌成就，中国在几十年的时间里走完了发达国家上百

---

① 《毛泽东选集》第一卷，人民出版社，1991 年版，第 181 页。

② 《习近平谈治国理政》，外文出版社，2014 年版，第 406 页。

③ 参见肖冬松主编：《治国理政现代化》，人民出版社，2017 年版，第 308—312 页。

年时间内实现的工业化、城镇化、现代化之路，但与之相伴随的是，经济社会发展过程中的许多矛盾和问题集中出现，改革进入攻坚期和深水区。如何正确认识和妥善处理中国发展起来后不断出现的新情况新问题，是摆在全党全国人民面前的重要课题。全党全国人民一定要深刻认识增强学习本领的重要性和抓紧学习的紧迫性，努力增强学习本领，只有这样，“两个一百年”奋斗目标才能实现，中华民族伟大复兴的中国梦才能实现。

主要参考资料

一、原始文献

1. 洪迈著:《容斋随笔》,商务印书馆 1959 年版。

2. 司马光主编:《资治通鉴》,中华书局 1965 年版。

3. 高亨注译:《商君书注译》,中华书局 1974 年版。

4. 王充撰:《论衡》,上海人民出版社 1974 年版。

5. 李贽著:《史纲评要》,中华书局 1974 年版。

6. 王夫之著:《读通鉴论》,中华书局 1975 年版。

7. 袁珂校注:《山海经校注》,上海古籍出版社 1980 年版。

8. 程颢、程颐著:《二程集》,中华书局 1981 年版。

9. 袁愈荌译,唐莫尧注释:《诗经全译》,贵州人民出版社 1981 年版。

10. 王利器著:《新语校注》,中华书局 1986 年版。

11. 张纯一撰:《晏子春秋校注》,中华书局 1986 年版

12. 汪荣宝撰:《法言义疏》,中华书局 1987 年版。

13. 赵翼著:《廿二史札记》,中国书店 1987 年版。

14. 禹克坤译注:《四书全译》,贵州人民出版社 1988 年版。

15. 杨伯峻编注：《春秋左传注》，中华书局 1990 年版。

16. 江灏、钱宗武译注：《今古文尚书全译》，贵州人民出版社 1990 年版。

17. 王守谦、金秀珍、王凤春译注：《左传全译》，贵州人民出版社 1988 年版。

18. 刘向著：《说苑》，上海古籍出版社 1990 年版。

19.《毛泽东选集》，人民出版社 1991 年版。

20. 张耿光译注：《庄子全译》，贵州人民出版社 1991 年版。

21. 徐子宏译注：《周易全译》，贵州人民出版社 1991 年版。

22. 苏舆著：《春秋繁露义证》，中华书局 1992 年版。

23. 张觉译注：《韩非子全译》，贵州人民出版社 1992 年版。

24. 王守谦等译注：《战国策全译》，贵州人民出版社 1992 年版。

25. 张觉译注：《商君书全译》，贵州人民出版社 1993 年版。

26. 黄永堂译注：《国语全译》，贵州人民出版社 1995 年版。

27. 谢浩范、朱迎平译注：《管子全译》，贵州人民出版社 1996 年版。

28. 柳士镇、刘开骅译注：《世说新语全译》，贵州人民出版社 1996 年版。

29. 王国维著：《王国维文集》，中国文史出版社 1997 年版。

30. 司马迁撰：《史记》，中华书局 2000 年版。

31. 班固撰：《汉书》，中华书局 2000 年版。

32. 范晔撰：《后汉书》，中华书局 2000 年版。

33. 阎振益、钟夏校注：《新书校注》，中华书局 2000 年版。

34. 张双棣、张万彬等：《吕氏春秋译注》（修订本），北京大学出版社 2000 年版。

35. 杨琥编：《夏曾佑集》（上、下），上海古籍出版社 2011 年版。

36. 朱熹撰：《四书章句集注》，中华书局 2011 年版。

37. 顾颉刚著：《顾颉刚全集》，中华书局 2011 年版。

38. 张世亮、钟肇鹏、周桂钿译注：《春秋繁露》，中华书局 2012 年版。

39. 王盛元译注：《孔子家语译注》，上海三联书店 2012 年版。

40. 马世年译注：《新序》，中华书局 2014 年版。

41. 习近平著：《习近平谈治国理政》，外文出版社 2014 年版。

42. 习近平著：《习近平谈治国理政》第二卷，外文出版社 2017 年版。

43. 习近平著：《习近平谈治国理政》第三卷，外文出版社 2020 年版。

二、学术著作

1. 侯外庐等著：《中国思想通史》，人民出版社 1957 年版。

2. 顾颉刚著：《秦汉的方士与儒生》，上海人民出版社 1978 年版。

3. 杨宽著：《战国史》，上海人民出版社 1980 年版。

4. 林剑鸣著：《秦史稿》，上海人民出版社 1981 年版。

5. 瞿同祖著：《中国法律与中国社会》，中华书局 1981 年版。

6. 张岱年著：《中国哲学大纲》，中国社会科学出版社 1982 年版。

7. 马非百著：《秦集史》（全二册），中华书局 1982 年版。

8. 郭沫若著:《郭沫若全集 · 历史编 2》, 人民出版社 1982 年版。

9. 吕思勉著:《秦汉史》, 上海古籍出版社 1983 年版。

10. 李学勤著:《东周与秦代文明》, 文物出版社 1984 年版。

11. 赵克尧、许道勋著:《唐太宗传》, 人民出版社 1984 年版。

12. 钱穆著:《先秦诸子系年》, 中华书局 1985 年版。

13. 安作璋、熊铁基著:《秦汉官制史稿》, 齐鲁书社 1985 年版。

14. 黄留珠著:《秦汉仕进制度》, 西北大学出版社 1985 年版。

15. 林剑鸣等著:《秦汉社会文明》, 西北大学出版社 1985 年版。

16. 张传玺著:《秦汉问题研究》, 北京大学出版社 1985 年版。

17. 左言东主编:《中国政治制度史》, 浙江古籍出版社 1986 年版。

18. 余英时著:《士与中国文化》, 上海人民出版社 1987 年版。

19. 金春峰著:《汉代思想史》, 中国社会科学出版社 1987 年版。

20. 刘泽华主编:《士人与社会》(先秦卷), 天津人民出版社 1988 年版。

21. 郭志坤著:《秦始皇大传》, 上海三联书店 1989 年版。

22. 郑良树著:《商鞅及其学派》, 上海古籍出版社 1989 年版。

23. 孙实明著:《韩非思想新探》, 湖北人民出版社 1990 年版。

24. 晁福林著:《霸权迭兴: 春秋霸主论》, 生活 · 读书 · 新知三联书店 1992 年版。

25. [英] 崔瑞德、鲁惟一编:《剑桥中国秦汉史》, 中国社会科学出版社 1992 年版。

26. 金景芳著:《中国奴隶社会史》，上海人民出版社 1993 年版。

27. 田余庆著:《秦汉魏晋史探微》，中华书局 1993 年版。

28. 祝瑞开主编:《秦汉文化和华夏传统》，学林出版社 1993 年版。

29. 韩国磐著:《中国古代法制史研究》，人民出版社 1993 年版。

30. 晁福林主编:《中国古代史》(上册)，北京师范大学出版社 1994 年版。

31. 钱穆著:《中国文化史导论》，商务印书馆 1994 年版。

32. 李学勤著:《走出疑古时代》，辽宁大学出版社 1994 年版。

33. 白寿彝主编:《中国通史》，上海人民出版社 1994 年版。

34. 丁守和主编:《中国历代治国策选粹》，高等教育出版社，1994 年版。

35. 袁济喜著:《两汉精神世界》，中国人民大学出版社 1994 年版。

36. 刘泽华著:《中国古代政治思想史》，南开大学出版社 1995 年版。

37. 林剑鸣著:《吕不韦传》，人民出版社 1995 年版。

38. 周桂钿著:《董仲舒评传》，广西教育出版社 1995 年版。

39. 吴荣曾著:《先秦两汉史研究》，中华书局 1995 年版。

40. 罗国杰主编:《中国传统道德》，中国人民大学出版社 1995 年版。

41. 谢维扬著 :《中国早期国家》，浙江人民出版社 1995 版。

42. 梁启超著:《先秦政治思想史》，东方出版社 1996 年版。

43. 郭沫若著:《十批判书》，东方出版社 1996 版。

44. 白钢主编；《中国政治制度通史》，人民出版社 1996 年版。

45. 王育民著：《秦汉政治制度》，西北大学出版社 1996 年版。

46. 阎步克著：《士大夫政治演生史稿》，北京大学出版社 1996 年版。

47. 张锡勤著：《中国传统道德举要》，黑龙江教育出版社 1996 年版。

48. 巴新生著：《西周伦理形态研究》，天津古籍出版社 1997 年版。

49. 高正著：《诸子百家研究》，中国社会科学出版社 1997 年版。

50. 李存山著：《商鞅评传》，广西教育出版社 1997 年版。

51. 王云度、张文立著：《秦帝国史》，陕西人民教育出版社 1997 年版。

52. 李学勤主编：《中国古代文明与国家形成研究》，云南人民出版社 1997 年版。

53. 李山著：《诗经的文化精神》，东方出版社 1997 年版。

54. 刘修明著：《儒生与国运》，浙江人民出版社 1997 年版。

55. 金春峰著：《汉代思想史》，中国社会科学出版社 1997 年版。

56. 王长华著：《春秋战国士人与政治》，上海人民出版社 1997 年版。

57. 高敏著：《秦汉史探讨》，中州古籍出版社 1998 年版。

58. 白奚著：《稷下学研究》，生活 · 读书 · 新知三联书店 1998 年版。

59. 马勇著：《秦汉学术社会转型时期的思想探索》，陕西人民教育出版社 1998 年版。

60. 田静著:《秦宫廷文化》, 陕西人民教育出版社 1998 年版。

61. 李学勤著;《十三经注疏》, 北京大学出版社 1999 年版。

62. 苏秉琦著:《中国文明起源新探》, 生活 · 读书 · 新知三联书店 1999 年版。

63. 杨宽著:《西周史》, 上海人民出版社 1999 年版。

64. 周桂钿著:《秦汉思想史》, 河北人民出版社 2000 年版。

65. 虞崇胜主编:《中国行政史》, 高等教育出版社 1999 年版。

66. 王晖著:《商周文化比较研究》, 人民出版社 2000 年版。

67. 王玉哲著:《中华远古史》, 上海人民出版社 2000 年版。

68. 王蘧常著:《秦史》, 上海古籍出版社 2000 年版。

69. 刘泽华著:《中国的王权主义》, 上海人民出版社 2000 年版。

70. 颜吾芟著:《崛起咸阳城: 秦始皇的治国谋略》, 华夏出版社 2000 年版。

71. 王家范著:《中国历史通论》, 华东师范大学出版社 2000 年版。

72. 郑师渠总主编, 王冠英主编:《中国文化通史》(先秦卷), 中共中央党校出版社 2000 年版。

73. 杨生民著:《汉武帝传》, 人民出版社 2001 年版。

74. 尚秉和著:《历代社会风俗事物考》, 中国书店 2001 年版。

75. 孙家洲著:《两汉政治文化窥要》, 泰山出版社 2001 年版。

76. 翦伯赞著:《先秦史》, 北京大学出版社 2001 年版。

77. 范忠信著:《中国法律传统的基本精神》, 山东人民出版社 2001 年版。

78. 李军著:《士权与君权: 上古汉魏六朝政治权力分析》, 广西师范大学出版社 2001 年版。

79. 孟祥才著:《先秦秦汉史论》, 山东大学出版社 2001 年版。

80. 钱穆著:《国史新论》, 生活 · 读书 · 新知三联书店 2001 年版。

81. 徐复观著:《两汉思想史》(三卷本), 华东师范大学出版社 2001 年版。

82. 卜宪群著:《秦汉官僚制度》, 社会科学文献出版社 2002 年版。

83. 焦国成主编:《德治中国: 中国以德治国史鉴》, 中共中央党校出版社 2002 年版。

84. 李学勤、张岂之总主编, 徐育民主编:《炎黄汇典》(诗歌卷), 吉林文史出版社 2002 年版。

85. 吕思勉著:《中国制度史》, 上海教育出版社 2002 年版。

86. 孙筱著:《两汉经学与社会》, 中国社会科学出版社 2002 年版。

87. 熊铁基著:《汉唐文化史》, 湖南人民出版社 2002 年版。

88. 王国维著:《观堂集林》(外二种), 河北教育出版社 2003 年版。

89. 张分田著:《秦始皇传》, 人民出版社 2003 年版。

90. 杨宽著:《战国史》, 上海人民出版社 2003 年版。

91. 齐涛主编:《中国政治通史》, 泰山出版社 2003 年版。

92. 唐帼丽著:《传统中国的文化精神》, 中国社会科学出版社 2003 年版。

93. 朱贻庭主编:《中国传统伦理思想史》, 华东师范大学出版社 2003 年版。

94. 王绍东著:《秦朝兴亡的文化探讨》, 内蒙古大学出版社 2004 年版。

95. 王健著:《西周政治地理结构研究》，中州古籍出版社 2004 年版。

96. 丁小萍著:《中国古代政治智慧》，浙江大学出版社 2005 年版。

97. 王震中著:《中国古代文明的探索》，云南人民出版社 2005 年版。

98. 李济著:《中国文明的开始》，江苏教育出版社 2005 年版。

99. 许顺湛著:《五帝时代研究》，中州古籍出版社 2005 年版。

100. 韩星著:《儒法整合：秦汉政治文化论》，中国社会科学出版社 2005 年版。

101. 陈明著:《儒学的历史文化功能：以中古士族现象为个案》，中国社会科学出版社 2005 年版。

102. 国风著:《中国古代的权力结构》，山西人民出版社 2006 年版。

103. 辜堪生、李学林著:《周公评传》，四川大学出版社 2006 年版。

104. 刘泽华著:《中国政治思想史集》（全三卷），人民出版社 2008 年版。

105. 怀效锋主编:《德治与法治研究》，中国政法大学出版社 2008 年版。

106. 邵先锋著:《〈管子〉与〈晏子春秋〉治国思想比较研究》，齐鲁书社 2008 年版。

107. 胡治洪著:《儒哲新思》，中华书局 2009 年版。

108. 李治安主编:《中国五千年中央与地方关系》（上卷），人民出版社 2010 年版。

109. 萧公权著:《中国政治思想史》，新星出版社 2011 年版。

110. 刘泽华、葛荃主编：《中国古代政治思想史》，南开大学出版社 2011 年版。

111. 关健英著：《先秦秦汉德治法治关系思想研究》，人民出版社 2011 年版。

112. 钱穆著：《周公》，九州出版社 2011 年版。

113. 张锡勤著：《儒学在中国近代的命运》，人民出版社 2011 年版。

114. 刘烈著：《重构孔子：历史中的孔子与孔子心理初探》，中国国际广播出版社 2011 年版。

115. 武才娃著：《中国传统思想文化论衡》，社会科学文献出版社 2011 年版。

116. 陈成国著：《中国礼制史》（先秦卷），湖南教育出版社 2011 年版。

117. 吴毅、朱世广、刘治立著：《中华人文精神论纲》，人民出版社 2011 年版。

118. 陈战国著：《先秦儒学史》，人民出版社 2012 年版。

119. 赵伯雄著：《〈春秋〉经传讲义》，人民出版社 2012 年版。

120. 吕庙军著：《周公研究》，人民出版社 2012 年版。

121. 郭静云著：《夏商周：从神话到史实》，上海古籍出版社 2013 年版。

122. 余秋雨著：《中国文脉》，岳麓书社 2013 年版。

123. 成君忆著：《中国历史周期律》，北京理工大学出版社 2013 年版。

124. 葛剑雄著：《统一与分裂：中国历史的启示》，商务印书馆 2013 年版。

125. 蔡尚思著：《孔子思想体系　孔子哲学之真面目》，上海古籍出版社 2013 年版。

126. 廖名春著:《〈荀子〉新探》，中国人民大学出版社 2014 年版。

127. 田昌五著:《华夏文明的起源》，中国书籍出版社 2015 年版。

128. 葛荣晋著:《儒学十讲：孔子的处世之道》，中国人民大学出版社 2015 年版。

129. 金春峰著:《先秦思想史论》，东方出版社 2015 年版。

130. 王宁、褚斌杰等著:《十三经说略》，中华书局 2015 年版。

131. 周桂钿著:《中国政治智慧》，福建教育出版社 2016 年版。

132. 王恩来著:《人性的寻找：孔子思想研究》，中华书局 2016 年版。

133. 顾荩臣著，金歌校点:《经史子集概要》，上海科学技术出版社 2016 年版。

134. 林尚立著:《当代中国政治：基础与发展》，中国大百科全书出版社 2017 年版。

135. 夏兴有主编，郭凤海、颜旭副主编:《中国道路的文化基因》，广西人民出版社 2017 年版。

136. 逯宏著:《中国五帝时代：北方传说时代多元文化融合研究》，中国社会科学出版社 2017 年版。

137. 王子今主编:《秦统一的进程与意义》，中国社会科学出版社 2017 年版。

138. 高专诚著:《荀子传》，北岳文艺出版社 2017 年版。

139. 肖冬松主编:《治国理政现代化》，人民出版社 2017 年版。

140. 陈鼓应著:《古代呼声》，中华书局 2017 年版。

141. 杜勇著:《〈尚书〉周初八诰研究》，中国社会科学出版社

2017 年版。

142. 林义正著：《公羊春秋九讲》，九州出版社 2018 年版。

143. 周萌著：《〈春秋〉的牢骚与梦想》，北京大学出版社 2018 年版。

144. 刘家和著：《史苑学步：史学与理论探研》，北京大学出版社 2019 年版。

145. 陈树文著：《先秦诸子中的领导智慧》，清华大学出版社 2019 年版。

图书在版编目（CIP）数据

中国国家治理的历史传承与时代主题 / 马平安著.
—北京：中国工人出版社，2022.8
ISBN 978-7-5008-7957-2

Ⅰ.①中… Ⅱ.①马… Ⅲ.①国家－行政管理－研究－中国 Ⅳ.①D630.1

中国版本图书馆CIP数据核字（2022）第141865号

中国国家治理的历史传承与时代主题

出版人	董　宽
责任编辑	傅　娉
责任校对	丁洋洋
责任印制	黄　丽
出版发行	中国工人出版社
地　　址	北京市东城区鼓楼外大街45号　邮编：100120
网　　址	http://www.wp-china.com
电　　话	（010）62005043（总编室） （010）62005039（印制管理中心） （010）62379038（社科文艺分社）
发行热线	（010）82029051　62383056
经　　销	各地书店
印　　刷	三河市东方印刷有限公司
开　　本	880毫米×1230毫米　1/32
印　　张	12.25
字　　数	300千字
版　　次	2022年10月第1版　2022年10月第1次印刷
定　　价	78.00元

本书如有破损、缺页、装订错误，请与本社印制管理中心联系更换